MICHAEL SCHAPER, Chefredakteur

Liebe Leserin, lieber Leser

Dass China in den vergangenen zwei Jahrzehnten zu einer Supermacht wurde, ist nicht überraschend – wohl aber, dass es erst so spät dazu kam. Denn das Land hatte schon viel früher in seiner mehr als 2000-jährigen Geschichte alle Voraussetzungen, um zu einem Global Player zu werden, dessen militärische und ökonomische Kraft die Entwicklung des gesamten Erdballs prägt.

Doch immer gab es Faktoren, die diese Entwicklung verhinderten: Mal war es eine Invasion aus der Steppe, dann ein Bürgerkrieg und schließlich der Beschluss der Kaiser, ihr Reich vor der Welt zu isolieren.

Dabei war das chinesische Imperium bereits bei seiner Gründung eine Macht mit einzigartigem Potenzial: Der erste Kaiser, Qin Shi Huangdi, überwältigte im 3. Jahrhundert v. Chr. sämtliche Nachbarstaaten mit brutaler Gewalt und vereinigte sie unter seiner Herrschaft; bei seinem Tod im Jahr 210 v. Chr. umfasste Chinas Territorium mehr als drei Millionen Quadratkilometer. Zur gleichen Zeit rang das zehnmal kleinere Imperium Romanum noch mit den Karthagern um die Dominanz im westlichen Mittelmeerraum.

ZWEIMAL CHINA: Dem Reich der Mitte widmete GEO*EPOCHE* bereits 2002 und 2011 Ausgaben

Zur Zeit von Christi Geburt geboten Chinas Kaiser über mindestens 60 Millionen Untertanen, mehr als alle anderen Monarchen dieser Epoche. Doch ihre Herrschaft endete in blutigen Wirren und Palastkämpfen; für Jahrhunderte zerfiel China in rivalisierende Reiche.

Um das Jahr 1000 war das Land wiedervereint – und der mit weitem Abstand modernste Staat der Erde: Die mehr als eine Million Mann starke Armee experimentierte mit Flammenwerfern und Explosionswaffen, es gab eine Stahl- und Eisenindustrie (deren Produktionsmenge Großbritannien erst 800 Jahre später erreichte), Papiermanufakturen, Großdruckereien, Textilmaschinen. Und die Hauptstadt Kaifeng war eine Millionenmetropole, während im damaligen Köln (der größten Stadt im römisch-deutschen Reich) vielleicht 20 000 Menschen lebten.

In den folgenden Jahrhunderten stürzte China noch mehrmals ab, stieg jedes Mal wieder auf, stand um 1440 sogar kurz vor dem Ausgreifen nach Indien und Afrika. Doch dann wandte sich das Reich überraschend für lange Zeit von der Welt ab – und war durch diese selbst gewählte Absonderung schließlich so geschwächt, dass es dem Ansturm der Kolonialmächte im 19. Jahrhundert nichts entgegenzusetzen hatte.

KONZEPT dieser Ausgabe: Samuel Rieth (r.); Fachberatung: Hauke Neddermann

Von den erstaunlichen Ausschlägen der chinesischen Geschichte erzählen wir in diesem Heft. Es ergänzt ein früheres über das Kaiserreich, das 2002 erschienen ist, sowie die Ausgabe über „Das China des Mao Zedong", in der wir berichten, wie es mit dem Reich der Mitte nach der Revolution von 1912 weiterging – und wie es dazu kam, dass es schließlich doch noch zu einer Supermacht wurde.

Herzlich Ihr Michael Schaper

Sie erreichen die GEO*EPOCHE*-Redaktion online auf Facebook oder unter *www.geo-epoche.de*.

GOLDENES ZEITALTER
Anfang des 8. Jahrhunderts beginnt in China eine Epoche der kulturellen Vielfalt, in der Maler und Dichter einzigartige Kunstwerke schaffen.
SEITE 48

DER ERSTE KAISER
In blutigen Eroberungsfeldzügen formt Qin Shi Huangdi um 220 v. Chr. einen neuen Giganten: das Kaiserreich China.
SEITE 22

EXPANSION
Im Jahr 1405 schickt der Kaiser eine gewaltige Armada über die Meere – eine Flotte, stärker als alle Geschwader Europas zusammen.
SEITE 84

GEDEMÜTIGTER HEGEMON
Ab der Mitte des 19. Jahrhunderts wird China zum Ziel imperialistischer Raubzüge. Und auch Berlin will einen Teil der Beute (deutscher Soldat in Tsingtau).
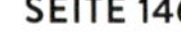
SEITE 146

DAS ENDE DER DOMINANZ
Kaiser Qianlong (auf dem Titelbild als 25-Jähriger zu sehen) ist überzeugt von Chinas Überlegenheit – und ignoriert das Aufkommen neuer Mächte.
SEITE 136

Nr. 93

Inhalt

Das kaiserliche China

♦ *Die mit diesem Symbol versehenen Beiträge finden Sie links bebildert*

Der Text über den Aufstieg Chinas zur Seemacht ist ein aktualisierter Nachdruck eines Beitrags von 2002. Daher haben wir den Umfang dieser Ausgabe um acht Seiten erweitert. Die Illustrationen sind komplett neu und exklusiv für GEOEPOCHE angefertigt worden.

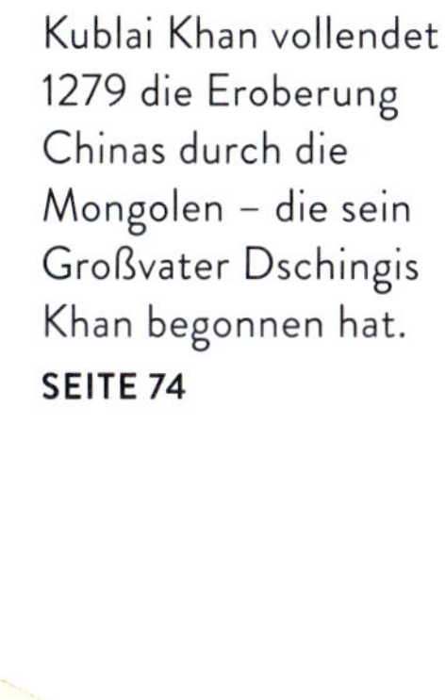

FREMDHERRSCHAFT
Kublai Khan vollendet 1279 die Eroberung Chinas durch die Mongolen – die sein Großvater Dschingis Khan begonnen hat.
SEITE 74

VERBOTENE STADT
Abgeschottet von ihren Untertanen, residieren die Kaiser seit 1420 in einer grandiosen Palastanlage in Beijing. Einem Ort voller Geheimnisse und Intrigen.
SEITE 98

UNTERGANG
Eine Niederlage zu viel: Als ein Aufstand gegen die imperialistischen Mächte scheitert, diktieren die harte Friedensbedingungen. Bald darauf bricht die 2000 Jahre alte Monarchie zusammen.
SEITE 156

CHINA vor dem Fall

Das 221 v. Chr. gegründete Kaiserreich wirkt im frühen 19. Jahrhundert so stark wie nie zuvor. Doch dann beginnt sein rasanter Abstieg

TEXT: *Samuel Rieth;* KARTE: *Stefanie Peters*

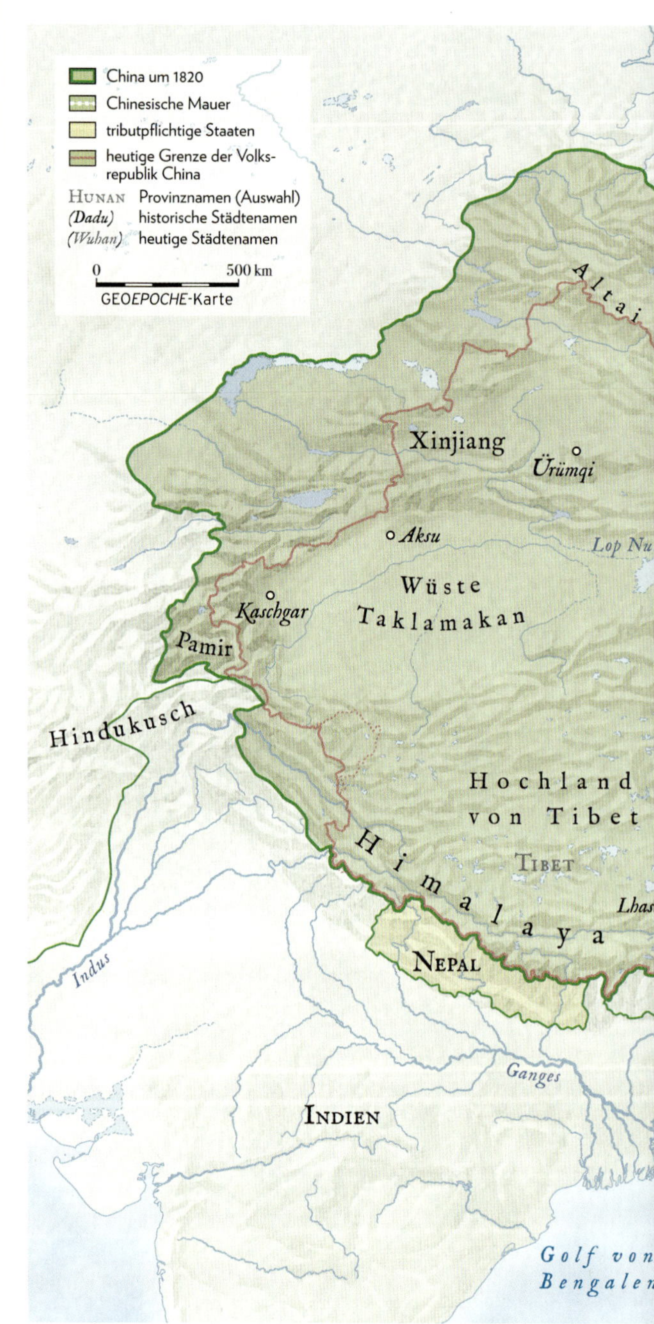

China um 1820: Das Reich ist ein Gigant, dem die Zukunft zu gehören scheint. Mit großem Vorsprung verfügt es über die stärkste Volkswirtschaft der Erde. Gut 380 Millionen Menschen leben in seinen Grenzen, mehr als ein Drittel der Weltbevölkerung, und das Imperium hat seine maximale Ausdehnung erreicht. Der Kaiser herrscht vom Pazifik bis zur Wüste Taklamakan, von der Mongolei bis zum Delta des Perlflusses.

Nachbarstaaten wie Korea und Vietnam entrichten Beijing Tribut, Botschafter ferner Länder werfen sich vor dem Himmelssohn nieder. Und wer, wie eine britische Delegation 1816, die Geste der Unterwerfung verweigert, wird kurzerhand aus dem Land gejagt. All dies deutet darauf hin, dass China weiterhin einen großen Teil der Welt dominieren wird.

Doch dann brechen politische und militärische Katastrophen über das Imperium herein: Es verliert mehrere Kriege, wird von Amerikanern, Europäern und Japanern gedemütigt, kolonisiert, ausgebeutet. Zudem kommen bei internen Rebellionen sowie einer Hungersnot Millionen ums Leben.

Am Ende ist das Kaiserreich so geschwächt, dass es untergeht – nach einer mehr als 2000-jährigen Geschichte.

Begonnen hat sie 221 v. Chr. im Osten Chinas, wo sich in den Jahrhunderten zuvor nach und nach eine Hochkultur herausgebildet hat und sieben Königreiche entstanden sind. In jenem Jahr gelingt es dem König des Reiches Qin, alle übrigen Staaten zu unterwerfen, eine eigene Dynastie zu etablieren und einen Zentralstaat zu gründen: China.

Und auch wenn die Qin-Dynastie schon bald untergeht, überdauert die Idee eines vereinten China die folgenden Millennien. Acht große Dynastien werden das Reich bis zu seinem Zusammenbruch führen. In dieser Zeit entstehen einzigartige Kunstwerke und eine hocheffiziente Staatsbürokratie, erfinden Chinesen den Buchdruck, das Schwarzpulver und den Kompass, ist das Land der übrigen Welt lange um Jahrhunderte voraus.

Immer wieder allerdings werden Bürgerkriege und Rebellionen das Reich zerreißen. Doch nach jeder Krise erstarkt China aufs Neue. Der aus der Mandschurei stammenden Qing-Dynastie, die 1644 als letzte Herrscherfamilie die Macht übernimmt, gelingt es sogar, das Territorium des Kaiserreichs zu verdreifachen. In ihrem Imperium liegen einige der größten Städte der Erde, es gibt riesige Minen, in denen mehr als 10 000 Bergleute schuften, sowie eine hochmoderne Porzellanmanufaktur mit über 100 000 Arbeitern.

DAS REICH DER MITTE um 1820

CHINA ist um 1820 die Vormacht in Ostasien und wirtschaftlich allen anderen Staaten der Welt überlegen. 380 Millionen Menschen leben in dem von der Qing-Dynastie beherrschten Imperium, das sich unbesiegbar fühlt. Doch 1839 offenbart sich seine militärische Schwäche – im Krieg gegen das Britische Empire

Und so sind Beijings Machthaber ausgesprochen hochmütig, als die Briten diplomatischen Kontakt zu ihnen suchen. Der Herrscher auf dem Drachenthron geht davon aus, den Rest der Welt nicht zu brauchen. Und übersieht die vielen Probleme im Land – sowie dessen militärische Schwäche.

Denn die Briten, deren Annäherungsversuche die Chinesen so brüsk abgewiesen haben, versuchen 1839 erneut, ihre Interessen durchzusetzen: diesmal aber mit Kanonenbooten. Und sie haben Erfolg. Wie bald auch andere Kolonialmächte.

Wenige Jahrzehnte später, 1912, bricht die Herrschaft der Kaiser für immer zusammen – und es beginnt erneut eine Zeit der Spaltung, die erst 1949 endet, als es einem Mann gelingt, das Land unter sich zu einen. Diesmal ist es kein Kaiser. Sondern ein kommunistischer Revolutionär: Mao Zedong. ◊

IMPERIUM im Osten

China ist im späten 19. Jahrhundert ein Reich im Niedergang. Seine Kaiser haben es durch Eroberungen groß und durch Handel reich gemacht, es zu unvergleichlicher Macht und kultureller Hegemonie geführt – aber auch in bittere Katastrophen. Doch um 1900 zeugen noch immer die Monumente vergangener Zeiten von der einstigen Stärke des mehr als 2000 Jahre alten Staates

DIE GROSSE MAUER wird vom 15. Jahrhundert an errichtet, um Chinas Nordgrenze gegen Feinde wie die Mongolen zu schützen: eine Befestigungsanlage von rund 7000 Kilometer Länge, bewehrt mit etwa 25 000 Türmen. Doch um 1900 ist das Reich so ausgedehnt, dass das Bollwerk im Landesinnern liegt – und verfällt

DIE HAUPTSTADT BEIJING ist das Machtzentrum des Kaiserreichs – und um 1880 eine Metropole mit rund 1,3 Millionen Einwohnern. Mit Tragestangen oder Pferdekarren transportieren Händler Waren über diese Einkaufsstraße, die von einem festungsartigen Tor, dem Qianmen, überragt wird. Jenseits des Portals liegt das Herrscherviertel, in dem kein gewöhnlicher Chinese wohnen darf

FLÜSSE UND KANÄLE sind die Lebensadern des Landes, das größer ist als ganz Europa. Mit Dschunken transportieren Schiffer etwa Reis in Städte und Provinzen – verschlammen die Wasserwege, drohen Versorgungsprobleme. Seit Jahrhunderten werden die kastenförmigen Segler nach fast gleicher Bauweise konstruiert (um 1870)

MONGOLISCHE HÄNDLER bringen Falken auf den Markt in Beijing. Die Jagd mit den abgerichteten Raubvögeln ist ein kostspieliges Vergnügen – ein exklusiver Sport für Adel, Elitebeamte und reiche Kaufleute. Die große Masse der rund 400 Millionen Chinesen lebt dagegen unter elenden Umständen. Immer wieder kommt es zu verheerenden Hungerkatastrophen

CHINA ist in der Vorstellung seiner Bewohner die Mitte der Welt – und der Kaiser deren Zentrum. In seinen Beijinger Palästen konzentriert sich die Administration des Riesenreiches mit Zehntausenden Beamten und Hofeunuchen. Deren Tagesablauf geben die Trommeln in diesem Turm vor: Sie wecken die Amtsträger, rufen sie zur Morgenaudienz und kündigen abends um 19 Uhr den Beginn der Nachtwache an

DIE SEIDENSTRASSE ist über Jahrhunderte Chinas wichtigste Handelsroute. Das mehr als 6000 Kilometer lange Netz von Karawanenwegen verbindet das Land mit Persien und dem Mittelmeerraum. Die fernöstlichen Geschäftsleute verkaufen unter anderem Seide und Porzellan und importieren umgekehrt Gold, Tropenhölzer und Elfenbein. Im 19. Jahrhundert hat die Strecke allerdings an Bedeutung verloren und sich der Fernhandel auf den Seeweg verlagert. Und so sind es nun vor allem lokale Kaufmänner, die ihre Waren auf Kamelen transportieren

WOHL NIRGENDWO SONST gibt es so umfassend gebildete Beamte wie in China. Staatsdiener wie diese drei Minister müssen unter anderem die 400 000 Schriftzeichen langen konfuzianischen Lehren auswendig lernen. Doch in der sich im 19. Jahrhundert rasant wandelnden Welt, in der zunehmend Spezialisten gefragt sind, hemmen die chinesischen Universalgelehrten den Fortschritt ◊

QIN SHI HUANGDI, Chinas erster Kaiser, hat einen Machtanspruch, der sogar bis ins Jenseits reicht: Er gibt ein gewaltiges Grabmal in Auftrag, in dem ihn nach seinem Ableben mehr als 8000 Tonkrieger gegen Feinde im Totenreich verteidigen sollen

er

RSTE

AISER

In Dutzenden Kriegen zwischen rivalisierenden Herrschern formt sich in den Jahrhunderten vor der Zeitenwende im Osten Asiens ein Gigant: China. Am Ende geht der König von Qin als Sieger aus den Kämpfen hervor und begründet 221 v. Chr. das chinesische Kaiserreich. Ein Imperium, das mehr als zwei Jahrtausende lang bestehen wird

TEXT: *Mathias Mesenhöller*

Sie sind das letzte Aufgebot des mächtigsten Mannes der Welt. Mehr als 8000 Mann in streng geschlossener Formation: Infanterie mit geschliffenen Hieb- und Stichwaffen. Armbrustschützen, deren Geschosse auch harte Ziele durchschlagen. Panzerreiter mit Pferden sowie Fahrer mehrspänniger Streitwagen.

Geführt werden die Einheiten von Generälen, Offizieren und Unteroffizieren aus allen Teilen des Reichs.

Eine furchterregende Streitmacht. Doch dass sie aufgestellt wurde, ist ein Zeichen des Scheiterns. Denn ihr Befehlshaber, der Kaiser, ist tot.

Seine Armee besteht nicht aus Fleisch und Blut, sondern aus Terrakotta. Die lebensgroßen Figuren sind eine gigantische Grabbeigabe. Die Ton-Soldaten sollen ihrem verstorbenen Herrn im Jenseits dienen: Qin Shi Huangdi, dem mächtigsten Herrscher seiner Zeit – jenem Mann, der China im Jahr 221 v. Chr. nach harten Kämpfen geeint hat.

Der eine Gegner aber, den er nicht bezwingen konnte, das war der Tod.

Dabei hat der maßlose Monarch versucht, auch diese letzte den Menschen gesetzte Grenze zu überschreiten. Hat Magier und Abenteurer beauftragt, ihm ein Elixier der Unsterblichkeit herbeizuschaffen. Hat Heilkundigen befohlen, Kräuter zu finden und Pillen zu drehen, mit denen sich jene Dämonen abwehren lassen, die Menschen sterben lassen.

Vergebens.

Und so blieb ihm nur, noch im Tod so verwegen aufzutrumpfen wie im Leben – und sich eine nie da gewesene Grablege zu schaffen, eine kolossale Wohnstätte für seine kommende Existenz im Geisterreich.

Musste er schon hinüber zu den Toten, dann wollte dieser gewaltige Schöpfer einer neuen Ordnung dort so großartig Hof halten wie zuvor im Diesseits: mächtig und furchtlos, prunkvoll und grausam – zumal er erwartete, auf die Geister jener Abertausende zu treffen, die er zu Lebzeiten hat hinschlachten lassen.

Doch auch der fantastische Traum Qin Shi Huangdis von einem diesseitigen

CHINAS REICHSEINIGER Qin Shi Huangdi lebt von 259 bis 210 v. Chr.

IN MEHREREN GRUBEN stehen die etwa mannshohen Tonsoldaten des Kaisers bereit, ihn im Tod zu beschützen. Handwerker haben sie mithilfe standardisierter Formen gefertigt und ihnen dann individuelle Züge gegeben

Fortleben wird nicht unerfüllt bleiben. Denn der gewaltige Ehrgeiz des Herrschers, seine enormen Leistungen sowie das monumentale Grab werden sein Andenken erhalten. Mehr noch: Das Handeln des ersten Kaisers in Chinas Historie wird über Jahrtausende nachwirken und ihn zu einer der bedeutendsten Gestalten der Weltgeschichte machen.

IM OSTEN BEGRENZEN die Weiten des Pazifiks jenes Land, das einmal China sein wird, im Norden Trockensteppen und Wüste, im Süden Gebirge, Sümpfe und Dschungel. Es sind unwirtliche, menschenfeindliche Gefilde. Doch die Hügel und Wälder, die von dieser Wildnis umschlossen werden, die fruchtbaren Lössebenen und Schwemmlandstreifen, laden zum Siedeln ein.

Sie bilden eine von Natur aus reiche Region, durchzogen von zwei gewaltigen Lebensadern, dem Gelben Fluss im Norden und dem Yangzi im Süden. Und so entfaltet sich hier schon früh eine Hochkultur.

Bereits im 7. Jahrtausend v. Chr. bauen Sippen Reis und Hirse an, züchten Blumenkohl und Sojabohnen, halten Schafe, Schweine, Geflügel. Vom dritten vorchristlichen Jahrtausend an verdichten sich die Kontakte zwischen diesen Gruppen: Sie tauschen Techniken und Werkzeuge aus, die Sichel etwa, aber auch religiöse Ideen. Mit der Zeit entsteht so ein weites Netz zusammenhängender Gemeinschaften, darunter sind bereits erste Fürstentümer.

Diese aufkeimende Zivilisation wird nach und nach von großen Erfindungen geprägt: dem Wagenbau, der Seidenspinnerei, von Pfeil und Bogen, dem Boot und der künstlichen Wasserstraße, der Schrift, dem Kalender sowie heilbringenden Ritualen.

Es entstehen auch Kulte um Gottheiten und Dämonen, Sterne und Ahnen, und diese Kulte verbinden die unterschiedlichen Gegenden und Stämme. Ein erstes Reich bildet sich zwar bis 1600 v. Chr., bleibt allerdings regional begrenzt.

Doch ab etwa 1100 v. Chr. erobert der Kriegerverband der Zhou die Vorherrschaft in dieser Welt. Seine Könige nennen sich „Söhne des Himmels“, und sie streben an, über „Alles unter dem Himmel“ zu gebieten, also die gesamte zivilisierte Menschheit. Doch das gelingt ihnen, wenn überhaupt, nur für kurze Zeit.

Denn die Könige der Zhou setzen Verwandte und Verbündete sowie örtliche Machthaber und besiegte Konkurrenten als Statthalter über ihre Provinzen ein – und schon bald bilden die Vasallen unabhängige Kleinstaaten, die einander erbittert befehden.

Nur wer sich DEM **HERRSCHER** *unterwirft, ÜBERLEBT*

Auch das Land der Qin, dieser später mächtigste Staat der chinesischen Welt, ist anfangs ein solches Lehnsgebilde: Wohl um 897 v. Chr. erlangt der erste nachweisbare Vorfahr des künftigen Kaisers einige fruchtbare Weiden im nordwestlichen Grenzsaum, um Pferde für die Fürsten von Zhou zu züchten. Seine Nachfahren bleiben obskur, sind immer wieder in zähe Kämpfe mit Stämmen der Steppe verwickelt – bis einer von ihnen im Jahr 771 v. Chr. während einer Rebellion den König rettet und dafür den Titel eines Herzogs erhält sowie große Ländereien. Damit sind die vormaligen Pferdezüchter unter die vornehmen, rivalisierenden Aristokratenclans der zerfallenden Zhou-Dynastie aufgestiegen.

In den folgenden Jahrhunderten nimmt die Zahl der Staaten in einer Ära fortwährender Kriege durch Unterwerfungen und Zusammenschlüsse von mehr als 170 auf rund ein Dutzend ab; darunter sind sieben größere Reiche, deren Herrscher sich Könige nennen. Auch Qin gehört zu diesen Staaten, wenn er auch einer der schwächsten ist.

Der Aufstieg des Herzogtums beginnt um das Jahr 360 v. Chr., als ein gelehrter Beamter namens Shang Yang nach Qin wechselt, weil er an einem größeren Hof nicht die erhoffte Karriere gemacht hat.

Vielleicht denkt er zu radikal. Denn Shang Yang hängt einer pessimistischen Lehre an, der zufolge der Mensch im Kern schlecht ist. Weder Bildung noch gute Behandlung vermögen ihn vom Bösen abzuhalten, sondern einzig Überwachung und furchteinflößende Strafen; und außenpolitisch zählt nur militärische Macht.

Die harten, nüchternen Ansichten beeindrucken den Herzog von Qin. Der Fürst ist jung und ehrgeizig, offen für radikale Ansätze. Gemeinsam bauen Shang Yang und er den Staat um – rational, rücksichtslos, ausschließlich orientiert an zwei Größen: der Schlagkraft der Armee und der Effizienz der Landwirtschaft, die das Heer ernährt.

Besonders drastisch trifft es den alten Adel. Er verliert seine Sonderrechte; Gesetze und Strafen gelten fortan für alle Untertanen gleich. Nicht mehr die Herkunft soll in dieser Meritokratie über den Rang des Einzelnen entscheiden, sondern das persönliche Verdienst um den Staat, vor allem auf dem Schlachtfeld. Je nach der Zahl der eigenhändig getöteten Feinde kann jedermann eine 17 Klassen umfassende Hierarchie emporklimmen, Ansehen, Land und Sklaven erlangen.

B

Besoldete Staatsdiener kontrollieren nahezu alle Aspekte des Lebens, verlangen Berichte etwa über die Gesundheit der Zugtiere, das Wetter, die Menge der Ratten, der Ernte. Sie verwalten die Produktion und den Besitz von Waffen, lenken die Fertigung von Eisenwerkzeugen und deren Verteilung an die Bauern.

Um die Äcker vergleichen zu können, wird der Boden durch ein rechtwinkliges Gitter aus Pfaden und Wegen in gleichmäßige Flächen unterteilt. Nirgends sollen zwei erwachsene Männer auf einem Hof leben – das wäre verschwendete Arbeitskraft. Die Überzähligen müssen fortziehen, Neuland kolonisieren, Sümpfe oder Wälder urbar machen.

Jeden einzelnen Untertan tragen die Staatsdiener bei seiner Geburt in ein Register ein und löschen ihn bei seinem Tod wieder. Und sie stellen die Bauern zu Gruppen aus je fünf oder zehn Haushalten zusammen, von denen jede einen

EIN SCHUPPENPANZER schützt diesen Tonsoldaten. Der Drill der kaiserlichen Truppen ist gnadenlos. Begeht ein Kämpfer einen Fehler, wird seine gesamte Abteilung bestraft

Soldaten stellen muss, der wiederum Teil eines Fünfer-Trupps wird.

Diese Kleingruppen haften füreinander. Bricht ein Bauer das Gesetz, ist ein Soldat feige, werden auch seine Genossen belangt. Die Strafen können brutal sein: Wer einen Missetäter deckt, dem wird der Körper in der Mitte durchgehackt. Wer ihn hingegen denunziert, erhält eine Rangerhöhung. Ein hartes, aber überaus effizientes System der Selbstüberwachung.

Shang Yangs Reformen brauchen viele Jahre und treffen auf bitteren Widerstand. Ein solches Unternehmen lasse sich nicht mit dem gemeinen Volk debattieren, beruhigt der Gelehrte seinen Fürsten – wohl aber könne man sich später gemeinsam über Erfolge freuen.

Und wirklich führt Shang persönlich Qins Streitmacht zu neuen Siegen gegen den mächtigen Nachbarstaat Wei. Als jedoch 338 v. Chr. der Herzog stirbt, wird Shang auf Geheiß des eifersüchtigen Thronfolgers gestürzt, getötet und seine Leiche rituell zerrissen, entehrt.

Sein Werk aber bleibt bestehen: Das erneuerte Qin ist der am straffsten verwaltete chinesische Staat.

Ab 325 v. Chr. beanspruchen die Herzöge Qins den Titel eines Königs, wie ihn die Herrscher der umliegenden Staaten tragen. Entschlossen setzen sie ihre Expansion fort, gehen möglichst Bündnisse mit fernen Machthabern gegen ihre jeweiligen Nachbarn ein. In großen Schlachten töten Qins Heere vermutlich Hunderttausende von Gegnern, massakrieren systematisch ihre Gefangenen.

Bald gilt das rücksichtslose Reich der emporgekommenen Pferdezüchter bei seinen traditionsbewussteren Konkurrenten als fremder, halbwilder Feind der Zivilisation. Doch Mitte des 3. Jahrhunderts v. Chr. stockt Qins Vormarsch.

DA GELANGT IM JAHR 246 V. CHR. ein neuer König auf den Thron des Reichs. Er heißt Ying Zheng – und ist erst 13 Jahre alt. Weder er selbst noch sonst jemand am Hof dürfte genug Fantasie haben, um vorauszusehen, dass ebendieser Knabe dereinst unter dem Herrschernamen Qin Shi Huangdi Chinas erster Kaiser sein wird.

Zunächst regiert für ihn der Kanzler seines verstorbenen Vaters. Und nimmt sich die Mutter des Jungen zur Geliebten. Ein heimlicher Skandal – bemerkt das Kind ihn? Allemal wird dem Kanzler die Affäre zu riskant, und er führt der Königinmutter einen ausgewiesenen Gigolo zu. Diese Unschicklichkeit aber bleibt nicht unbemerkt, zumal der neue Günstling sich skrupellos bereichert.

Acht Jahre nach seiner Thronbesteigung erhält Ying Zheng feierlich die Kappe eines Erwachsenen sowie Schwert und Gürtel des Regenten, wohl aus Jade. Ein Zeitgenosse beschreibt ihn als jungen Mann „mit einer markanten Nase, geschwungenen Augen, der Brust eines Raubvogels, der Stimme eines Schakals" und dem „Herz eines Tigers oder Wolfs".

Und schon bald wendet der Herrscher sich gegen die unzüchtige Mutter und deren raffgierigen Geliebten. Sie wird vom Hof verbannt – er aber geköpft oder von Pferden zerrissen. Zudem lässt der König den gesamten Clan des Missetäters samt seinen Kindern auslöschen, Tausende seiner Gefolgsleute enteignen und deportieren. Der Kanzler nimmt Gift.

Ying Zheng ist ein harter Machtmensch, listig und skrupellos: „In der Not kann er sich anderen unterordnen", erklärt ein Höfling, „doch wenn er seinen Willen hat, dann kann er dich, ohne zu zögern, bei lebendigem Leibe verspeisen."

Nachdem er Rache genommen und seine Macht gesichert hat, wendet sich der König gegen die anderen Teilreiche. Als Erstes gegen die Zhao im Nordosten.

Qins Heere sind das Ergebnis von 100 Jahren Optimierung. Sie bestehen aus gründlich ausgebildeten Kämpfern; jeder Mann wird rekrutiert, sobald er eine Körpergröße von 1,50 Metern erreicht hat und damit als wehrfähig gilt.

In der Regel folgt auf ein Jahr Ausbildung daheim ein Jahr Truppendienst. Anschließend kehren die Männer zurück auf ihre Felder, halten aber alle drei Monate Reserveübungen ab.

Im Kampf ist die Kavallerie am beweglichsten; in Sätteln ohne Steigbügel dienen die Reiter vor allem als Spähtrupp, oder zu Überfällen auf schwache Ziele, oder um Fliehende niederzumachen.

Vorn fahren bei einer Attacke die Streitwagen mit je vier Pferden, einem Lenker und ein oder zwei Bewaffneten.

Die Masse der angreifenden Truppen besteht aus Infanteristen. Sie führen Lanzen mit mehrere Meter langen Holz- oder Bambusschäften sowie extrem scharfe Bronzeschwerter – oder die *ge*, eine schmale, sichelförmige Hellebarde, mit der die Männer Reiter vom Pferde reißen, auf den Feind einhauen oder hinter dessen Ferse langen und ihn mit einem ziehenden Schnitt fällen.

Vor, neben und hinter ihnen feuern mobile Bogenschützen Salven auf den Feind ab – während im Zentrum genau gedrillte Reihen ihre Armbrüste langsamer laden, dafür schwerere Bolzen treffgenauer und über größere Distanzen verschießen (jeder bronzene Abzugsmechanismus ist ein Stück Präzisionsarbeit, in Serie gefertigt mit weniger als einem Millimeter Toleranz).

Alle Krieger tragen spezielle, ihrer Aufgabe angepasste Kleidung: die Bo-

BOGENSCHÜTZEN (rechts) gehören zur Infanterie. Gemeinsam mit der Kavallerie bilden sie die schlagkräftigste Abteilung der Armee von Qin Shi Huangdi

genschützen lange, bequeme Stoffmäntel; die schwere Infanterie Panzer aus aneinandergenähten, mit Lack abgedichteten Lederschuppen; die Reiter Hosen, eine Tunika und einen leichten Panzer.

Über dem Heer flattern Stander, an denen die Einheiten zu erkennen sind, die Befehle signalisieren, eingeübte Manöver. Dumpfe und hellere Trommeln, große und kleine Glocken gebieten im Lärm der Schlacht zum Angriff, zum Rückzug, in neue Formationen.

Die Truppe versteht sich auf den Kampf mit komplizierten, mehrschüssigen Katapulten; sie beherrscht aber auch das Ausräuchern von Belagerungstunneln, kann einen monatelangen Grabenkrieg fechten. Sie ist eine Kriegsmaschine – diszipliniert durch das brutale Gesetz der Kollektivstrafe: Wenn ein Soldat zaudert, versagt oder gar flieht, büßt sein gesamter Trupp mit dem Tod.

N

Nichts scheint das Heer der Qin aufhalten zu können. Es marschiert einfach über alles hinweg. Zäh, gehorsam.

Im Jahr 234 v. Chr. bezwingen die Qin eine Armee des Reiches Zhao; Chronisten berichten von 100 000 Toten. Sechs Jahre später besiegen sie das Reich Han,

ALLE MÄNNLICHEN Untertanen des Kaisers sind verpflichtet, als Soldaten zu dienen. Denn kaum hat Qin Shi Huangdi das Land geeint, macht er sich daran, dessen Grenzen auszudehnen

erobern 228 v. Chr. das Territorium von Zhao und bedrängen Yan im Nordosten.

Dort greift der Thronfolger zu einem verzweifelten Mittel. In seinem Gefolge befindet sich ein Schwertkämpfer namens Jing Ke, den er mit hohen Ehren, kostbaren Geschenken und schönen Frauen an sich gebunden hat. Nun fordert er von Jing einen selbstmörderischen Dienst, wie später ein Historiker notiert: Er soll an den Hof von Qin gehen und Ying Zheng töten. Nur: Wie kann der Attentäter dort vorgelassen werden?

Jing Ke hat eine grausame Idee. In Yan lebt ein General aus Qin im Exil, dessen Familie von Ying Zheng umgebracht wurde. Jing Ke bedrängt den Offizier, den Anschlag und damit auch Rache für seine Angehörigen zu ermöglichen – indem er seinen Kopf opfert. Der hoffnungslose Mann willigt ein und tötet sich selbst.

So reist Jing Ke als Gesandter nach Qin, im Gepäck eine Kiste mit dem abgeschnittenen Kopf des Überläufers sowie Karten einer Provinz von Yan als symbolisches Zeichen für dessen – vorgetäuschte – Unterwerfung. Zwischen den Unterlagen verborgen aber liegt ein besonders scharfer, vergifteter Dolch. Der Kronprinz selbst hat die tödliche Wirkung der Waffe an unbeteiligten Opfern überprüft.

Als Jing den Hof von Qin erreicht, geht sein Plan zunächst auf. Der König gewährt ihm eine Audienz, um den Kopf des Deserteurs und Yans Unterwerfung entgegenzunehmen.

Als es so weit ist, treten der Gesandte und ein Träger auf den Monarchen zu. Da verliert Jing Kes Begleiter die Nerven, beginnt zu zittern. Jing aber lacht ihn aus und bittet den König um Nachsicht für seinen bäurischen Helfer. Kaltblütig zeigt er den abgeschlagenen Kopf vor, dann rollt er vor Ying Zheng die Karten aus.

Am Ende kommt der Dolch zum Vorschein, Jing Ke fasst ihn, zieht mit der anderen Hand den König am Ärmel zu sich – doch der weicht geistesgegenwärtig zurück, der Ärmel reißt ab. Ying Zheng greift sein Schwert. Es verkantet in der Scheide, er springt hinter eine Säule, der Attentäter ihm nach. Chaos bricht aus, niemand sonst hat eine Waffe; sie sind im Audienzsaal streng verboten.

Es kommt zum Handgemenge zwischen König und Attentäter; endlich bekommt der Monarch das Schwert frei, verwundet den Gegner am Bein. In letzter Verzweiflung wirft Jing Ke mit dem Dolch nach seinem Opfer – und verfehlt es. Nun dringt Ying Zheng auf ihn ein,

Niemand KANN DAS **HEER** *des Herrschers AUFHALTEN*

streckt ihn nieder. Höflinge schlagen den aus acht Wunden blutenden Jing Ke tot.

Zehn Monate später nehmen Ying Zhengs Truppen die Hauptstadt von Yan ein. Der Kronprinz kann fliehen, doch dessen eigener Vater tötet ihn und schickt sein Haupt an Ying Zheng, um den Angreifer zu besänftigen.

Keines der chinesischen Reiche, kein Bündnis vermag die Heere Ying Zhengs aufzuhalten. Im Jahr 221 v. Chr. ergibt sich der letzte selbstständige Fürst.

Damit hat ein entschlossener, ehrgeiziger König erstmals die ganze chinesische Welt unterworfen. Deren Zentrum ist nun Xianyang, die Hauptstadt der Qin (nahe dem heutigen Xi'an in der zentralchinesischen Provinz Shaanxi).

GANZ CHINA, „Alles unter dem Himmel", geeint: Das ist die Erfüllung eines uralten Traums. Doch Ying Zheng will mehr. Er strebt eine Art Ende der Geschichte an, ein Friedensreich für alle Zeiten und alle zivilisierten Menschen. Nicht nur eine historische, sondern eine kosmische Wende. Dafür aber ist der Titel eines Königs, den schon so viele getragen haben, zu gering. Also befiehlt der Welteroberer seinen Ministern, eine angemessene Formel zu finden für den Herrn über „Alles unter dem Himmel".

Nach gründlichen Beratungen präsentieren sie ihm die Neubildung „Erhabener Gottkaiser erster Generation von Qin" – Qin Shi Huangdi*. Seine Nachfolger sollen den gleichen Namen tragen, abgeändert jeweils nur um die Nummer ihrer Generation. Bis in die zehntausendste, erklärt der erste Kaiser. Bis in alle Ewigkeit.

Bei vielen Untertanen stößt die neue Dynastie auf Wohlwollen. Nach Jahrhunderten der Kriege lockt die Aussicht auf Einheit und Frieden.

Zwar müssen die Fürsten und Adeligen der besiegten Reiche ihre Heimat verlassen und in die Hauptstadt Xianyang übersiedeln, wo der Kaiser sie kontrollieren kann. Doch erhalten die Entwurzelten standesgemäße Wohnsitze – vielfach Kopien ihrer angestammten Paläste: Symbolisch führt der Kaiser selbst die besiegten Häu-

* Jeder Kaiser hat mehr als einen Namen. Denn er ändert ihn bei seiner Thronbesteigung, erhält zudem oft einen meist posthumen Ehrentitel – nach dem werden die Herrscher in diesem Heft in der Regel benannt. Ab der Ming-Dynastie (14. Jh.) werden sie nach ihrer Regierungsdevise bezeichnet, etwa Yongle („fortdauernde Freude").

ser in Gefangenschaft. Über mehrere Kilometer erstreckt sich die luxuriöse Exilantensiedlung am Ufer des Wei.

Aber es ist auch eine Zeit der Rache. Wer dem Attentäter Jing Ke oder seinem Auftraggeber nahestand, muss sterben. Und wer sich der neuen Ordnung nicht fügt, verfällt dem Strafgesetz Qins.

Doch soll die Justiz unbedingt redlich verfahren. Die Untersuchungsrichter sind gehalten, Scharfsinn und Einfühlungsvermögen aufzuwenden, um die Wahrheit zu ermitteln. Lehrtexte geben ihnen dazu kriminologische und forensische Techniken an die Hand: Wie verlaufen die Würgemale einer Leiche, wie hat ein Einbrecher sich Zutritt verschafft? Wer hat wann was gesagt?

Die Folter gilt nur als letztes, da unzuverlässiges Mittel, einen Fall aufzuklären. Möglichst kein Unschuldiger soll leiden – umso härter der Schuldige büßen. Wer bewusst falsche Anklage erhebt und überführt wird, erhält denn auch genau jene Bestrafung, die auf das von ihm erlogene Vergehen steht.

Bei anderen Verbrechen verhängen die Richter eine der „Fünf Strafen“: das Tätowieren des Gesichts, die Amputation der Nase, das Abtrennen der Füße oder die Exekution, nach der entweder der Kopf oder die zerstückelte Leiche zur Schau gestellt wird.

Einem Jungen etwa, der die Hand gegen den Großvater erhebt, wird ein Schandsymbol in die Stirn geschnitten, dann Tinte in die Wunde gegossen. Räuber oder erfolglose Offiziere verlieren die Nase. Zum Tode Verurteilte wie beispielsweise Rebellen oder Hochverräter werden enthauptet, mit einer scharfen Klinge an der Taille halbiert oder in einem Kessel mit heißem Wasser gekocht.

In seltenen Fällen muss ein Täter alle fünf Strafen nacheinander erleiden, etwa weil er drei seiner Verwandten ermordet und so die spirituelle Ordnung gestört hat: Diese Zahl gilt als magisch.

Die mit Abstand häufigste Strafe ist die Zwangsarbeit. Denn sie lohnt sich für den Staat. Hunderttausende schuften auf den Großbaustellen des Reiches, alle an geschorenen Schädeln und roten Sträflingskappen erkennbar. Zusammen mit gewöhnlichen Bauern, die jährlich zu einem Monat Staatsfron verpflichtet sind, errichten sie die Paläste der exilierten Aristokraten in Xianyang sowie neue, prächtige Domizile für den Kaiser selbst.

Sie schachten Kanäle für Bewässerung und Schifffahrt aus, ziehen baumbestandene Schnellstraßen durch das Land, die wie Strahlen von Xianyang aus in die Provinzen führen. Bald schon marschieren darauf Truppen, transportiert man darüber Tribute, tragen Boten unermessliche Mengen von Berichten und Befehlen hin und her. Das Straßennetz misst mehr als 6800 Kilometer.

Im Norden werfen die Zwangsarbeiterheere eine 3000 Kilometer lange Befestigungsanlage aus Lehm auf, die frühere Verteidigungswerke einbezieht und das Reich gegen die Steppe und ihre Reiter abschirmt. Gelände und Klima dort sind hart, viele sterben.

Hohe Würdenträger empfehlen dem Kaiser, entlegene Provinzen nach alter Sitte an Verwandte zu vergeben. Doch Qin Shi Huangdis engster Berater Li Si erkennt, dass solche Lehen den Keim für den er-

SCHULTER AN SCHULTER stehen die Soldaten der Totenarmee bereit. Infanteristen führen sie an. Wie im Diesseits warten sie nur auf einen Wink des Kaisers, um loszuschlagen

neuten Zerfall in rivalisierende Fürstentümer legen würden.

Stattdessen teilen er und sein Herr das Imperium in 36 Kommandanturen unter je zwei leitenden Beamten und einem Offizier auf, die von Xianyang aus eingesetzt werden, ein festes Gehalt bekommen und jederzeit abberufen werden können. Wie von allen Staatsdienern fordert der Kaiser von ihnen unbedingten Gehorsam, Disziplin und Nüchternheit; wer faul ist, inkompetent, unehrlich, wird bestraft oder entfernt.

Dieser Apparat soll die Geschlossenheit des Reiches absichern durch Vereinheitlichung. Überall gelten fortan die gleichen Gesetze, werden die gleichen Gewichte und Maße benutzt, verwenden die Menschen zum Bezahlen die gleichen runden Münzen aus Gold oder Kupfer mit einem viereckigen Loch, um sie aufzufädeln. Andere Währungen und Tauschmittel, Perlen etwa, Jade, Silber und Zinn, dienen nur noch als Schmuck.

Und dann ist da noch die Reform der Schrift – die Li Si persönlich beaufsichtigt. Über die Jahrhunderte haben sich Schreibweisen verschoben, Schriftzeichen verändert, regionale Sonderformen gebildet. Nun vereinfachen die Gelehrten das historische Erbe radikal und standardisieren es; etwa ein Viertel der Zeichen wird aussortiert und verboten.

Das sich bildende Imperium bleibt ein Raum unterschiedlicher Dialekte und Aussprachen – wird aber zum Reich mit einer einheitlichen Schrift. Unter den Bindekräften, die das riesige Territorium langfristig zusammenhalten, zählt die reformierte Normschrift zu den stärksten (siehe Kasten auf Seite 57).

DIE TONKRIEGER sollen den Ruhm ihres Herrn im Jenseits festigen. Tatsächlich aber hofft Chinas erster Kaiser darauf, noch vor seinem Tod jenes geheime Elixier zu finden, das ihm ewiges Leben garantiert

Die Bürokratie normiert auch die Spurbreite der Straßen sowie die Achsweite der Gespanne, die auf ihnen verkehren. Sie legt sogar die Menge Fett fest, mit der die Wagenachsen zu schmieren sind, die Schritte bei der Wartung von Werkzeugen. Es gibt Verordnungen, wann welche Bäume gefällt, Fischfallen gesetzt, Unkräuter auf dem Feld verbrannt werden dürfen, wie viele Stockschläge – zehn – ein Aufseher erhalten soll, dessen Ochsen übers Jahr mehr als einen Zoll Gurtumfang verloren haben.

Im Jahr 213 v. Chr. kommt es zu einem Eklat: Bei einem kaiserlichen Bankett tritt ein konservativer Gelehrter vor und beklagt den vielfachen Bruch mit der Tradition. Kein Staat könne im Widerspruch zur Weisheit der Altvorderen bestehen. Offen fordert er, das Reich wieder dezentral durch Prinzen und Lehnsleute zu regieren.

Dem Bericht eines Chronisten zufolge reagiert Qin Shi Huangdi rabiat. Die „verblödeten Intelligenzler" hätten nichts verstanden, seien gefangen im Blick zurück. Ihre Streitsucht beunruhige das Volk.

Um die Macht der Gelehrten zu brechen, verbietet die Regierung den Privatbesitz von Büchern – ausgenommen Werke über Medizin, Land- und Forstwirtschaft sowie solche zur Orakelkunde. Bis auf die Exemplare der kaiserlichen Gelehrtenakademie müssen alle Bücher verbrannt werden.

Wer sich widersetzt, wird tätowiert und zur Zwangsarbeit deportiert. Und wer sich fortan auf die Vergangenheit beruft, um die Gegenwart zu kritisieren, verfällt samt seinem Clan dem Tod. Als Qin Shi Huangdi ein Jahr später erfährt, dass einige Gelehrte genau das gewagt haben, lässt er 460 von ihnen umbringen.

So jedenfalls erzählt es ein Chronist. Vermutlich übertreibt er hier und da. Dennoch ist eindeutig, dass der Kaiser seine Politik der Zentralisierung und Vereinheitlichung mit großer Härte durchsetzt und dass er dazu selbst die historische Erinnerung unter Kontrolle zu bringen sucht, indem er die Aufzeichnungen der eroberten Reiche tilgt: Eine Geschichtsschreibung, die nicht Qins Triumphe und Größe feiert, soll es nicht mehr geben.

LÄNGST SCHON träumt Qin Shi Huangdi aber von noch Größerem: seiner Unsterblichkeit. Als er auf einer Reise durchs Reich bis an den Ozean gelangt, weisen Magier aufs Meer hinaus und erklären:

700 000 Zwangsarbeiter **SCHUFTEN** *für sein GRABMAL*

Hinter dem Horizont lägen die Inseln der Unsterblichen. Da ist Qin Shi Huangdi gebannt. Er entsendet eine große Expedition unter Führung eines Magiers zu den Eilanden. 3000 Knaben und Mädchen nimmt der Zauberer als Opfergabe für die Seegeister mit auf die Reise. Doch bald darauf kehrt er allein zurück, ohne die Inseln gefunden zu haben.

In der Zwischenzeit lässt sich der Kaiser von seinen Alchemisten lebensverlängernde Pillen mischen (die große Mengen Quecksilber enthalten, also vermutlich den gegenteiligen Effekt haben).

Es ist eine Ära, in der sich die Feldärzte vorwiegend auf obskure Rituale und Heilkräuter verlassen. Da Krankheit und Tod vermeintlich von bösen Geistern gebracht werden – und Dämonen offenkundig auch der Entdeckung des Elixiers entgegenwirken –, empfiehlt einer der spirituellen Berater des Kaisers, er möge sich vor ihnen schützen.

Qin Shi Huangdi lässt die Wandelpfade in seinen Palästen und die Wege zwischen ihnen ummauern und überdachen; wer den jeweiligen Aufenthaltsort des Herrschers verrät, stirbt. Auf Reisen nutzt er einen verhängten Wagen, in den nur enge Vertraute hineinschauen dürfen.

Und doch hält er gegen den Tod nichts Greifbares in den Händen. Er, der Erhabene Gottkaiser, der Ordnung geschaffen hat, wo Chaos war – auch er ist nach wie vor sterblich. Obwohl noch kein alter Mann, bereitet sich der Kaiser auf den möglichen Tod vor.

Denn die Totenwelt gilt als eine Art Spiegelversion des Diesseits. Und das Grab entscheidet über die Ausstattung, mit der ein Verstorbener unter die Geister tritt. Über seinen Rang und seine Chancen dort. Und da sich Qin Shi Huangdi als Herrscher von kosmischer Bedeutung versteht, legt er seine Grabstätte entsprechend an: als Abbild des Universums.

Um den Bau zu finanzieren, müssen seine Bauern immer höhere Abgaben leisten. 700 000 Zwangsarbeiter sind über Jahre auf der Baustelle nahe Xianyang beschäftigt. Sie errichten riesige unterirdische Kammern sowie einen über 100 Meter hohen, pyramidenähnlichen Grabhügel für den Kaiser, umgeben von Opfertempeln und eingehegt von einer doppelten Mauer mit Tortürmen.

Die eigentliche Grabkammer befindet sich mehr als 30 Meter tief in der Erde. Sie enthält den Sarkophag des Herrschers und kostbare Beigaben aller

Art. Der Überlieferung zufolge ist die Grabkammer von einer Miniatur-Nachbildung des Reiches umgeben, deren Flüsse und Seen aus Quecksilber bestehen.

Daneben entstehen etliche weitere Gruben. Sie bergen Abbilder von Palästen – sowie einen vollständigen Hofstaat aus lebensgroßen Tonfiguren. Darunter sind hohe und niedere Beamte, Mägde und Diener, kräftige Akrobaten und Stallburschen. Diese Figuren haben sich um Hunderte echte Pferde zu kümmern, die nach dem Ableben des Kaisers als Opfer für die Ahnen und andere Geistwesen getötet und mitbeerdigt werden sollen.

In weiteren Kammern werden tote Vögel und andere Tiere aus der kaiserlichen Menagerie ihren Besitzer in die Geisterwelt begleiten. In einer Rüstkammer stehen steinerne Panzer und Helme, in weiteren Gruben Dutzende bronzener Wasservögel sowie Modelle von Streitwagen.

Der gewaltige Schatz muss geschützt werden, und so bringen findige Handwerker Fallen aus Armbrüsten an, die automatisch schießen, sollte ein Grabräuber sich in die Kammern vorwagen. Zudem bietet Qin Shi Huangdi eine ganze Armee auf – wenn auch aus Ton.

In drei Gruben von 25 000 Quadratmeter Fläche, mehrere Meter unter der Erde, stellen Arbeiter nach und nach Figuren von mehr als 8000 Soldaten sowie Reit- und Zugtieren auf.

Die Tonkrieger haben unterschiedliche Größen, überragen aber ihre lebendigen Vorbilder meist um einige Zentimeter, wirken gewaltig; die Waffen, die sie tragen, sind echte Schwerter, Bögen, Piken und Armbrüste aus Qins Arsenal.

Alle Figuren sind mit buntem Lack überzogen, Hemden, Hosen und Bänder in verschiedenen Rottönen, Grün, Blau und Gelb gehalten, die Augen weiß mit dunkler Iris. Jedes Detail bis hin zu den Frisuren, den Gürtelhaken und Bindungen der Schuppenpanzer ist akkurat und wirklichkeitsgetreu gearbeitet. Damit die Truppe im Geisterreich funktionieren kann, ist höchster Realismus geboten. Denn die Kämpfer sollen in strenger Formation mit scharfen Waffen bereitstehen, um den Herrscher zu schützen.

Zwar werden Gesichter, Hände und Körper in Musterformen gepresst, dann aber setzen die Handwerker sie unterschiedlich zusammen, arbeiten die feuchten Serienprodukte vor dem Brennen noch einmal nach, sodass jeder Soldat individuell wirkt. Steht eine Abteilung in Formation, wird ihre Grube mit dicken Balken verschlossen, Erde darüber geschüttet und festgestampft.

Irgendwann fehlt nur noch eine Figur: die des Oberbefehlshabers. Vielleicht ordnet der Kaiser dies so an, weil er dereinst selbst diese Rolle übernehmen wird – sollte es ihm nicht doch noch gelingen, dem Tod zu entrinnen.

IM WINTER 211 V. CHR. reist Qin Shi Huangdi abermals durch sein Reich. Und wieder wendet er sich dem Meer zu.

Dort sehen die Magier dem hohen Besuch nervös entgegen. Jahre sind vergangen, große Summen verauslagt worden. Das ersehnte Elixier aber können sie nicht vorweisen, haben die geheimnisvollen Inseln der Unsterblichen trotz weiterer Expeditionen nicht erreicht. Einem Chronisten zufolge ersinnen sie die Ausrede, immer wieder hätten Haie oder Wale ihr Boot bedrängt, sie zurückgetrieben. Die zaubergewandten Männer erbitten deshalb einige geübte Armbrustschützen, um die Tiere aus dem Weg zu schaffen. Der Kaiser zeigt sich gnädig – oder verzweifelt? – und gewährt es.

Kurz darauf träumt Qin Shi Huangdi, dass er selbst mit einer Meeresgottheit kämpft. Fortan trägt er bei seinem Zug die Küste hinab stets eine Armbrust. Und wirklich: Er bekommt eine Gruppe gewaltiger Fische zu sehen – und erlegt einen von ihnen. So berichtet es der Herrscher seinen Weisen, die er um Erläuterungen bittet.

Ein günstiges Omen? So mag er denken, während sein Wagenzug zurück ins Binnenland schwenkt.

Da schlagen die Dämonen zu, früh und unerwartet: Qin Shi Huangdi erkrankt schwer. Erst jetzt macht sich der Kaiser, der stets auf Unsterblichkeit hoffte, an die Regelung seiner Nachfolge.

Mehr als 20 Söhne hat er gezeugt. Besonders lieb ist ihm der milde Huhai, der ihn auf dieser Reise begleitet. Den widerspruchsfreudigen Ältesten Fusu hingegen hat der Vater zwei Jahre zuvor an die Reichsgrenze im Norden verbannt.

Dennoch handelt der Herrscher nun gemäß der Tradition. Zusehends geschwächt, lässt er den Minister-Eunuchen Zhao Gao einen Brief verfassen und siegeln, in dem der Kaiser seinen Erstgeborenen als Nachfolger zurückruft.

Wenig später stirbt Qin Shi Huangdi (woran, lässt sich nicht mehr klären). 49 Jahre alt ist Chinas erster Kaiser geworden. Und hat in dieser Spanne ein Großreich geschaffen. Den Lauf der Geschichte verändert. Eine Dynastie begründet, die Jahrtausende regieren wird – so jedenfalls hofft der Sterbende.

QIN SHI HUANGDI macht Xianyang zur Hauptstadt des geeinten China. Bis zu seinem Tod im Jahr 210 v. Chr. wird er das Territorium des Kaiserreichs deutlich vergrößern (helle Flächen)

Doch der Brief an seinen Erben wird nie abgesandt. Vielmehr verschwören sich führende Minister und Eunuchen, den gefügigen Huhai auf den Thron zu bringen. Bereitwillig schließt sich der 20-Jährige den Verschwörern an, die nun Qins rechtmäßigen Erben Fusu mit einem zweiten, gefälschten Drohbrief unter dem Siegel des Kaisers in den Suizid treiben.

Aus Furcht vor Unruhen halten die Verschwörer den Tod ihres Herrn geheim und setzen die Reise fort. Statt des Monarchen murmelt einer der Eunuchen aus dem dicht verschlossenen Reisewagen Antworten auf die Bittgesuche.

Nach einiger Zeit beginnt der verwesende Leichnam zu stinken. Kanzler Li Si befiehlt, Karren voller Salzfisch heranzuschaffen. Es ist Sommer, und binnen Kurzem überdeckt der beißende Dunst verfaulender Fische den verdächtigen Leichengeruch.

Im September erreichen die Wagen die Hauptstadt Xianyang. Nun erst verkünden die Minister den Tod des ersten Kaisers – sowie die Machtübernahme Huhais als „Erhabener Gottkaiser zweiter Generation von Qin“. Anschließend wird der Leichnam des Toten in seinem gigantischen Mausoleum beigesetzt.

Alle Konkubinen des Verstorbenen müssen ihn ins Geisterreich begleiten, es sei denn, sie haben ihm einen Sohn geboren. Auch Handwerker und Künstler, die um die Einzelheiten des Grabes, seine Schätze und Fallen wissen, werden in der Gruft eingeschlossen. Nicht einer entkommt. Beraten von dem Eunuchenminister Zhao Gao, lässt der neue Kaiser zudem die Beamtenschaft blutig säubern, etliche der eigenen Geschwister umbringen.

Doch dann fällt die Tücke der neuen Machthaber auf sie selbst zurück.

Um sich abzusichern, verstärken sie Xianyangs Garnison, pressen zu deren Unterhalt immer mehr Nahrungsmittel aus dem Land. Im Sommer 209 v. Chr. bricht eine Rebellion aus: Zwangsarbeiter meutern. Binnen weniger Wochen weiten sich die Unruhen aus, erschlagen Aufständische zahlreiche hohe Beamte. Mancherorts erklären sich Polizeioffiziere, Gelehrte, ja selbst Abkömmlinge der ehemals selbstständigen Fürstenhäuser zu Führern der Revolte.

Im Dezember 209 v. Chr. sind mehrere Provinzen in der Gewalt von Usurpatoren. Das Reich versinkt im Bürgerkrieg. Kaiserliche Truppenführer wechseln die Seiten aus Angst, Opfer der andauernden Palastintrigen zu werden.

Im Jahr 207 v. Chr. erreichen die Kämpfe die Hauptstadt. Als Rebellen etwa 200 000 kaiserliche Soldaten vor Xianyang töten, putscht der Minister Zhao Gao und drängt den Herrscher in den Suizid.

Zum Nachfolger ernennt er einen Enkel Qin Shi Huangdis, der das zerfallende Imperium nicht als Kaiser, sondern nur mehr als König regiert.

Doch wenige Tage später wendet der sich gegen seinen Gönner Zhao Gao und ermordet ihn. Dann überrennen die Rebellen die Kapitale, brennen die Paläste nieder und richten den König Ende Januar 206 v. Chr. hin.

Dies ist das Ende von Qin. Das Ende einer Dynastie, die 10 000 Generationen überdauern sollte – nicht jedoch das Ende des Imperiums, das ihr Gründer zusammengefügt hat: das „Reich der Mitte“ im Zentrum der Welt, wie es chinesische Gelehrte schon bald nennen.

Denn Qin Shi Huangdi wollte zwar zu Großes in zu kurzer Frist erreichen, hat in seiner Maßlosigkeit die Kräfte des Landes überdehnt und sich zu viel von Zwang erhofft, zu wenig Geduld für Bewährung und Überzeugung aufgebracht – bis am Ende Millionen rebellierten.

Aber auf den blutigen Krieg folgt kein Zerfall. Vielmehr begründet ein General der Aufständischen im Jahr 206 v. Chr. eine neue Dynastie, die der Han. Der Einheitsgedanke, das Ideal, dass alle Bewohner der chinesischen Welt in einem Staat leben sollen, ist endgültig etabliert. Er wird mehr als 2000 Jahre lang Wirren und Spaltungen überstehen, bis heute.

Und Qin Shi Huangdi wird mit seinem Beharren auf einer starken Zentralmacht zum Vorbild kommender Kaiser. Die Herrscher der Han-Dynastie übernehmen von ihm den Titel Huangdi sowie wichtige Prinzipien – etwa, dass Verdienste wichtiger sind als hohe Geburt.

Mehr als zwei Jahrtausende lang harrt seine Tonarmee unter der Erde aus. Erst 1974 wird das Heer durch einen Zufall entdeckt – und trägt seither dazu bei, ihren Gebieter doch noch unsterblich zu machen: Qin Shi Huangdi, den Begründer des Reichs der Mitte, den Schöpfer und Herrn der Terrakotta-Armee.

Den ersten Kaiser von China. ◊

LITERATURTIPPS

YURI PINES U. A. (HG.)
»Birth of an Empire. The State of Qin Revisited«
Sammelband zur aktuellen Forschung (University of California Press).

SIMA QIAN
»The First Emperor«
Eine Chronik Chinas aus dem 1. Jh. v. Chr. (Oxford University Press).

IN KÜRZE

246 v. Chr. wird der 13-jährige Ying Zheng zum König von Qin, einem von sieben Reichen in China. Nach und nach unterwirft er alle Konkurrenten und begründet als Qin Shi Huangdi („Erhabener Gottkaiser erster Generation von Qin“) 221 v. Chr. das chinesische Kaisertum. Er schafft einen autoritären Zentralstaat, strafft die Verwaltung, vereinheitlicht Maße, Gewichte und sogar die Schrift. Sein Grabmal gehört zu den wichtigsten Funden der Archäologie.

690 n. Chr.

Kaiserin Wu Zhao

Die Konkubine auf dem DRACHEN

Gut 900 Jahre sind vergangen, seit der erste Kaiser das chinesische Großreich begründet hat. In dieser Zeit haben mehrere Dynastien und lokale Warlords das Imperium vergrößert, es im Streit geteilt und wieder geeint. Die Herrscher waren stets Männer, so wie es die konfuzianische Tradition vorsieht. Doch um 690 n. Chr. greift erstmals eine Frau nach der Macht

TEXT: *Constanze Kindel*

DAS INNERSTE des Kaiserpalastes ist den Frauen und Gespielinnen des Herrschers vorbehalten. Kein gewöhnlicher Mann darf jene Gemächer betreten, in denen sie musizieren, weben oder sich beim Brettspiel erholen. Ganz oben in ihrer Hierarchie steht die Hauptfrau des Gebieters, dann folgen die Nebenfrauen und schließlich die Konkubinen – von denen aber viele den Himmelssohn nie zu Gesicht bekommen

THRON

DIESES SCHRIFTZEICHEN steht für den Namen der Kaiserin: Zhao. Es zeigt Sonne und Mond, die Licht in die Leere bringen

Die Prophezeiung ist im Fluss erschienen, Worte aus dem Wasser. Der weiße Stein, heißt es, sei in den Fluten des Luo aufgetaucht, die Schriftzeichen darauf leuchten violett: „Eine weise Mutter wird über die Menschen herrschen, und ihr Reich wird eine ewige Blütezeit erfahren."

Das Omen lässt keinen Zweifel zu: Der Kaiserthron wird ihr gehören.

Als ein Lakai den Stein zu ihr trägt, den er angeblich im Fluss Luo gefunden hat, regiert Wu Zhao bereits seit über vier Jahren: im Namen ihres Sohnes. Der damals 21-Jährige war zu unerfahren, als er den Thron bestieg.

Aber Wu Zhao will mehr sein als eine Übergangsregentin: Sie will als Kaiserin herrschen aus eigener Macht. Schon seit Langem ist ihr Handeln darauf ausgerichtet. Nun beschwört diese Prophezeiung ihren Aufstieg herauf.

Den Fund des Steins hat vermutlich einer ihrer Neffen inszeniert, ohne ihr Wissen – so jedenfalls berichten es später die Chroniken. Vielleicht glaubt sie selbst an die Weissagung. Ganz sicher aber weiß Wu Zhao sie zu nutzen.

Sie feiert das Zeichen aus dem Wasser mit unvergleichlichem Glanz. Am Ende des Jahres 688 n. Chr. führt sie in kaiserlichem Ornat eine Zeremonie zu Ehren des Steins an, ein Fest von zehn Tagen, das größte seit Generationen.

Mitten in der Stadt Luoyang, der östlichen der beiden Kapitalen Chinas, hat sie am Flussufer einen Altar errichten lassen (seit etwa 600 n. Chr. hat das Land wegen seiner Größe zwei Hauptstädte: Luoyang und Chang'an). Wu Zhao schreitet der Prozession voran, gefolgt von ihrem Sohn sowie Ministern, Heeresführern, Stammesfürsten, die ihr Tributgeschenke bringen: seltene Edelsteine, bunt glänzende Vögel, wundersame Tiere. Flöten und Trommeln begleiten ihren Weg.

Am Altar nimmt sie den Stein vor aller Augen feierlich an. Im Einklang mit der Prophezeiung verkündet sie den Anbruch der Ära „Ewiger Wohlstand" und gibt sich selbst den Titel „Weise Mutter, Göttliches Oberhaupt".

Zeichen um Zeichen wird sie nun sammeln, bis ihr Aufstieg unausweichlich scheint. Dann, im Herbst des Jahres 690, wird Wu Zhao offiziell Kaiserin.

Zum ersten Mal herrscht eine Frau in ihrem eigenen Namen über China.

°

ES IST DER HIMMEL, der dem Kaiser grenzenlose Macht verleiht. Einen gerechten Herrscher belohnt er mit guten Ernten und Harmonie in seinem Reich. Einen Monarchen aber, der seine Aufgaben nicht erfüllt, trifft göttlicher Zorn. Krisen und Katastrophen gelten als unwiderlegbare Zeichen dafür, dass der Himmel ihm seinen Schutz und Segen entzieht. Als Strafe, die mühsam abgewendet werden muss, mit Opfern, Demut und politischem Geschick.

Der Kaiser muss sich seiner Macht als würdig erweisen, sonst hat er sie verwirkt. Der Vorwurf, ein Herrscher habe das Mandat des Himmels eingebüßt, dient häufig Rebellen als Rechtfertigung für Staatsstreiche und Aufstände.

Mit dem Tod eines Kaisers geht der himmlische Auftrag an dessen Nachfolger über. Noch zu Lebzeiten bestimmt der Herrscher daher einen Sohn, sein Erbe anzutreten. Niemals eine Tochter.

Damit hat Wu Zhao, die Frau auf dem Thron, Unverzeihliches getan.

Sie verstößt gegen eine uralte Tradition, eine Weltordnung. Frauen sind nicht geboren, um zu regieren. So steht es in den Schriften von Konfuzius, dem einflussreichsten Philosophen Chinas. Seine Lehren (und die seiner Schüler) hat ein Kaiser der Han-Dynastie um 100 v. Chr., fast vier Jahrhunderte nach dem Tod des Denkers, zur Staatsdoktrin erhoben.

Konfuzius folgend, braucht die Gesellschaft klare Hierarchien, um die himmlische Ordnung zu bewahren. Jeder Einzelne hat seinen unverrückbaren Platz, in der Familie wie im Staat. Der Sohn schuldet dem Vater Gehorsam, der Jüngere dem Älteren, der Untertan dem Herrscher; dafür darf der Schwächere vom Höherstehenden Fürsorge, Weisheit und Menschenliebe erwarten.

Auch Frauen haben eine klar definierte Rolle: Sie sind dem Mann untergeordnet. Nach konfuzianischer Moral ist eine gute Frau demütig, keusch, bescheiden, fügt sich ihrem Gatten, führt den Haushalt.

Auch die Kaiserin hat ihren Rang nur als Ehefrau des Herrschers,

WU ZHAO (624–705 n. Chr.) kommt im Alter von etwa 13 Jahren in den kaiserlichen Harem. Der Herrscher nimmt keine Notiz von ihr, doch dem Kronprinzen fällt sie sofort auf

ihr Einfluss ist begrenzt auf Angelegenheiten des Inneren Palasts. Das öffentliche und politische Leben ist den Männern vorbehalten.

Eine Frau, die in dieser äußeren Sphäre Macht anstrebt und ausübt, handelt gegen die Ordnung der Welt.

Noch immer gegenwärtig ist die Erinnerung an Lü Zhi, um 200 v. Chr. Ehefrau des Kaisers Han Gaozu und seither Inbegriff der Gefahr, die von weiblicher Herrschaft ausgeht. Es heißt, sie habe die Ministerämter am Hof mit Mitgliedern ihrer eigenen Familie besetzt und nach dem Tod ihres Mannes seiner Lieblingskonkubine Hände und Füße abschlagen lassen, um sie als „menschliches Schwein" in einen Koben zu werfen.

Frauen an der Macht sind eine Bedrohung für das Wohl des Reiches. Regieren dürfen sie nur dann, wenn jene, denen der Thron eigentlich gehört, verhindert sind, krank, noch unmündig. Stets sind sie verpflichtet, die Macht schnellstmöglich an einen Mann zu übergeben.

Doch Wu Zhao wird fast ein halbes Jahrhundert lang über China herrschen, erst gemeinsam mit ihrem Mann, später anstelle ihres jüngsten Sohnes, zuletzt, anderthalb Jahrzehnte lang, als Kaiserin für sich allein, als erste und einzige.

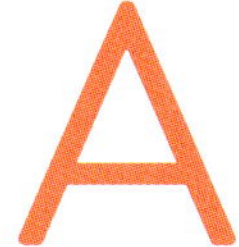

Anfangs lässt nichts ihren beispiellosen Aufstieg erahnen. Sie ist die zweite Tochter aus einer zweiten Ehe, zur Bedeutungslosigkeit bestimmt. Ihr Vater, ein reicher Holzhändler, ist Vertrauter des mächtigen Generals Li Yuan, der sich nach einer Rebellion zum Kaiser erklärt und die Dynastie der Tang begründet.

Der Vater erhält für seine Verdienste im Kampf ein hohes Regierungsamt und einen Fürstentitel, und nach dem Tod der Mutter seiner Söhne sucht der Kaiser ihm eine neue Frau aus einer der großen aristokratischen Familien Chinas.

Wu Zhao ist die mittlere von drei Töchtern, geboren wohl um 624 n. Chr. in der westlichen Hauptstadt Chang'an. Die Wende in ihrem Leben kommt, als der Vater stirbt. Mit etwa 13 Jahren wird sie Konkubine des Tang-Kaisers.

122 Frauen zählt der kaiserliche Harem, an der Spitze steht die Kaiserin, ihr nachgeordnet in acht Rängen 121 Nebenfrauen und Konkubinen. Wu Zhao ist eine von neun Frauen im fünften Rang. Eine Unsichtbare, noch immer. Die Aufmerksamkeit des Kaisers gehört anderen.

Der Harem ist ein Schutzschild, für den Herrscher, seinen Hof, den Staat. Die Vielzahl von Frauen, mit denen sich der Himmelssohn umgibt, soll ihn davor bewahren, einer einzelnen zu erliegen, seine Amtspflichten zu vernachlässigen.

Die Konkubinen leben in Abgeschiedenheit, Eunuchendiener sind ihre Verbindung zur Außenwelt. Wu Zhao hat Pflichten in der kaiserlichen Garderobe – und dort begegnet sie irgendwann dem Kronprinzen Li Zhi.

Die Konkubine und der Kaisersohn: Wahrscheinlich beginnt ihre Beziehung schon in dieser Zeit, während der langen, letzten Krankheit des Kaisers. Und sie geht weiter nach dessen Tod – gegen alle Regeln, die gebieten, dass sich Wu Zhao wie alle anderen Konkubinen den Kopf rasiert und als Nonne in ein buddhistisches Kloster zurückzieht.

Holt Li Zhi sie von dort zurück? Oder hat sie den Palast nie verlassen?

Nach konfuzianischer Moral ist ihr Verhältnis eine Schande, müssen sie wie Mutter und Sohn miteinander umgehen, ist ihre Liebe Inzest.

Ihre RIVALINNEN lässt sie foltern und töten

Als Kaiser befördert Li Zhi (der sich nun Gaozong nennt) seine Geliebte zu einer seiner neun Konkubinen zweiten Ranges. Wu Zhao wird die Mutter der sechs jüngsten seiner zwölf Kinder. Und sie wird schnell zur Bedrohung für die führenden Frauen des Harems.

Die kinderlose Kaiserin Wang und die Konkubine Xiao verbünden sich gegen die Rivalin, aber Wu wird diesen Kampf gewinnen: weil sie den größeren Einfluss auf den Kaiser hat und wohl auch das größere Talent für Intrigen.

Ihre eigene Tochter habe sie geopfert, um sich ihrer Konkurrentinnen zu entledigen, behaupten später die Chronisten. Heimlich soll sie den Säugling erstickt und die Schuld am Tod des Kindes der Kaiserin zugeschoben haben.

Sicher ist, dass der Herrscher sich in dieser Zeit entschließt, Wu Zhao zur Frau an seiner Seite zu machen. Die Kaiserin hat ihm keinen Sohn geboren, Grund genug für eine Scheidung. Trotzdem ist die Mehrheit der Minister nicht zu überzeugen. Schließlich aber setzt sich der Herrscher über ihren Rat hinweg.

Im zehnten Monat des Jahres 655 beschuldigt ein Dekret die Kaiserin Wang und die Konkubine Xiao öffentlich, sich verschworen zu haben, um den Kaiser zu vergiften. Sie werden auf den Status gewöhnlicher Bürgerinnen zurückgestuft, Mitglieder ihrer Familien hingerichtet oder verbannt. Wu Zhao ordnet an, die Rivalinnen grausam zu Tode zu foltern. Die Chroniken behaupten, dass sie wie einst die Kaiserin Lü Zhi ihren Opfern die Arme und Beine abschlagen und die Frauen zum Sterben in Weinfässer werfen lassen habe.

Bald darauf wird Wu Zhao zur Kaiserin ernannt. Und sie beginnt, ihre Familiengeschichte neu zu schreiben. Ihren Vater lässt sie posthum zum Herzog von Zhou ernennen, ein Titel aus einer großen, längst vergangenen Epoche, dem Zeitalter der über 800 Jahre währenden Dynastie der Zhou, das herausragende Herrscher hervorgebracht hat und Weise wie Konfuzius. Nachträglich schafft Wu sich so eine Abstammung, die ihrer neuen Stellung am Hof angemessen ist.

Mit einer Reform der Beamtenprüfungen verlieren die großen aristokratischen Familien an Einfluss. Etliche Stellen, die zuvor dank Privilegien oder Nepotismus besetzt wurden, stehen nun auch talentierten Gelehrten mit weniger bedeutender Herkunft offen. Die Macht am Hof wird neu verteilt.

Die Gesundheit des Kaisers Gaozong ist schon seit langer Zeit angegriffen, im Jahr 660 erkrankt er schwer. Der Kronprinz, Wu Zhaos erstgeborener Sohn, ist erst acht Jahre alt – und so fällt die Aufgabe, den Herrscher bei öffentlichen Pflichten zu vertreten, nun Wu zu.

Von diesem Moment an entscheidet sie in allen Fragen mit. Auch in Zeiten, in denen der Kaiser fit genug ist, sein Amt auszuüben, sitzt sie hinter einem Vorhang im Audienzsaal, hört den Debatten zu, berät ihren Gatten. Entscheidungen treffen sie gemeinsam, und bald werden sie die „Zwei Weisen" genannt.

Als gleichberechtigte Regentin muss der Hof sie zögerlich, allmählich, widerwillig akzeptieren. Aber als Gaozong darüber nachdenkt, zugunsten Wu Zhaos abzudanken, ist der Protest seiner Minister laut und einhellig. Der Kaiser verhalte sich zur Kaiserin wie die Sonne zum Mond. Jeder Himmelskörper hat seinen Platz, jeglicher Veränderung dieser Ordnung kann nur Chaos folgen.

Öffentlich zelebrieren die Zwei Weisen ihre gemeinsame Herrschaft erstmals an Neujahr des Jahres 666: mit einem Feng- und Shan-Opfer. Diese Zeremonien sind die seltensten aller kaiserlichen Rituale, gefeiert nur in Zeiten von Frieden und großem Wohlstand: als Zeichen, dass der Kaiser seine Aufgaben auf Erden erfolgreich vollendet hat, als Bitte um weiteren Segen des Himmels.

Tausende hoch gestellte Persönlichkeiten folgen dem Kaiserpaar zum Fuß des Tai Shan, des östlichen der fünf heiligen Berge Chinas. Die Jurten von Fürsten und Gesandten fremder Völker, ihre Karawanen aus Pferden, Kamelen, Schaf- und Rinderherden ziehen sich bis zum Horizont. Eigentlich gewährt die Tradition der Kaiserin keine Rolle bei diesen Riten. Doch nachdem der Herrscher dem Himmel geopfert hat, steigt Wu Zhao hinter seidenen Baldachinen, getragen von Eunuchen, die Stufen zum dreistöckigen Altar hinauf, um selbst der Erde ein Opfer darzubringen.

Aber der Segen, den dieses Ritual sichern soll, währt nicht ewig.

°

NUR WENIGE JAHRE SPÄTER nimmt unter den Menschen im Reich die Gewissheit zu, dass der Himmel die Herrscher strafen will. Auf Überschwemmungen folgen monatelange Dürren und ein verheerendes Erdbeben. Kaninchen und Heuschrecken vernichten die Ernte, eine Viehseuche tötet Zehntausende Rinder.

Der Hunger macht Menschen zu Kannibalen. In den Straßen der Städte türmen sich die Toten. Banden ziehen mordend und plündernd durchs Land, tibetische Krieger fallen im Grenzgebiet im Südwesten ein. In den Nächten kündigt ein Komet neues Unheil an.

Als Kaiser Gaozong in den letzten Tagen des Jahres 683 stirbt, hinterlässt er ein Reich in der Krise. Per Testament verfügt er, dass in wichtigen Staatsangelegenheiten, die sein noch unerfahrener, 27-jähriger Sohn Li Xian als Nachfolger nicht allein beschließen kann, dessen Mutter Wu Zhao entscheiden soll.

Doch bald nach seiner Krönung setzt der Thronfolger seine Hauptkonkubine als Kaiserin ein, ernennt den Vater seiner Frau zum Leitenden Minister, verteilt hohe Posten an ihre Brüder.

Auf den Protest der Minister reagiert er voller Wut: Wenn er das ganze Reich an seinen Schwiegervater übergeben würde, wer sollte ihn daran hindern?

Kaiserinmutter und Hofbeamte sind einig in ihrem Urteil: Li Xian hat sein Amt verwirkt, seinen himmlischen Auftrag verraten. Nach nur sechs Wochen Regentschaft zerrt die Palastgarde ihn vom Thron. Wu Zhao schickt ihren Sohn ins Exil. Vielleicht fühlt sie sich durch das Testament ihres Mannes zu diesem Schritt ermächtigt. Und Li Xian, der auch die Minister gegen sich hat, fehlt die Macht, sich zu wehren.

Wu Zhao ersetzt ihn durch seinen Bruder Li Dan, 21, der durch nichts vor-

DIE KONKUBINEN sind in eine Ordnung aus mehreren Rängen eingeteilt. Ihre Position können die Geliebten vor allem dann verbessern, wenn sie dem Kaiser einen Sohn gebären

bereitet ist auf diese Aufgabe, nicht von Kindheit an erzogen wurde zu regieren. Wie könnte sie ihm die Staatsgeschäfte überlassen in Zeiten wie diesen? Und so regiert Wu vorerst an seiner Stelle.

Vielleicht ist ihre Motivation nicht so sehr purer Ehrgeiz wie gefühlte Notwendigkeit. Aber Wu lässt von Beginn an keinen Zweifel an ihrem Machtanspruch. Zeigt sich mit kaiserlichen Insignien und weigert sich nun, im Audienzsaal unsichtbar hinter dem Vorhang zu sitzen.

Sie verordnet dem Regime neue Fahnen, goldfarben mit violetter Verzierung, und erhebt Luoyang zur „Geheiligten Hauptstadt". Den Gründer der bewunderten Dynastie der Zhou erklärt sie zu ihrem Ahnherrn. Und sie lässt einen Tempel mit sieben Zeremoniensälen bauen für den Clan der Wu, dem sie entstammt – eine Zahl, die eigentlich nur einer Familie zusteht: der des Kaisers.

Mächtige Minister protestieren. Ein Prinz aus der Familie des toten Kaisers schart eine Gruppe gefallener Aristokraten und Beamter um sich und ruft im Namen des abgesetzten Li Xian zur Rebellion. Die Armee, die Wu Zhao ausschickt, kann den Aufstand niederschlagen, aber die Kaiserin ist alarmiert. Noch ist ihre Macht nicht abgesichert.

Am Hof fordert sie Loyalität mit einem eigens verfassten Handbuch ein, „Regularien für Amtsträger", das den Herrscher als Herz und Geist des Staatskörpers beschreibt und die Beamten als seine Arme und Beine. Glieder, die nicht funktionieren, schaden dem gesamten Organismus. Aber es braucht weit mehr, um ihre Macht zu schützen. Nichts im Reich soll mehr ohne ihr Wissen geschehen. Und dabei setzt die Kaiserin auf die Hilfe ihrer Untertanen.

In einer unbewachten Audienzhalle des Hofes lässt sie eine Trommel und einen roten Stein aufstellen, als Symbol für die Kaiserin. Jedermann kann eintreten und mit einem Trommelschlag eine persönliche Audienz bei einem Hofbeamten verlangen. Jeder kann vor dem Stein anonym seine Klagen vorbringen und die Worte über einen Beamten, der im Verborgenen zuhört, an Wu Zhao weitertragen lassen.

Sie lässt zudem ein Bronzegefäß gießen mit vier schmalen Öffnungen für Botschaften, eine gedacht für Kritik an Entscheidungen des Hofes, eine für Berichte über Omen und geheime Pläne, eine für Bürger, die sich selbst als Beamte empfehlen, und die letzte für Vorwürfe und Klagen aller Art.

Wer Anschuldigungen vorbringen will, kann dazu auf Staatskosten in die heilige Hauptstadt Luoyang reisen.

Im Bestreben, ihr eigenes Überleben als Herrscherin zu sichern, macht die Kaiserin ihre Bürger zu Denunzianten, lädt geradezu ein zu falschen Beschuldigungen, ermutigt Diener, ihre Herren einzuschüchtern, und miteinander verfeindete Familien, ihre Fehden mit anonymen Vorwürfen zu führen.

In den Zensur- und Justizbehörden steigen fortan vor allem jene Beamte auf, die ein Netz von Spionen und Informanten aufgebaut haben. In einem eigens errichteten Gefängnis erpressen sie Geständnisse durch Folter. Sie hängen Gefangene an den Füßen auf mit einem Stein um den Hals, sie zwingen deren Köpfe in Eisenkäfige mit nach innen gerichteten Stacheln, bis aus den Löchern in der Schädeldecke Gehirnmasse quillt. Sie fixieren die Häftlinge mit gespreizten Gliedmaßen auf einem Balken und rösten sie in der Sonnenhitze. „Der Phönix sonnt seine Flügel" heißt diese Methode.

Oft lautet die Anklage auf Aufwiegelung. Die Strafen betreffen häufig die ganze Familie. Männer, Frauen, Kinder werden verbannt oder versklavt, ihre Besitztümer beschlagnahmt.

Die Kaiserin lässt ihrer Geheimpolizei freie Hand. Die Beamten sind „ihre Zähne und Klauen", wie es in den Regularien heißt. Die Staatsbediensteten wissen, welche Verbrechen Wu Zhao fürchtet: Verrat, Verschwörung, jeden Widerspruch gegen ihre Herrschaft, selbst wenn er nur geflüstert wird.

Der Terror zielt nur auf ihre Feinde in den höchsten Schichten, Familienangehörige ihres toten Mannes, führende Hofbeamte. Bauern, Händler, Handwerker bleiben dagegen weitgehend unberührt vom Schrecken, den die Handlanger der Kaiserin verbreiten.

Zu Beginn des Jahres 686 erlässt Wu Zhao ein Dekret, mit dem die Regierungsgewalt wieder auf ihren Sohn übergehen soll. Aber Li Dan hat gelernt, seine Mutter zu fürchten. Er lehnt ab.

IM GARTEN schaut ein Kaiser Eunuchen beim Ballspielen zu. Die Kastrierten gehören zu den engsten Vertrauten der Herrscher. Zusammen mit hohen Beamten organisieren sie das tägliche Hofzeremoniell – und reden auch bei der Regierungsarbeit mit

°

WU ZHAO BRICHT mit allen Konventionen. Einen Händler, der Kosmetika und Aphrodisiaka verkauft, macht sie zu ihrem Liebhaber. Die Affäre wird schnell zum öffentlichen Skandal. Um ihm leichteren Zugang zum Inneren Palast zu verschaffen, den eigentlich nur der Kaiser und die kastrierten Eunuchen betreten dürfen, lässt sie ihn zum buddhistischen Mönch weihen und setzt ihn als Abt im angesehensten Kloster des Landes ein.

Über Jahre bleibt er an ihrer Seite, zieht als General für sie gegen zentralasiatische Gegner ins Feld und leitet als Architekt den lang geplanten Bau einer „Erleuchteten Halle", geweiht der göttlichen Kraft des Himmels, in der traditionell der Kaiser seinen Ahnen opfert und die führenden Familien des Landes zur Audienz empfängt.

Unglaubliche 70 Meter hoch soll diese Ritenhalle sein, die 30 000 Männer im Herzen Luoyangs errichten.

Auf ihrer zweiten Ebene ist eine Sternwarte untergebracht. Auf dem Dach halten neun Drachen einen Baldachin, auf dem ein mit Gold überzogener Phönix hockt, bereit zum Flug.

Nördlich der Halle entsteht eine fünfstöckige buddhistische Pagode, darin eine Buddhastatue, von der es heißt, auf deren kleinem Zeh könnten 30 Menschen sitzen. „Göttlicher Palast der unzähligen Bilder" tauft Wu den Zeremonienkomplex. Er ist in dieser Zeit das wohl größte Gebäude der Welt.

Viereinhalb Jahre regiert Wu Zhao bereits allein, als im Frühsommer des Jahres 688 die Weissagung im Wasser des Luo auftaucht. Im kommenden Winter, verfügt die Kaiserin nun, sollen sich alle bedeutenden Bewohner des Reiches in Luoyang einfinden, in der Erleuchteten Halle, um bei einem zehn Tage andauernden Fest den Stein und dessen Prophezeiung zu ehren.

Viele Prinzen der kaiserlichen Familie Li fürchten, dass Wu Zhao die Bühne des Festes nutzen will, um endgültig mit dem Clan ihres verstorbenen Mannes zu brechen und ihre eigene Dynastie zu begründen. Für sie klingt die Einladung wie eine unverhohlene Drohung, wie eine Todesfalle.

Und so erheben sich die Prinzen der Li schließlich gegen die Kaiserin Wu.

Doch sie werden verraten, noch ehe der Aufstand begonnen hat: Um sein Leben zu retten, schickt einer der Verschwörer einen Boten zu Wu Zhao, der alle Pläne preisgibt. Die 100 000 Soldaten, die die Kaiserin aussendet, überwältigen die 7000 Mann der Rebellen mühelos. In der Armee finden die Aufständischen keine Unterstützung.

Die Strafe für die kaiserliche Familie ist grausam. In den folgenden Jahren lässt die Herrscherin den Clan der Li fast völlig auslöschen, seine Mitglieder werden verbannt, ermordet, hingerichtet, nur wenige Nachkommen überleben im Exil weit im Süden des Landes.

Zum Mondneujahr 689 sitzt die Regentin der Zeremonie vor, die das Omen feiert, dem größten aller Feste, und verkündet den Beginn der neuen Ära „Ewiger Wohlstand", wie der Stein sie prophezeit.

Wu Zhao sucht nicht den plötzlichen Wandel. Sie versucht, die Grenzen ihrer Autorität allmählich zu verschieben, Stück für Stück. Ihre Propaganda ist eine der Gesten und Zeichen.

Zur Wintersonnenwende des Jahres 689 führt sie einen neuen Kalender ein und ein Dutzend neue Schriftzeichen, halb frei erfunden, halb alten aus lang vergangener Zeit nachgebildet. Das Zeichen für „Beamter" besteht jetzt aus den Elementen für „eins" und „Loyalität".

Für ihren eigenen Namen schafft sie ein Bild von Sonne und Mond, die über der Leere schweben und sie erleuchten. Wu Zhao ist beides, Sonne und Mond, männliche und weibliche Energie.

Menschenmassen ziehen in die Hauptstadt Luoyang, um zu fordern, dass der Name der Kaiserfamilie in Wu geändert und eine neue Dynastie begründet wird. Erst sind es 900, dann 12 000, schließlich 60 000 Menschen. Buddhistische Mönche, fremde Stammesfürsten, einfache Bauern, selbst Verwandte der Herrscherfamilie Li sind unter ihnen – vielleicht in der Hoffnung, so vom Terror der Geheimpolizei verschont zu bleiben.

Kaiser Li Dan bittet öffentlich, den Nachnamen seiner Mutter annehmen zu dürfen – eine freiwillige Abdankung zugunsten einer würdigeren Herrscherin. Hofbeamte berichten von einem Schwarm blutroter Phönixe, Glücksbringer und mythisches Zeichen kaiserlicher Macht, die nahe der Erleuchteten Halle gesehen worden sein sollen.

Nun ist ihre Zeit gekommen. Am neunten Tag des neunten Monats des Mondjahres 690 besteigt Wu Zhao den Thron des Himmelssohns und begründet die Dynastie der Zhou – benannt nach dem viel bewunderten Herrschergeschlecht lang vergangener Zeiten, dessen Gründer sie zu ihrem Ahnherrn gemacht hat.

Wie kein chinesischer Herrscher vor ihr fördert Wu Zhao fortan den Buddhismus, der sich bereits seit dem 1. Jahrhundert v. Chr. im Reich verbreitet.

Sie lässt Tempel bauen und renovieren, hält Reliquienverehrungen ab für die Massen, holt eine Gruppe buddhistischer Gelehrter aus Indien und Zentralasien ins Land, die Schriften aus dem Sanskrit ins Chinesische übersetzen.

Im Jahr 691 erhebt sie den Buddhismus offiziell über den Daoismus und macht ihn zur Staatsreligion. Acht Jahre lang sind fortan das Schlachten von Tieren und der Verzehr von Fleisch verboten.

Wu Zhao bricht mit allen TRADITIONEN

DER GROSSE HAREM steht für eine chinesische Grundüberzeugung: Es sei besser, wenn der Kaiser seine Gunst verteile – denn zu viel Einfluss einer einzelnen Frau führe ins Chaos

Außenpolitisch ist die Regentschaft der Kaiserin eine Zeit von Kampf und Krieg. Ihren Generälen gelingt die Eroberung des koreanischen Königreichs Goguryeo, an der Chinas Herrscher in den 100 Jahren zuvor gescheitert sind. Sie gewinnen die Kontrolle über reiche Oasenstaaten entlang der Seidenstraße. Und sie verteidigen die Grenzen des Reiches gegen Angriffe der Türken sowie gegen Tibeter, die sich am westlichen Rand Chinas auszubreiten beginnen.

Im Innern zeigt sich Wu Zhao mit den Jahren versöhnlicher. 698 beordert sie den verbannten Prinzen Li Xian aus dem Exil zurück in die Hauptstadt – und gibt bekannt, dass der einst von ihr selbst entmachtete Sohn nach ihrem Tod die Nachfolge antreten soll.

Wu hätte einen Verwandten aus ihrem Clan zum Erben machen können. Aber sie entscheidet sich für die Familie ihres toten Mannes – dafür also, nicht in nur einer Generation eine ganze Herrschaftsordnung neu zu erfinden.

Kurz zuvor hat sie auf Drängen ihrer Minister den Chef der Geheimpolizei hinrichten lassen, der machttrunken Mitglieder beider Herrscherfamilien, der Li und der Wu, der Verschwörung bezichtigt hat. Viele seiner Opfer werden rehabilitiert. Der Terror ist beendet. Die Kaiserin hat ihre Macht konsolidiert.

Immer mehr ist sie in dieser Zeit nun mit sich selbst beschäftigt: eine Frau von über 70 Jahren, die ihre eigene Sterblichkeit fürchtet. Die versucht, das Alter zu übertünchen mit Rouge und Puder, die Endlichkeit abzuwenden mit daoistischen Elixieren und Riten. Die sich bereitwillig ablenken lässt von den Anstrengungen ihrer Regentschaft: Auf Anregung ihrer Tochter hat sie einen jungen Musiker in ihre inneren Gemächer geholt, Zhang Changzong, der prompt auch seinen jüngeren Bruder Zhang Yizhi als Liebhaber empfiehlt.

Schnell steigen die beiden Männer auf zu Günstlingen der Kaiserin, ihr Einfluss kann sich bald mit dem der wichtigsten Minister messen.

Wu Zhao genießt die Gelage, die sie veranstalten – und die ihre Beamten höchst unangemessen finden. Jede Kritik an den Brüdern fordert den Zorn der Kaiserin heraus, die Beschwerden über deren verschwenderisches Leben, die Vorwürfe, dass die zwei Posten am Hof teuer verkaufen.

Schließlich überlässt sie auch die Staatsgeschäfte den Zhang-Brüdern. Als ihre Enkelin und deren Mann sich heimlich entsetzt äußern über die Zustände am Hof, kommt das den Brüdern zu Ohren, und sie beschweren sich bei ihrer Gönnerin. Die befiehlt daraufhin den Tod des Paares (ob die zwei hingerichtet oder zum Suizid gezwungen werden, ist umstritten).

Immer stärker zweifeln die Minister an Wu Zhaos Regierungsfähigkeit. Die Gegner der Brüder Zhang fürchten, dass die zwei die Kaiserin gezielt im Inneren Palast von ihrem Hofstaat isolieren – und nach ihrem Tod versuchen könnten, die Macht im Reich zu übernehmen.

IN KÜRZE

Gegen alle Regeln steigt die einstige Konkubine Wu Zhao 690 n. Chr. mit List und Härte zur ersten (und einzigen) Kaiserin Chinas auf. Sie führt das durch Naturkatastrophen geschwächte Reich aus der Krise, verteidigt seine Grenzen, erobert weitere Territorien – und bereitet so den Weg für das „Goldene Zeitalter“ der Tang-Dynastie. Am Ende stürzt sie, als sie einen ihrer Günstlinge vor der Strafverfolgung retten will.

Treffen die Zhang-Brüder tatsächlich Vorbereitungen, den Thron an sich zu bringen? Im Januar 705 erscheinen Plakate an den Mauern der Hauptstadt, die sie einer Verschwörung beschuldigen. Aber als Zhang Changzong angeklagt wird, versucht die Kaiserin, ihn vor weiterer Verfolgung zu schützen

Es ist ein Fehler, der sie ihre Herrschaft kosten wird. Die Regentin, die so lange alles darangesetzt hat, jede Bedrohung ihrer Macht zu vernichten, unterschätzt die Wut gegen ihre Günstlinge. Eine Gruppe führender Minister plant den Putsch, unterstützt von Offizieren der Palastwache. Der Kronprinz Li Xian, den die Verschwörer als Kaiser wiedereinsetzen wollen, stimmt den Plänen zu.

Erst in letzter Minute überlegt er es sich anders: In der Februarnacht, als die Verschwörer schon vor dem Nordtor zum

Inneren Palast versammelt sind, will er den Sturm noch aufhalten. Die Brüder Zhang verdienten den Tod, aber die schwache Gesundheit der Kaiserin würde dem Schrecken nicht standhalten.

Er will die Truppe heimschicken, aber die Männer sehen seine Ankunft als Signal, reißen das Tor nieder und strömen in den verbotenen Inneren Palast.

In einem Innenhof treffen sie auf die Brüder Zhang und enthaupten sie auf der Stelle. Die Kaiserin, aus dem Schlaf geschreckt, hat den Verschwörern nichts entgegenzusetzen. Was immer sie fühlt, Angst, Trauer, Wut, lässt sie sich nicht anmerken. Stattdessen geht die Herrscherin in dieser Nacht, der letzten ihrer Regentschaft, einfach wieder ins Bett.

Am Morgen muss sie den Kronprinzen per Erlass zum Regenten erklären. Am dritten Tag nach dem Umsturz legt Li Xian die purpurfarbenen Gewänder des Kaisers wieder an. Seiner Mutter verleiht er den Ehrentitel Zetian, „dem Himmel gehorchend".

LITERATURTIPP

N. HARRY ROTHSCHILD
»Wu Zhao. China's Only Woman Emperor«
Wissenschaftliche Biografie, so profund wie spannend (Pearson Longman).

Die folgenden Monate verbringt Wu Zhao in einem Palast westlich der Stadt, während aus der Dynastie der Zhou wieder die der Tang wird und der Hof Stück für Stück alle Kennzeichen ihrer Herrschaft tilgt.

Die alten Titel und Hoffarben werden wiedereingeführt, der Ahnentempel des Clans der Wu auf fünf Säle zurückgestuft. Ihre „Regularien für Amtsträger" verschwinden aus dem Lehrplan für die Beamtenprüfungen. Die neuen Schriftzeichen, die sie im Reich verbreitet hat, werden abgeschafft. Als sollte ihre Regierungszeit gelöscht werden aus der Geschichte.

Am 16. Dezember 705 stirbt Wu Zhao, vermutlich an Altersschwäche. In ihrem Testament gibt sie jeden Anspruch auf den Kaisertitel auf und begnadigt die Nachfahren ihrer ehemaligen Feinde, um den Zorn rachsüchtiger Geister im Jenseits zu besänftigen.

Beigesetzt wird sie an der Seite ihres 22 Jahre zuvor gestorbenen Ehemannes, an einem Berghang nordwestlich der Stadt Chang'an: zwei Kaiser, Seite an Seite in einem Grab. Die Stele, die dort aufgerichtet wird, trägt anfangs keine Grabinschrift, so wie sie es gewollt hat.

Wu hoffte wohl, dass gemäß der Tradition ein Nachfolger dort einen Spruch eingravieren lassen würde, der sie würdigte und ihre Regentschaft rühmte. Doch der Stein bleibt für immer leer.

Die Nachwelt wird es nicht gut mit ihr meinen. Als Herrscherin von brutaler Machtbesessenheit werden die Chronisten späterer Jahrhunderte sie zeichnen, ihr nicht einmal zugestehen, überhaupt rechtmäßig regiert zu haben.

Kein Wort darüber, dass es ihr gelungen ist, das Reich in Krisenzeiten zu bewahren, seine Grenzen zu schützen. Dass sie so den Boden bereitet hat für ein „Goldenes Zeitalter", das schon wenige Jahre nach ihrem Tod anbrechen wird.

Nie wieder wird eine Frau in China erreichen, was Wu Zhao gelungen ist. Keine andere herrscht je in eigenem Namen über das Reich der Mitte.

Chinas erste Kaiserin wird auch seine einzige bleiben. ◊

PRACHT UND POESIE

Im frühen 8. Jahrhundert bricht im China der Tang-Dynastie ein »Goldenes Zeitalter« an: eine Epoche der kulturellen Vielfalt, in der Maler und Dichter einzigartige Kunstwerke schaffen. Unter ihnen ist der Lyriker Du Fu, der sich zeitlebens als gescheitert sieht – doch nach seinem Tod höchsten Ruhm erlangt

BEREITS UM 400 n. Chr. entdecken Chinas Maler die Landschaft als Motiv und lernen mit der Zeit, deren Reize immer subtiler wiederzugeben (»Reinheit und Weite von Bergen und Bächen«, Xia Gui, um 1200)

TEXT: *Jörg-Uwe Albig*
TUSCHEBILDER: *Xia Gui*

Es ist Herbst, der Herbst des Jahres 766. Die Ahornbäume in Kuizhou welken, und die Luft ist grau und kalt. Der Anblick der Chrysanthemen weckt schmerzhafte Erinnerungen, und als ein Boot auf dem Fluss vorbeizieht, wünscht auch Du Fu sich nur noch in die Ferne.

Dass er einmal als größter chinesischer Dichter aller Zeiten gefeiert werden wird, kann er nicht wissen. Hier und jetzt, mit 54 Jahren, sieht Du Fu sich gescheitert.

Stammt er nicht aus einer angesehenen Gelehrtenfamilie? War sein Großvater nicht ein berühmter Poet, Hofdichter zweier Monarchen? Hat er selbst nicht schon mit sieben Jahren den Phönix besungen, mit 14 die Welt der Literatur betreten? Haben nicht bedeutende Meister ihn gerühmt und mit den Besten der Vergangenheit verglichen? Trotzdem ist es ihm nicht gelungen, eine Literatenstelle am Hof zu erlangen.

Von seinen Schulfreunden ist „kaum einer von niederem Stand", muss er feststellen. Sie alle residieren jetzt in den Villenvierteln der Hauptstadt, wo manche Wand mit wohlriechender Paste aus Adlerholz verputzt ist, und pflegen „in leichten Gewändern feiste Pferde".

DU FU (712–770) perfektioniert einen lyrischen Stil, der jeder Zeile strenge Formen vorgibt

Du Fu aber ist als armer Bittsteller im Gästehaus des Präfekten der Provinzstadt Kuizhou untergekrochen, der ihn von Zeit zu Zeit als Sekretär beschäftigt.

Nahe der Stadt zieht Du Fus Familie etwas Gemüse – das aber in der Hitze schnell verdorrt. Sie hält sich Hühner – die aber immer wieder durchs Haus trippeln und von früh bis spät krakeelen. Und zwischen all den „Barbaren mit seltsamen Sitten und lärmigen Manieren", die ihn umgeben, sieht er sich beinahe selbst schon zum Bauerntrampel verkommen.

LI BAI (701–762) ist schon zu Lebzeiten ein gefeierter Dichter – und wird von Du Fu verehrt

Nachts, wenn fern die Wölfe heulen, kann Du Fu oft nicht schlafen. Dünne Wolken schweben auf den Klippen, Kraniche ziehen über den Fluss, und „ein einsamer Mond wendet sich in den Wellen". Dann geht sein Sehnsuchtsblick hin-

DIE KÜNSTLER sind Meister der Reduktion. Mit wenigen Strichen erschaffen sie Welten, deuten viele Formen nur an – und überlassen den Rest der Imagination. Die hier gezeigten Naturszenen entstammen alle einem von Xia Gui gefertigten Rollbild von rund neun Meter Länge

auf zum Großen Wagen, zum Polarstern im Norden. Dort, hinter zwei mächtigen Gebirgsketten, liegt in 360 Kilometer Entfernung Chang'an, die bedeutendere der beiden Hauptstädte des Reiches.

Chang'an, das ist mehr als Chinas Kapitale. Es ist der Fixstern, um den Du Fus Leben, Denken und Sehnen kreist – und das seiner Zeitgenossen. Denn Chang'an, vielleicht eine Million Einwohner, vielleicht zwei, ist nicht nur die größte Stadt der Welt, sondern die Mitte von allem: des Landes, des Erdkreises, der hohen Kultur.

Chang'ans Pracht steht für ein ganzes Zeitalter: Für eine Ära der Größe, der Kultur, der Zivilisation – und für die Dynastie der Tang, die 618 durch einen Staatsstreich an die Macht gelangt ist und in den 150 Jahren seither das Reich bis weit nach Zentralasien erweitert hat, in die Mongolei und bis nach Afghanistan.

Nie zuvor war China so ausgedehnt, nie zuvor so unangefochten das Zentrum Ostasiens: führend in Politik, Religion, Wirtschaft. Und der Kunst.

Chang'an ist ja selbst ein Kunstwerk. Ein kaiserliches Artefakt, vor nicht einmal 200 Jahren aus dem Boden gestampft. Und wie ein Kunstwerk hat es keinen wirtschaftlichen Nutzen; es sät nicht und erntet nicht, es baut keine Bodenschätze ab und stellt nichts her. Nur die Steuern des Reichs, die üppig fließen, halten es in Gang.

Und so bildet sich nicht das Leben ab in dieser Stadt, sondern artistisches Kalkül: Chang'an ist eine sinnreich ertüftelte Bauskulptur, symmetrisch nach den Himmelsrichtungen ausgerichtet. Die Kapitale ist flach wie eine Kalligraphie, kaum ein Gebäude mehr als ein Stockwerk hoch; nur die glasierten Ziegeldächer der Stadttore, Tempel, Paläste und Pagoden ragen aus der Fläche auf wie Zierfelsen aus einem Steingarten.

„Man sagt", betont Du Fu, „dass Chang'an wie ein Schachbrett ist" – eine Spielfläche für Menschenfiguren, deren rechtwinklig angelegtes Straßennetz späteren Idealstädten bis hin nach Japan zum Vorbild dienen wird.

Eine Stadtmauer aus gelbem Lehm, sechs Meter hoch, fünf Meter dick und 36 Kilometer im Umfang, schneidet Chang'an aus der ockerfarbenen Landschaft. 14 Ost-West-Achsen und elf in Nord-Süd-Richtung bilden ihr strenges Gerüst. Diese Chausseen sind mit Ulmen, Wacholder, Pagoden- und Obstbäumen bepflanzt, flankiert von mehr als drei Meter breiten Kanälen.

DICHTUNG IST DER WEG ZUR MACHT

Auch kaiserliche Siegel sind kalligraphische Kunstwerke (um 1790)

Die Straßen sind so ausladend, dass sich die Menschen in ihnen verlieren. Die größte dieser Alleen ist 150 Meter breit. Sie beginnt am Tor der Strahlenden Tugend im Süden mit seinen fünf Durchfahrten und läuft über fünf Kilometer weit bis zur Kaiserlichen Stadt im Norden.

Dort, hinter einer weiteren, über zehn Meter hohen Mauer, regiert der Kaiser wie der Polarstern, um den sich alle anderen Sterne drehen – ein Abbild des Himmels, das die kosmische Ordnung auch auf Erden garantiert.

°

ALLES IST WUNDERBAR in dieser Stadt. Wunderbar ist die Große-Wildgans-Pagode im Quartier „Vorangebrachtes Gedeihen", 64 Meter hoch, die den Besucher, der ihre zehn Stockwerke erklimmt, dem Alltag enthebt.

„Man ist verwundert, dass die Vögel auf der Erde fliegen", schreibt ein Dichter, „und verdutzt, dass die Menschen halb im Himmel reden."

Wunderbar ist der Yuandu-Tempel, in dessen Garten die Bewohner Chang'ans die Pfirsichblüte bestaunen, und noch wunderbarer ein gewisser Hof im Tempel der Gnade und des Mitleids: Dort erblüht die *mudan*, die Strauchpäonie, die in der Kapitale verehrt wird wie eine Göttin, zwei Wochen früher als anderswo – und wer irgend kann, macht sich dann mit Kutsche oder zu Pferd auf den Weg, um dabei zu sein.

Wunderbar sind die fünf Kanäle der Stadt, die Parks, Gärten und Paläste mit Wasser versorgen, in dem sich morgens die Blüten spiegeln und im Herbst die Blätter treiben. Holzkähne ziehen auf den Kanälen entlang, bootfahrende Palastdamen ziehen unter anmutigen Brücken die raffiniert frisierten Köpfe ein, und Ausflügler sitzen an den blumenbepflanzten Ufern und lassen zum Spiel gefüllte Weinbecher schwimmen: Wer sie einfängt, der muss sie leeren und aus dem Stegreif ein Gedicht verfassen.

Wunderbar ist der Park der Prinzessin Anle westlich der Stadt, mit seiner künstlich aufgeschütteten Kopie des heiligen Bergs Hua und seinem Kanal in Form der Milchstraße. Wunderbar ist auch der „Gebogene Fluss", der künstlich angelegte See in Chang'ans berühmtestem Lustgarten am Südostende der Stadt – ein Paradies, wo „im Blumenmeer die Schmetterlinge tief aus Kelchen tauchen", wie Du Fu schreibt, wo „Libellen leicht ans Wasser

KARAWANEN UND KULTUR 8. Jahrhundert

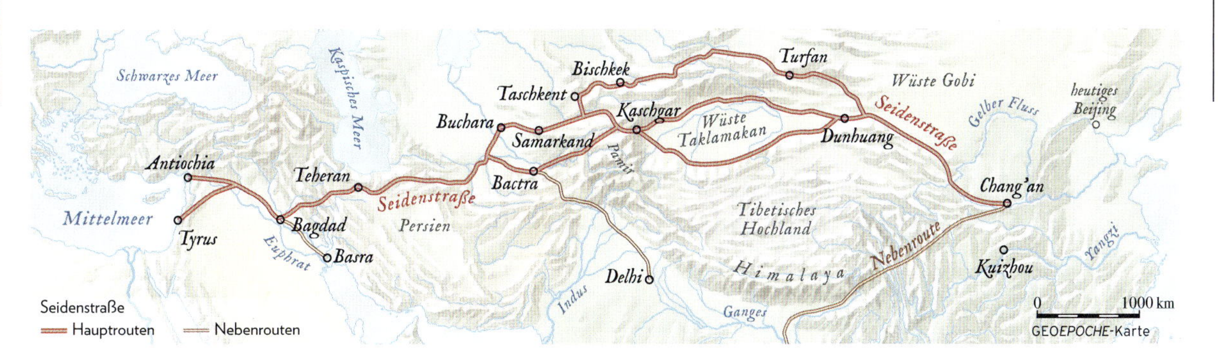

DIE SEIDENSTRASSE verbindet über ein Netz von Handelswegen das Reich der Mitte mit Persien und dem Mittelmeer. Über die mehr als 6000 Kilometer lange Route gelangen seit dem 2. Jahrhundert v. Chr. Waren aus fernen Ländern nach China – aber auch fremde Sitten und Religionen sowie Mode und Kunst

rühren, säumig weiterschweben“ und der Dichter selbst „täglich dann betrunken vom Fluss nach Hause“ wankt.

Das Wunderbarste aber ist die Vielfalt dieser Stadt: eine Vielfalt der Völkerschaften, Sitten und Gebräuche, die zu dieser Zeit einzigartig ist. Chang’an ist unter den Tang zur multikulturellen Metropole geworden.

Denn von Beginn an war die Herrscherfamilie nicht auf ethnische Reinheit bedacht, sondern mischte sich kreuz und quer mit Nomaden und Turkvölkern am Nord- und Westrand des Reichs. Eine Nonchalance, die in China keineswegs üblich war: „Seit alter Zeit haben die Kaiser die Chinesen geschätzt und die Barbaren verachtet“, hat gleich der zweite Tang-Herrscher Taizong erklärt – „erst ich sehe sie als gleich an.“

Nie zuvor oder danach ist China so offen, so bunt, so kosmopolitisch. Und es ist Programm, wenn das Haupttor in der Westmauer „Öffnung zu den fernen Ländern“ heißt: Hier endet die Seidenstraße, die China mit Indien, Persien und dem Mittelmeerraum verbindet, ziehen Händler aus Vorder- und Zentralasien in die Stadt. Hier ballen sich Menschenmassen, Unterkünfte für Reisende und Gotteshäuser fremder Religionen.

Hier tragen Karawanen alles herein, was Chang’ans überzüchtete Fantasie ersehnt – Edelsteine und Tropenhölzer, Perlen und Schmuck, heilige Reliquien und Elfenbein. Sie bringen Parfüme und Drogen, seltene Pflanzen und exotische Lebensmittel, und sie führen auch Sklaven mit sich, wilde Tiere, Zwerge und Akrobaten.

Es ist eine Frischzellenkur, der sich Chang’an mit Begeisterung unterzieht. Heilkundige aus dem Westen bringen neue Kuren und Medikamente, Gesandte aus Übersee schleppen Heere von Dolmetschern, Ärzten, Priestern, Handwerkern und Musikern in die Stadt. Spirituelle Meister aus Indien treffen auf Pilger aus Japan und Korea: Denn seit der Glaube Buddhas in dessen Heimat stetig Anhänger verliert, ist China das neue Zentrum der buddhistischen Welt.

Dabei sind viele Fremde längst keine Besucher mehr. Sie sind Teil der Stadt geworden: Rund 5000 Ausländer haben sich dauerhaft in der Kapitale eingerichtet.

Wissbegierige aus ganz Asien erklimmen in Chang’an geduldig die Höhen chinesischer Kultur, Söhne ausländischer Herrscher büffeln jahrzehntelang Literatur und Staatskunst, um nach der Rückkehr auch ihre Länder nach chinesischem Modell zu verwandeln. Indische Sternenkundige forschen im kaiserlichen astronomischen Institut. Uiguren teilen den Geldverleih unter sich auf. Einwanderer aus Zentralasien dominieren die Unterhaltungsindustrie, die den Hauptstädtern Wein, Weib und Gesang verkauft. Mehrere Ausländerviertel, zwitschernd von fremden Sprachen, ballen sich um den Westmarkt und die nordwestlichen Tore: Allein die persische Kolonie ist so stark, dass sich eine eigene Behörde um ihre Belange kümmern muss.

Und weil auch die Seelen der Fremden Bedürfnisse haben, gibt es neben Hunderten buddhistischer und daoistischer Tempel noch vier Schreine für Zoroaster-Anhänger sowie zwei Kirchen für Christen nestorianischen Glaubens, die an die Trennung der göttlichen und der menschlichen Natur Jesu Christi glauben und deren

TUSCHE, PINSEL, PAPIER: Mit einfachsten Mitteln schafft Xia Gui, einer der bedeutendsten Künstler der chinesischen Geschichte, ein monumentales Werk, das zugleich reich ist an Details – hier etwa die Verästelung der Bäume und die Schattierung des Felsens

Oberhaupt in Bagdad residiert. Es ist eine friedliche Invasion – die jedoch keinen Schrecken erzeugt, sondern Neugier und Faszination. Hofmaler und Keramiker wetteifern um den Ruhm, die Exoten möglichst pittoresk zu porträtieren oder in Ton zu brennen. Sie mühen sich, die fremdartigen Kostüme und Gesichter getreu zu treffen: die Locken und Vollbärte, die „Augen, tiefer als die Flüsse Xuang und Yangzi", wie es in einem zeitgenössischen Gedicht heißt, und die ragenden Nasen, „höher als die Berge Hua und Yue".

So badet ganz Chang'an in der Exotik des Fremden. Die Hauptstädter kaufen bei türkischen Händlern Gebäck, kosten westliche Genüsse wie Hammelfleisch, Milchprodukte und Fladenbrot aus Weizenmehl. Nippen am Traubenwein, der die einheimischen Gebräue aus Reis oder anderem Getreide ergänzt: Seit der zweite Tang-Kaiser in Chang'an Reben anbauen ließ, ist der ungewohnte Tropfen in der Hauptstadt ein Modegetränk.

Auch die Kultur der Migranten ist längst zum Objekt der Begierde geworden. Wer es sich leisten kann, lässt sich von Musikanten exotische Melodien aus Zentralasien vorspielen, lauscht den indischen Musikgruppen, die hier gastieren, summt die Weisen aus Kucha oder Kaschgar mit, die für Chinesen so herrlich seltsam klingen. Er schaut mit offenem Mund zu, wenn junge Männer aus Usbekistan ihre Tänze vorführen mit ihren spitzen Hüten, engärmeligen Hemden und langen, frei schwingenden Gürteln. Bestaunt die „Wirbelnden Mädchen" aus Sogdien, der Gegend des späteren Samarkand, die auf rollenden Bällen balancieren. Und genießt den erotischen Kitzel, wenn die bunt verhüllten Frauen zum Höhepunkt der Vorführung die Schultern entblößen.

Leute von Welt hüllen sich nicht mehr in die traditionelle zweiteilige Kombination aus Rock und hüftlangem Obergewand, sondern in eine lange Tunika. Und wer modisch ganz vorn ist, trägt „ausländische" Hüte, mit breiter Krempe oder hoch und spitz, dazu enge Hosen mit Streifenmustern im persischen Stil und Mäntel mit breitem Kragen, wie sie in Zentralasien üblich sind.

Und weil die Nomadenvölker mit Vorliebe in Materialien wie Leder, Pelz und Filz über die Steppe galoppieren, flanieren auch die Snobs von Chang'an gern in solch wetterfestem Outfit durch die Stadt.

In der Einöde von Kuizhou gibt es nichts von alldem. Du Fu sitzt auf der Veranda seines Hauses und fühlt sich wie ein Gefangener im Nichts. Wie ein Papagei, den man fern der Heimat streichelt und einsperrt – anstatt ihn im kaiserlichen Park von Chang'an frei zum Himmel steigen zu lassen.

Man kann ja nicht sagen, dass er es nicht versucht hätte. Im Winter 735 ist Du, der hoffnungsvolle Dichter aus der östlichen Provinz Henan, zum ersten Mal nach Chang'an gekommen, um dort die Beamtenprüfung abzulegen. Denn seit der Neuordnung unter Kaiser Gaozong im Jahr 681 ist das literarische Schreiben allmählich zum wichtigsten Bestandteil der Examen aufgestiegen – bedeutsamer als die Kenntnis der konfuzianischen Klassiker oder die Erörterungen aktueller Staatsgeschäfte.

Und so ist jetzt Dus Kunst der Königsweg zur politischen Karriere. Im Reich der Tang soll nur mitregieren, wer dichten kann. Ein Diener des Kaisers soll vor allem ein Mann der Worte sein – und wo tritt das Wort reiner und klarer ans Licht als im Gedicht?

Die Lyrik ist zu einer Leitwährung des gesellschaftlichen Lebens geworden: Einladungen, Bittgesuche und Danksagungen, Plaudereien und Nachrichten, Abschiedsschmerzen und Ergebenheitsbekundungen, Lob des Herrschers oder politische Kritik – jede Lebensäußerung gießen die Gebildeten der Tang-Zeit in Verse. Und so wird die Dichtung ein Zugang zur Macht. Zwar kommt noch immer ein Großteil der Funktionäre durch Empfehlungen oder ererbte Privilegien in den Staatsapparat. Doch mithilfe der Poesie können jetzt auch Söhne niederer Klassen sich Gönner geneigt machen, in Chang'an nützliche Verbindungen knüpfen – und schließlich die Beamtenprüfung bestehen.

Du Fu hat sich beste Chancen ausgerechnet. Tausende von Buchrollen hat er ja gelesen, Experten rühmten seine Feder: „Ich dachte natürlich, dass ich außerordentlich wäre", erinnert er sich. Doch als der Tag der Wahrheit kam, als die Kandidaten zu den Aushängen im Südhof des Ministeriums für Riten eilten, um die Ergebnisse der Prüfungen zu erfahren; als schon die ersten Siegreichen mit Wein, unter Blüten und dem Jubel der Hauptstadt ihre Erfolge feierten – da war Du Fu durchgefallen. Als einziger aller Kandidaten seiner Heimatpräfektur.

Jetzt, gut 30 Jahre später, sieht sich Du Fu als Gescheiterter und steht „mit zahllosen Sorgen" auf seiner Veranda über dem Yangzi. Und wenn bei Sonnenuntergang Affengeschrei durch die Wälder und Schluchten schrillt, kommen ihm die Tränen. Es ist ja nicht nur sein Misserfolg, der ihn bedrückt. Nicht nur seine Karriere liegt vor ihm in Scherben, sondern auch sein Land.

Denn das „Goldene Zeitalter" unter Kaiser Xuanzong ist vorbei. Als sich der Himmelssohn immer weniger um die Regierungsgeschäfte kümmerte (und immer mehr um seine Lieblingskonkubine), nutzten zwei machthungrige Großkanzler dies aus und rissen das Regiment an sich. Sie waren es auch, die einen skrupellosen General zum Kommandanten über die Nordwestgrenze machten, wo er seine Truppen sammelte, gen Süden führte und 756 die Hauptstädte Luoyang und Chang'an eroberte.

Zwar gelang es dem Sohn des Kaisers, Chang'an zurückzugewinnen. Doch die Kämpfe gingen weiter.

Inzwischen hat der Krieg zwei Drittel der Bevölkerung obdachlos gemacht. Und am Hof herrschen jetzt Eunuchen und Militärs. „Die Adelshäuser allesamt / von neuen Herren bewohnt", dichtet Du Fu verbittert, „die Waffen- und Zivilbeamten / in anderen Roben als einst."

Immerhin hat er jetzt Zeit. Der Präfekt betraut ihn nur mit wenigen ausgewählten Schriftstücken, und seine Familie, die in einem Vorort im Osten lebt, besucht Du nur von Zeit zu Zeit. Und so schreibt er hier, im gottverlassenen Kuizhou, binnen zwei Jahren über 400 Gedichte – wenn er nicht gerade betrunken ist.

Manchmal hat er so viel Alkohol intus, dass er vom Pferd fällt. Das ist ja keine Schande: Selbst der sonst so tugendhafte Konfuzius soll ein Trinker gewesen sein, der keine Grenzen kannte. Alle Welt liebt den Wein, meist warm getrunken, oft mit Aromen von Pfeffer, Zypressen, Chrysanthemen oder Bambusblättern versetzt. Und weil er langes Leben bringt, flößt man ihn schon den Kindern ein: Auch Du Fu war, wie er ohne Scham zugibt, bereits mit neun Jahren „dem Wein zugetan".

Wenn er jetzt trinkt, muss er oft an den Dichter Li Bai denken: Keiner trank so eindrucksvoll wie er. Als er dem elf Jahre älteren Kollegen im Herbst 744 in einer Weinschänke zum ersten Mal begegnete, war er auf Anhieb von dessen Format überzeugt: „Durch deine Vorliebe für Wein", ließ er ihn in einem Gedicht wissen, „habe ich deine Größe erkannt."

Seit diesem Treffen liebte Du den großen Mann „wie einen Bruder". In schwärmerischen Gedichten breitete er seine Sehnsucht aus: „Den ganzen Tag denke ich an dich", schreibt er. Oder: „Wann wirst du wieder mit mir bei einem Krug Wein / die feine Kunst der Worte disputieren?"

Es war eine einseitige Freundschaft: zwischen Bewunderer und Idol. Mehr als ein Dutzend Oden widmete Du Fu seinem Helden – der schrieb gerade mal zwei zurück. Denn Li Bai, der nun seit vier Jahren tot ist, war berühmt, schon zu Lebzeiten ein Mythos. Und kann man mit einem Mythos befreundet sein? Zumal mit einem, der sich selbst erschaffen hat. Denn schon früh hatte Li Bai an seiner Legende geschraubt. Er hatte sich zum Sohn aus edler, aber verbannter Familie fantasiert, zum Draufgänger, Schwertkünstler und Killer, der manchen Feind auf dem Gewissen habe. Zum edlen Verschwender, der leichthin ein Vermögen verschleuderte.

Auch wenn kaum etwas an dieser Geschichte der Wahrheit entsprach – sie war unwiderstehlich. Denn im China der Tang sind die Dichter erstmals zu Künstlern im modernen Sinn geworden: Genies sollen sie sein, Ausnahmemenschen mit der Lizenz zum unerhörten Leben. Ihre Kunst ist Berufung, höchster Sinn.

Li Bai wurde vom Kaiser in die Hanlin-Akademie berufen, eine Gelehrtentruppe. Dort lebte er im Luxus („Mein Bett war aus Elfenbein, meine Matte aus Seide, und meine Teller waren aus Gold") – und blieb doch zugleich unbeugsam: „Vor den Mächtigen zu buckeln ist nicht meine Art."

SEINE VERSE KLINGEN WIE MELODIEN

Herrscher schmücken Bilder oft mit Stempeln und eigenen Gedichten

Eifrig malte er weiter an dem wildromantischen Image, das von ihm erwartet wurde und das der Hofstaat in zahllosen Anekdoten kolportiert: wie er einen mächtigen Eunuchen dazu zwang, ihm die Schuhe auszuziehen; wie die kaiserlichen Diener ihn einmal betrunken aus einem Weinhaus vor den Thron zerren mussten und er, nur schnell von einem Wasserguss erfrischt, spontan zur höchsten Zufriedenheit des Herrschers fabelhafte Verse erfand.

Vielleicht hatte er den Bogen irgendwann überspannt: Jedenfalls verlor er seinen Posten am Hof. Doch er blieb der Hedonist, der darauf besteht, jeden Tag bis zur Neige zu genießen („Zufriedenheit im Leben erlangt nur, wer die Freuden auskostet") – und zugleich der Lebensflüchtige, der allem Irdischen abschwört und im Rausch auch den Ausweg aus dem Selbst sucht: „Ewig trunken", dichtete er, „werd ich nicht wieder wach."

°

SOLCHE WELTVERNEINUNG hat auch eine spirituelle Seite. Sie ist ein Markenzeichen des Daoismus – neben Konfuzianismus und Buddhismus das dritte große Denksystem Chinas –, dem sich Li Bai zunehmend angenähert hatte. Zwar ist der Buddhismus noch immer die populärste Religion, doch die Tang haben die Lehre vom *dao*, dem „Weg", die der Legende nach der Denker Laozi im 6. Jahrhundert v. Chr. formuliert haben soll, in den religiösen Kanon des Staates aufgenommen. Und so hat Li Bai vielleicht einfach auf jene Lehre gesetzt, die ihn am schnellsten zum Hof tragen konnte.

Es ist freilich kein Zufall, dass auch in Literatenkreisen der Daoismus in Mode ist. Das mythologische Arsenal dieser Religion (Geschichten über Seelenflüge durch den Himmel, über erotische Begegnungen zwischen Menschen und Unsterblichen) befeuert die poetische Fantasie. Viele Dichter praktizieren daoistische Atem- und Diätregeln, üben sich in Meditation und sexueller Esoterik. So hoffen sie, die Unsterblichkeit zu erreichen – wenn schon nicht in der Literatur, dann ganz profan in der leiblichen Existenz.

Und predigt der Daoismus nicht den Ausstieg aus dem Ego, dem Bewusstsein und der verderbten Welt, genau wie der Rausch? Auch im Wein suchte Li Bai ja jene „höchste Freude", die darin besteht, „von mir nichts zu wissen". Der Alkohol machte „Leben und Sterben gleich", und so dichtete Li: „Drei Becher sind der Weg zum Dao."

Du Fu dagegen ist ein aufrechter Konfuzianer. Er ist ein ernster Mensch, und seine Gedichte sind keusch; es gibt so gut wie kein Liebesgedicht aus seiner Feder. Und während der wilde Li Bai sich aus der Welt hinausträumte, ist Du dem Diesseits verpflichtet: dessen Ordnungen, Regeln und Hierarchien.

Auch Du Fus Dichtung gehorcht ja festen Gesetzen. Der „Neue Stil", der sich in der Tang-Zeit entwickelt, ist ein Regelwerk delikatester Strenge, ein subtiler Code, der das Gefühl in marmorne Formen gießt. Verse dürfen nur noch aus fünf oder aus sieben Wörtern bestehen; nach dem zweiten oder vierten ist eine Zäsur vorgeschrieben, in jeder zweiten Zeile ein Reim. Bei vier Verspaaren müssen die beiden mittleren einen Parallelismus bilden, in dem Wörter der einen Zeile Wörter der anderen aufnehmen oder mit ihnen kontrastieren – und so den Vers in ein mehrdimensionales Geflecht verwandeln.

Die vier verschiedenen Töne, die jedem chinesischen Wort erst seine Bedeutung verleihen, machen das Gedicht vollends zur streng komponierten Musik: Trägt etwa die zweite Silbe eines Verses einen gleichbleibenden, ebenen Ton, muss die Melodie auf der vierten fallen, steigen oder auf einen Verschlusslaut enden. Keiner beherrscht dieses ausgetüftelte Spiel der Klänge so wie Du Fu.

Und so ist es vielleicht auch der Ordnungssinn, der ihn an seiner Hauptstadt betört. Denn Chang'an, Herz des Reichs, ist eine Sonnenstadt der Kontrolle, der flächendeckenden Überwachung. Jedes der 109 Wohnquartiere ist von einer Mauer umgeben, wird ständig von berittenen Patrouillen durchkämmt. Tag und Nacht kontrollieren Wächter die Straßen, jede Kreuzung hat eine

Die Schrift

BILDER UND ZEICHEN

Bereits im 2. Jahrtausend v. Chr. ritzen Menschen in China Zeichen in Schildkrötenpanzer und Tierknochen, erhitzen sie dann, sodass Risse entstehen, die sie deuten: So versuchen sie, die Zukunft vorherzusagen.

Anfangs sind die Zeichen meist simple Abbilder konkreter Objekte. „Sonne" etwa wird durch einen Kreis mit einem Punkt in der Mitte wiedergegeben, „Schwein" durch ein Oval mit Strichen für Beine, Kopf und Schwanz. Später wandeln sich diese Bilder in abstraktere Formen, die sich schneller schreiben lassen.

Andere Schriftzeichen werden eher symbolhaft gebildet, etwa 上 für „oben" und 下 für „unten". So entwickelt sich nach und nach ein Repertoire aus 37 Strichen und Haken, die sich in Länge und Richtung unterscheiden. Aus einem oder mehreren Strichen setzen sich fortan alle Zeichen zusammen – und für neue Wörter müssen sich die Menschen nun immer komplexere Strichverbindungen ausdenken. So entstehen mit der Zeit rund 85 000 Zeichen, etwa 6000 werden häufig genutzt.

Als Kaiser Qin Shi Huangdi 221 v. Chr. China geeint hat, normiert er die Schrift und verbietet sämtliche lokale Varianten. Die Zeichen stehen jeweils für ein bestimmtes Wort, mit einer oder mehreren Bedeutungen sowie einer festgelegten einsilbigen Aussprache. 日 etwa lautet „ri" und kann „Sonne" wie auch „Tag" meinen. Umgekehrt gibt es zum Beispiel für Reis gleich zwei Schriftzeichen, die auch unterschiedlich klingen: 米 (*mi*) und 稻 (*dao*).

Allerdings verfügt das gesprochene Chinesisch nur über 411 unterschiedliche Silben (im Deutschen sind es mehr als 10 000). So kommt es, dass Dutzende Schriftzeichen gleich ausgesprochen werden, obwohl sie verschiedene Bedeutungen haben. „Yi" etwa kann 衣 („Gewand"), 蟻 („Ameise") oder 意 („Idee") bedeuten – oder eines der weiteren 185 Zeichen, die ebenfalls so lauten. Welches „yi" beim Reden gemeint ist, offenbaren variierende Tonhöhen sowie der Kontext oder der Zusatz eines zweiten Wortes mit der gleichen Bedeutung. Erst dadurch wird auch ein Satz wie „Mama qi ma, ma man, mama ma ma" verständlich: Die Mutter reitet auf dem Pferd, das Pferd ist langsam, die Mutter beschimpft das Pferd.

Werden mehrere Schriftzeichen miteinander kombiniert, ergibt sich ein neuer Sinn. So bildet sich „Staat" 國 (*guo*) aus „Außengrenzen" 囗, in denen sich „Speere" 戈 und „Münder" 口 befinden – also Militär und Menschen. Ein senkrechter Strich durch das umgrenzte Feld 口 meint „Mitte" 中 (*zhong*). Und kombiniert man dieses Zeichen mit dem für „Staat", dann heißen sie zusammen 中國: *Zhongguo*, „das Reich der Mitte".

Hauke Neddermann

Polizeistation, und die Kontrollpunkte an den Stadttoren sind mit bis zu 100 Aufpassern besetzt.

Wenn am Abend die kaiserliche Wasseruhr die Sperrstunde anzeigt, geben die Aufseher das Zeichen für die Trommler. 800 Schläge dröhnen dann durch den Palast, ertönen anschließend in den Polizeistationen der Stadt, jagen die Bürger unbarmherzig zurück in ihre Wohnquartiere. Kurz darauf werden die Tore geschlossen, und wer dann nicht zu Hause ist, muss auf der Straße bleiben.

Nur Boten mit offiziellen Dokumenten oder Todesnachrichten, Hochzeitsgesellschaften oder Angehörige Kranker auf der Suche nach einem Arzt dürfen anschließend noch unterwegs sein. Und wer die Nachtruhe bricht, indem er etwa über eine Mauer steigt, wird mit 90 Rutenhieben bestraft – oder an Ort und Stelle mit Pfeil und Bogen niedergestreckt, wenn er die Warnschüsse der Wächter nicht beachtet.

So liegt denn nachts tiefes Schweigen über der Stadt. Erst am Morgen, wenn 2000 Trommelschläge das Öffnen der Tore ankündigen und die Hauptstädter aus dem Schlaf reißen, kommt das Leben Chang'ans wieder in Gang.

Und auch der Tag hat seine Regeln. Wer zu Pferd oder Wagen grundlos das Tempolimit verletzt, muss mit 50 Schlägen rechnen. Und wenn es dem Kaiser gefällt, mit mehrtausendköpfigem Gefolge in Prozessionen die Prachtstraßen entlangzuziehen, steht die ganze Stadt unter Hausarrest: Kein einfacher Untertan darf den Himmelssohn oder seine mächtigen Stellvertreter zu Gesicht bekommen.

Jetzt aber, im Herbst des Jahres 766, herrscht Unordnung. Du Fu denkt an den Bürgerkrieg – und kann nicht schlafen: „Keine Kraft, die Welt ins Lot zu bringen." Denn auch sein Körper stolpert dem Verfall entgegen: Seine Lungen machen ihm zu schaffen und immer wieder wohl auch die Malaria.

Sein Augenlicht lässt nach. Und der einzige Vorteil seiner wachsenden Taubheit ist, dass er das lästige Tschilpen der Spatzen und die Schreie der Gibbons nicht mehr hört. Er ist erst 54 Jahre alt, doch schon sieht er im bronzenen Spiegel eine „verblühte Erscheinung". Kann dieses Wrack, fragt er sich, noch irgendjemandem nützlich sein?

°

ER HAT JA NICHT AUFGEGEBEN, damals in Chang'an. Im Jahr 747 hat er erneut versucht, die Beamtenprüfung abzulegen – und ist wieder gescheitert. Vier Jahre später hat er sogar einen dritten Anlauf gewagt: Mit drei langen Prosagedichten zum Lobpreis von Kaiser Xuanzong hat er versucht, das Wohlwollen des Herrschers zu erbetteln. Tatsächlich wurde der Monarch auf den Dichter aufmerksam, ordnete eine neue Prüfung an, die Du allein bestreiten durfte – und auch endlich bestand. Doch das hieß noch lange nicht, dass ein Amt für ihn frei gewesen wäre.

Sein Triumph gab ihm nur das Recht, sich in die Warteschlange zu stellen. Immerhin hat wohl schon die vage Aussicht auf eine Stelle dem Habenichts endlich, mit 40 Jahren, erlaubt, zu heiraten und eine Familie zu gründen. Doch die Gnade des Kaisers ließ auf sich warten. Und so wartete Du Fu, mit seiner Sippe, die ständig wuchs.

Aber je verbissener er um seinen Lebensunterhalt rang, desto illusionsloser wurde sein Blick auf die Welt. Denn zum Ende der Herrschaft Xuanzongs waren die Reichen reicher geworden und die Armen ärmer: Während die kaiserliche Familie und die Aristokraten im Luxus lebten, mussten die niederen Klassen immer höhere Steuern bezahlen. „In Zobelpelz gehüllte Gäste lauschen Flötenklagen", so beschrieb Du die Gelage am Hof: „Geschmorte Füße von Kamelen werden aufgetragen. / Orangen prangen kühl und frisch über duftenden Mandarinen. / Hinter hohen Zinnobertoren stinken Fleisch und Wein." Während die Edlen schlemmten, waren „die Straßen von den Knochen der Erfrorenen gesäumt".

Auch die eigene Armut trieb ihn zum Dichten: Kein Lyriker vor Du Fu hat sein privates Leben und Leiden mit einer solchen Bekenntniswut zum Thema gemacht. Verbargen die Dichter ihre Kritik an den gesellschaftlichen Zuständen bis dahin meist hinter Naturbildern und historischen Anspielungen, mutete Du Fu der Poesie jetzt einen geradezu nackten Realismus zu.

„Mein einst so lieblicher Sohn", schrieb er, „ist weißer als Schnee im Gesicht. / Wimmernd verbirgt er sein Antlitz beim Anblick des Vaters. / Nicht einmal Socken wärmen die schmutzigen Füße. / Den beiden kleinen Töchtern vor dem Bett / reichen die Flickenschürzen kaum über die Knie." Und: „Ich hasse meine Armut."

Zwar bot der Hof ihm schließlich eine Stelle als Adjutant in der Palastgarde des Kronprinzen an. Doch da hatte das karge Leben schon seinen Preis gefordert: Du Fus jüngster Sohn war an Hunger gestorben.

Außerdem erfuhr der Dichter kurz darauf, dass Truppen von Aufständischen auf Chang'an marschierten. Daraufhin brachte er Frau und Kinder in Sicherheit und versuchte sich allein zum Hof des ins Exil geflüchteten Herrschers durchzuschlagen.

Doch er kam nicht weit. Noch auf dem Weg nahmen ihn die Rebellen gefangen und hielten ihn in Chang'an

IN DER FERNE scheinen die Berge fast im Dunst zu verschwinden: Mit verdünnter Tusche lässt Xia Gui den Eindruck von Distanz entstehen

fest. Welche Ironie: Endlich war er in der Stadt seiner Träume – aber er durfte sie nicht mehr verlassen.

757 gelang es ihm schließlich doch, zu flüchten und den Exilhof des Kaisers zu erreichen. Und als der im gleichen Jahr ins wiedereroberte Chang'an einzog, marschierte Du in seinem Gefolge – offiziell zum Berater ernannt.

Es blieb ein kurzer Triumph. Weil er für einen in Ungnade gefallenen Minister Partei ergriffen hatte, wurde auch Du Fu Opfer einer Säuberungswelle: Der Staat verbannte ihn in die Provinz.

Nach etwas mehr als einem Jahr Stumpfsinn quittierte er den Dienst. Seither zerrt Du Fu seine Familie als Nomade durchs Land, immer auf der Suche – nach Almosen, nach literarischen Gelegenheitsjobs, nach Gönnern, die bereit sind, seine Talente zu nutzen. Und Chang'an wird immer mehr zur Fata Morgana.

Manchmal geistern „die Fresken der Ämter im Weihrauchduft" durch seine Sehnsucht, die prächtigen Wandmalereien, die in der Hauptstadt die Ministerien schmücken. Auch die Bildkunst ist ja in den Tagen der Tang neu erblüht: Bis nach Korea und Japan bewundert und imitiert man die elegante Linienführung, die zarten Farben und die fast körperlich wirkenden Darstellungen der chinesischen Künstler.

Noch nie waren die Figuren einheimischer Maler so lebensprall, so plastisch, so scheinbar in Bewegung versetzt wie in diesen Jahren. Die ganze überbordende Vielfalt der Gesellschaft am Hof Chang'ans spiegelt sich in ihren Bildern; in ihren Hofdamen und Konkubinen, Kaisern und Würdenträgern.

Doch vor allem die Landschaft, bis zum frühen 5. Jahrhundert kaum mehr als Kulisse menschlichen Handelns, gerät verstärkt in den Blickpunkt der Maler.

Selbst ein historisch bedeutsames, dramatisches Geschehen wie die Flucht eines Kaisers vor Rebellentruppen scheint den Künstlern fortan oft nur noch als Vorwand zu dienen, um Berge, Kiefern und Wolken mit einer majestätischen Kraft ins Bild zu setzen, die den Monarchen fast zum Statisten degradiert.

Auf vielen Bildern wird die Landschaft jetzt konkurrenzlos zur Hauptfigur. Der malende General und Beamte Li Sixun etwa widmet sich mit Raffinesse der Vollendung des „Blau-Grün-Stils", lässt Lichtreflexe zwischen Pinienzweigen funkeln, unterlegt Blätter und Nadeln mit zarten Braun- und Türkistönen, um sie federleicht voneinander abzusetzen.

Dabei geht es den Malern nicht darum, die Natur möglichst detailgetreu abzubilden. Es gilt, sich in deren Geist zu versenken, ihre Idee zu erfassen, ihren Rhythmus. Der Betrachter soll nicht die Perspektive des Malers einnehmen, sondern sich in eine der winzigen Figuren versetzen, die sich in diesem Taumel aus Berg, Wasser und Luft verlieren: in einem grenzenlosen Raum, der sich offen und fließend über den Bildraum zu dehnen scheint.

Einige Exzentriker wagen sich sogar an eine frühe Form des Action-Painting – das der Westen erst zur Mitte des 20. Jahrhunderts entdecken wird: Die Maler der „Klasse der Ungezwungenen" verreiben, um Wasser abzubilden, mit Handballen, Fingern und Nägeln verdünnte Tusche auf der Bildfläche. Oder spritzen, um Kiefern und Felsen darzustellen, scheinbar willkürlich Tintenkleckse aufs Papier.

Malergenies wie Wu Daozi betreten die Szene, der sich vor der Arbeit zu betrinken pflegt und seine Aufträge dann in Rekordzeit ausführt: Wenn er ein Wandgemälde angeht, versammeln sich Hunderte von Schaulustigen, um zuzusehen.

Seine Höllendarstellungen lösen solches Entsetzen aus, dass mancher Schlachter oder Fischhändler nach ihrem Anblick sein blutiges Handwerk aufgibt. Und Du Fu besingt mit Neid und Inbrunst den Pferdemaler Cao Ba, der „den höchsten, mächtigsten Männern im Reich" ihre Wandschirme bemalt und die Kenner „zu langen, bewundernden Seufzern" zwingt.

Du selbst aber hat noch immer keinen Erfolg. Nachts starrt er auf die Milchstraße – und stellt sich vor, dass sie an ihrem Ende auf Chang'an trifft, die „Phönixstadt".

Es ist einsam in Kuizhou. Wahrscheinlich vermisst Du Fu die zahllosen Restaurants und Weinschenken der Hauptstadt, in denen schneeweiße, grünäugige und blonde Frauen aus Zentralasien für die Zecher singen und tanzen. Vielleicht säße er auch gern in einer der Teestuben, die dort gerade in Mode kommen.

Und womöglich denkt er auch wehmütig an das „Nördliche Dörfchen": das Rotlichtviertel der Stadt zwischen Kaiserstadt und Ostmarkt.

Das „Dörfchen" ist ja nicht nur ein Ort der Prostitution. Seine Bordelle sind auch Heimat einer Boheme, in der Charakter und Sprachwitz mehr zählen als Reichtum und Macht.

Hier trifft man sich zum Essen, zum Trinken und zum Kennenlernen, wetteifert um literarischen Ruhm und Karrieren.

In den Salons spielen Musiker auf, türmt sich das Essen und strömt der Wein – und erreichen die Rechnungen oft solch dramatische Höhen,

LITERATURTIPPS

DU FU
»Gedichte«
Lyrik des großen Poeten (Dieterich'sche Verlagsbuchhandlung).

MARK EDWARD LEWIS
»China's Cosmopolitan Empire«
Anschauliche Darstellung von Chinas Goldenem Zeitalter (Harvard University Press).

dass die Wirtinnen die Kutsche oder Kleidung des Gastgebers beschlagnahmen müssen, um auf ihre Kosten zu kommen.

Doch natürlich arbeiten in diesen Häusern auch die öffentlichen Kurtisanen. Es sind gebildete Damen, geschickt im Verfassen von Versen und im Spielen der *pipa*, einer Laute mit vier Saiten. Sie kennen nicht nur die Tricks körperlicher Liebe, sondern wissen auch, wie man bei einem Bankett die Konversation in Gang hält, Trinkspiele organisiert, die Gäste zum Dichterstreit anspornt oder, wenn's sein muss, auf charmante Art einen allzu nervtötenden Schwadroneur in die Schranken weist.

Und sie wissen, wie man hinter einem Lächeln das Elend verbirgt. Denn viele der Frauen kommen aus armen Verhältnissen. Das „Dörfchen" hat sie aus dem ungezählten Heer der Bettler rekrutiert oder ihren mittellosen Familien oder geldgierigen Ehemännern abgekauft.

Jetzt nennen die Bordellwirtinnen sie „Töchter" (sie müssen sogar deren Familiennamen annehmen) – und behandeln sie als Waren: Wer gehen möchte, muss den Kaufpreis zurückzahlen.

IN KÜRZE

China ist in der ersten Hälfte des 8. Jahrhunderts ein kosmopolitisches Reich, das eine beispiellose kulturelle Blüte erlebt. Fremde etwa aus Indien, Persien oder Zentralasien bereichern mit ihren Gebräuchen vor allem das Leben in der Kapitale Chang'an – einer Großstadt mit mehr als einer Million Einwohnern. Die bedeutendsten Künstler dieser Zeit sind die Poeten Du Fu und Li Bai. Heute gelten sie als die größten Dichter der chinesischen Geschichte.

Und wenn eine der Kurtisanen einen Tag freihaben möchte, um etwa den Tempel zu besuchen, muss sie die „Mutter" für den Ausfall entschädigen. Geht das Geschäft schlecht, haben die „Töchter" Früchte und Kräuter zu verkaufen, um den Betrieb am Laufen zu halten. Und die kleinste Nachlässigkeit bestraft die „Mutter" mit Peitsche oder Prügel.

So unerträglich ist dieses Leben, dass die meisten Konkubinen keine Chance auslassen, um dem „Dörfchen" zu entkommen – vorzugsweise an der Seite eines reichen Kunden, der bereit ist, sie gegen eine Ablösesumme für die „Mutter" als Nebenfrau zu nehmen.

Auf den Straßen von Kuizhou trifft Du Fu nur früh gealterte, grauhaarige Frauen, „vierzig, fünfzig Jahre alt – noch ohne Mann und Heim". Sie müssen Brennholz sammeln und verkaufen („Mit letzten Kräften wanken sie / zum Tor des Marktes hinauf") und, „damit es zum Leben reicht", in die Salzminen hinabsteigen. Und das Herz des Dichters krampft sich zusammen.

Ach, die Frauen von Chang'an dagegen – ihre mit Bleioxid gebleichte Haut, ihre mit Zinnober getönten Wangen, ihre gelb geschminkten Stirnen! Ihre Schönheitsflecken in Form von Sichelmonden, Vögeln oder Blättern; ihre Augenbrauen, gezupft und wieder aufgemalt in Gestalt von Mottenflügeln! Ihre Frisuren, die an Tropfen oder Muscheln erinnern! Ihre festtäglichen Spaziergänge im Park des Gebogenen Flusses, die Seidengewänder mit goldenen Pfauen und silbernen Fabelwesen bestickt: „Perlenschwere Schärpen liegen eng um ihren Leib", schwärmt Du Fu, „Jadeblätter schillern bläulich-zart am Schläfenhaar."

°

IM JAHR 768 SCHLIESSLICH verlässt er Kuizhou und geht wieder auf Wanderschaft. Allmählich verblasst nun Du Fus großes Ziel Chang'an. „Weil ich alt und krank bin, sollte ich alle Hoffnungen auf den öffentlichen Dienst aufgeben", erwägt er in einem Gedicht. Im Winter 770 liegt er in einem Boot auf einem See in der Provinz Hunan, denkt über sein Leben nach – und hält die Gedanken selbstverständlich in Versen fest.

Er erinnert sich an seine Jahre „zwischen Sinken und Treiben", umstellt von „trostloser Dekadenz". An die fade Gemüsesuppe, die er zu essen gewohnt war, „dünn und ohne Geschmack". Und er klagt über den Zustand des Reichs: immer noch Aufstände, immer noch tibetische Invasionen.

Er hat Fieber. Und vielleicht ist es dieses Fieber, an dem er an einem der folgenden Tage sterben wird, arm und unbekannt, fast 1000 Kilometer von der ersehnten Hauptstadt entfernt.

Erst mehr als vier Jahrzehnte nach seinem Tod werden berühmte Kollegen seine Größe erkennen – auch weil das daoistische Ideal, das einen Konfuzianer wie Du Fu an den Rand drängte, sich allmählich verflüchtigt hat. Doch erst vom 10. Jahrhundert an werden seine Gedichte in Anthologien gesammelt, und erst 1039 erscheinen seine Gesammelten Werke. Lyrik-Liebhaber im ganzen Land werden ihn fortan als „Heiligen der Dichtkunst" feiern. Und sie werden ihn seinem Vorbild Li Bai an die Seite stellen.

Knapp 140 Jahre nach Du Fus Tod wird auch die Tang-Dynastie ihr Ende finden. 904 lässt der Militärgouverneur Zhu Quanzhong die von Kriegen und Aufständen zerstörte Hauptstadt Chang'an weitgehend abreißen und Bürger und Baumaterial in das neue Machtzentrum Luoyang schaffen. Heute ist von Chang'ans einstiger Pracht fast nichts mehr zu sehen.

Der Dichter aber, der diese Stadt zeitlebens unglücklich liebte, hat deren Niedergang um mehr als 1000 Jahre überlebt: Noch heute gilt er als der größte Dichter Chinas. Und der Satz aus einer Ode Du Fus an den verehrten Freund Li Bai hat sich erfüllt: „Ein Ruhm, der Tausende Jahre währt / Steigt auf, wenn ein verkanntes Leben vorüber ist." ◊

IM REICH DER ZUKUNFT

TEXT: *Marita Liebermann*

Um 1000 n. Chr. ist China das modernste Land der Erde: Hier gibt es Flammenwerfer und Explosionswaffen, eine Stahlindustrie, Papiergeld, den Buchdruck, verhelfen Pestizide den Bauern zu nie da gewesenen Ernteerträgen. Angetrieben wird dieser Fortschritt von einer innovativen und hochgebildeten Beamtenelite: den Mandarinen, die in einer Serie rigoroser Prüfungen aus den begabtesten Männern des Reiches auserwählt werden. Zu ihnen gehört ein Gelehrter aus der Provinz: Shen Kuo

Shen Kuo (1031–1095)

CHINAS HAUPTSTADT KAIFENG ist eine Millionenmetropole – und zehnmal so groß wie das damalige Paris. Diese Bildrolle zeigt die Kapitale während des Qingming-Festes, bei dem die Chinesen im Frühjahr ihre Toten ehren (um 1560, nach einem Original aus der Zeit um 1120)

Weihrauch steigt aus dem Becken vor der Halle auf, sein Duft zieht durch die Reihen der Männer im Inneren des Saals, umweht ihre weißen Leinengewänder. Rund 200 Prüflinge sitzen dort seit dem frühen Morgen auf Matten, über ihre Blätter gebeugt. Sie schreiben.

Nur manchmal halten sie inne und reiben neue Tusche an, mit Kiefernholzruß sowie ein wenig Wasser. Darin befeuchten sie ihre Pinsel, die sie gleich wieder über das Papier gleiten lassen, sorgfältig, doch so schnell sie nur können.

Denn die Männer kämpfen. Um die scharfsinnigsten Gedanken, die brillantesten Sätze. Gegen die Nervosität. Bis zum Sonnenuntergang gilt es, alle Fragen zu beantworten – Aufgaben, die ihnen kein Geringerer als der Kaiser von China gestellt hat. Mehr als 1000 Zeichen müssen sie für jede Antwort auf die ihnen zugeteilten Papierbögen schreiben.

Und der Herrscher schaut ihnen persönlich dabei zu.

Auf seinem Thron, etwas erhöht hinter einem transparenten Vorhang, überblickt Kaiser Renzong den Saal. Bis zum Ende der Prüfung wird er bleiben und so zeigen, wie bedeutsam diese Stunden für das Land sind. Und die Prüflinge in jedem Moment daran erinnern, dass sie ihr Können vor allem ihm darbringen, dem höchsten aller Herren.

Auf einer Matte sitzend, arbeitet auch Shen Kuo. Dem 32-Jährigen aus dem Osten des Reichs ist es gelungen, sich für das Examen hier in Kaifeng zu qualifizieren, Chinas Hauptstadt im Norden des Landes. Etliche, die an diesem Frühjahrstag 1063 n. Chr. im Kaiserpalast sitzen, sind in seinem Alter. Aber es sind auch einige kaum 20-Jährige darunter.

Viele Chinesen träumen ein Leben lang von der unvergleichlichen Ehre, bei diesem Examen erfolgreich zu sein. Deshalb hat auch Shen, der aus einer Beamtenfamilie stammt, sein bestes Gewand angezogen, daher ist auch er so aufgeregt wie noch nie.

Er hat die höchste Stufe eines auf der Welt einzigartigen Auswahlsystems erklommen: die Palastprüfung, zu der es nur alle drei Jahre kommt und bei welcher der Himmelssohn persönlich die Noten vergibt.

Mit dem Examen wählt die regierende Song-Dynastie die Kandidaten für Spitzenpositionen im Staatsdienst aus: eine hochqualifizierte Elite von kaum 10 000 Männern, die das Reich verwaltet, die Wirtschaft lenkt, neue Techniken entwickelt und Angriffe fremder Mächte abwehren lässt.

Den Klügsten unter ihnen gelingen bahnbrechende wissenschaftliche Erkenntnisse, sie revolutionieren Landwirtschaft und Handel, erfinden den Buchdruck mit beweglichen Lettern, entwickeln Explosionswaffen, fördern erstmals in der Geschichte Erdöl und leiten den industriellen Fortschritt ein. Die Chinesen werden unter den Song-Kaisern zum reichsten Volk der

MARKT AUF einer Brücke vor der Stadt. Chinas Wasserstraßen sind mehr als 50 000 Kilometer lang. Über sie versorgt die größte Handelsflotte der Welt Kaifeng unter anderem mit Zucker, Jade und Porzellan

Erde. Sie wohnen in immer größerer Zahl in Millionenmetropolen, arbeiten in Manufakturen, bezahlen mit Papiergeld.

Die Beamten sind die Helden dieser neuen Zeit. Sie sind Wissenschaftler, Bürokraten, Ingenieure, Diplomaten, sogar Feldherren. Begüterte Väter wünschen sie sich zu Schwiegersöhnen, Bürger lassen ihnen auf der Straße den Vortritt. Gedichte und Erzählungen handeln von ihren Schicksalen. Denn es sind diese Staatsdiener, die China in ein Reich der Zukunft verwandeln, das den Rest der Welt in Wissenschaft, Ökonomie und Technik weit hinter sich lässt.

°

DER AUFSTIEG dieser Elite beginnt Mitte des 10. Jahrhunderts mit einer Revolte: Der Kommandeur der Palastgarde stürzt den Kaiser, lässt sich von seinen Truppen zum Herrscher ausrufen und begründet eine neue Dynastie, die der Song.

Taizu, so der Name des Monarchen, hat sich in einer Zeit der Krise an die Macht geputscht. Seit dem Untergang der Tang-Dynastie 53 Jahre zuvor wüten Kriege in China, ist das Land gespalten in ein größeres Reich im Norden um die Kapitale Kaifeng sowie etliche kleinere Staaten im Süden.

Doch mit seiner schlagkräftigen Armee unterwirft Taizu rasch die Reiche im Süden. Nach und nach gelingt es ihm, weite Teile Chinas wiederzuvereinigen.

Um die Ordnung zu sichern, benötigt er verlässliche Gefolgsleute: gebildete Männer, denen er die Verwaltung der Provinzen sowie die Ämter in den Ministerien und an seinem Hof anvertrauen kann.

In früheren Zeiten haben Adelige alle wichtigen Posten in der Bürokratie besetzt. Doch viele Aristokraten haben in den Wirren der Kriegsjahre Ansehen und Einfluss verloren. Und seinen Militärs misstraut der Kaiser: Er weiß aus eigener Erfahrung, wie schnell ein einflussreicher Offizier Truppen dazu bringen kann, gegen den Herrscher zu marschieren.

Und so setzt Taizu nun darauf, die Begabtesten und Loyalsten unter seinen Untertanen in staatliche Dienste zu rufen. Um sie zu finden, führt er die Beamtenprüfung wieder ein, die bereits am Ende des 6. Jahrhunderts entstanden, in den politischen Wirren aber weitgehend verkümmert ist.

Allerdings übernimmt der Kaiser das alte System nicht einfach, sondern leitet entscheidende Änderungen ein, die seine Nachfolger immer weiter perfektionieren werden. So grundlegend gestalten die Song das Verfahren um, dass sie damit eine neue, den Herrschern ergebene Elite erschaffen.

80 000 **BÄNDE** zählt des Kaisers Bibliothek

Und sie verleihen dem Examen eine Bedeutung, die es bis dahin nie gehabt hat.

Vorbei sind die Zeiten, als der Erfolg eines Kandidaten häufig von der Willkür korrupter Prüfer abhing. Fortan gilt in der Staatsbürokratie ein neues Gebot: das Gesetz der Leistung. Zwar sind anfangs noch die Angehörigen einzelner Gesellschaftsschichten wie etwa Bauern oder Kaufleute von den Examen ausgeschlossen, doch seit etwa 1050 dürfen grundsätzlich alle Männer des Reichs teilnehmen.

So entsteht ein hocheffizienter Verwaltungsapparat – und aus den Beamtengelehrten eine Elite: die der Mandarine (wie Europäer sie später nach dem malaiischen Wort *mantri*, „Berater", nennen; die Chinesen bezeichnen sie als *guan*, „Beamte").

Schon mit vier Jahren muss ein Knabe mit dem Lernen beginnen, wenn aus ihm dereinst ein Beamter werden soll, sonst ist der Wissensstoff nicht zu bewältigen (Frauen haben den Haushalt zu führen und die Kinder zu erziehen).

Auch Shen Kuo lernt, wie er später notiert, bereits als kleiner Junge unter der Anleitung seiner Mutter, den Pinsel zu halten und erste Schriftzeichen zu verstehen. Mit elf Jahren bekommt er einen Hauslehrer, besucht offenbar keine der zahlreichen Schulen, die der

Staat zu dieser Zeit vielerorts in China gründet.

Sein Vater hat in den Beamtenprüfungen die höchste Examensstufe erklommen. Dennoch bekleidet er lediglich leitende Positionen in der Provinz, die nicht so hoch angesehen sind wie der Dienst in der Kapitale.

°

SHEN KUO lernt mit großem Eifer, beugt sich auch bei schwachem Licht über seine Bücher. Nach dem Tod seines Vaters arbeitet er als Schreiber in einer Amtsstube.

Fast ein Jahrzehnt lang bleibt Shen in der Provinz und setzt seine Studien fort. Er liest die konfuzianischen Texte, bis er sie wörtlich zitieren kann – so wie es die Prüfer verlangen. Auch die Kommentare und Abhandlungen der Denker seiner Zeit arbeitet er sorgsam durch, studiert die Werke von Schriftstellern, deren ehrwürdige Sprache jenem Stil entspricht, in dem die Kandidaten ihre Antworten zu verfassen haben. Die Druckereien des Kaiserreichs produzieren Lehrwerke eigens für die Vorbereitung auf die Examen – Bücher mit 1000 Kapiteln.

Im Herbst 1062 fühlt Shen sich bereit für die „dornigen Tore“, wie die dreistufigen Beamtenprüfungen im Volk heißen. Als Erstes muss er sich im Test seiner Präfektur bewähren, eines aus mehreren Ortschaften und Landkreisen bestehenden Verwaltungsbezirks, der dem Kaiserhof untersteht.

Insgesamt legen mehr als 50 000 Prüflinge in den 300 Präfekturen des Reiches das Examen ab. Kaum drei Prozent von ihnen bestehen die Prüfung.

Shen Kuo gehört zu den besten Kandidaten seiner Präfektur. Viele Absolventen dieser Prüfungen werden Lehrer an Schulen in den Provinzen oder nehmen einen Posten in der Ortsverwaltung an, etwa als Bezirksoberer, Bauinspektor, Verantwortlicher für Kornspeicher oder Tempel.

Einige Hundert Kandidaten aus allen Präfekturen aber nehmen am Examen in Kaifeng teil. Auch

Shen Kuo reist fast 800 Kilometer weit bis in die Kapitale.

K

Kaifeng. Im Zentrum der nördlichen Landeshälfte, am Zusammenfluss dreier Ströme, liegt diese Metropole, an die keine Stadt der Erde heranreicht. Etwa eine Million Menschen wohnen hier.

Hohe Pagoden überragen dicht gebaute Wohnquartiere, die Läden, Kioske, Tavernen und Restaurants, die Theater und Bordelle. Die Stadt des Kaisers ist mehr als zehnmal so groß wie das Paris jener Zeit.

Viele kleine Flüsse und Kanäle durchziehen Kaifeng. Über das Wasser versorgen unzählige Kähne die Stadt mit Nahrung, bringen Zehntausende Tonnen Getreide im Jahr heran, vor allem Reis aus Südchina. Kähne mit breiten Ladeflächen transportieren die großen Mengen Müll ab.

Eine Allee führt vom Haupttor nach Norden. Residenzen der Beamten säumen die Straße, viele der Anwesen sind von Mauern umgeben. Besonders kunstvoll gearbeitete hohe Torgatter zeigen den Status der Funktionäre an.

REITER üben sich auf einem Paradeplatz in Kaifeng im Umgang mit Lanzen (oben links). Einkaufsstraßen und Wohnhäuser mit Innenhöfen (Mitte), aber auch Pagoden und Luxusanwesen prägen das Bild der Stadt

Nach zwei Kilometern trifft der Besucher auf die ersten Verkaufsstände. Das China der Song ist eine Konsumgesellschaft. In dieser Stadt, die niemals schläft, bieten rund um die Uhr Buden, Kaufhäuser und Märkte ihre Waren an: Pfannkuchen, Reisbälle, Krebse, Muscheln oder süße Dattelklöße, aber auch elegante Kleidung, Kämme, Tücher, Jade und Rhinozeroshorn.

Der Duft von Kräutern und Räucherwerk erfüllt die Luft vor den Häusern der Reichen, vermengt sich mit dem Geruch von Fisch und Fleisch. Diener erstehen hier Ziegenköpfe, Wachteln und

VOR DER ZWÖLF METER hohen Mauer betreibt ein Schmied sein Geschäft. China produziert um 1000 n. Chr. pro Jahr rund 114 000 Tonnen Roheisen. Das schafft England erst 1795

Hasen, Krabben, Hühner und Enten für die Tafeln ihrer Herrschaften. Auch Wild, Dachs und Fuchs bringen die Lieferanten herbei.

Die Stadt ist reich, der Immobilienmarkt boomt, immer höher steigen die Grundstückspreise – und als Investoren betätigen sich trotz Verbots auch Beamte, vermieten Wohnungen oder betreiben Herbergen. Strohmänner erledigen die Transaktionen.

Offiziell ist es Frauen untersagt, einer Tätigkeit außerhalb ihres Hauses nachzugehen. Doch tatsächlich engagieren sich viele von ihnen als Unternehmerinnen: Einige leiten Schönheitssalons oder Teestuben, andere führen Läden, in denen sie Schuhe oder luxuriöse Kleider aus Seide anbieten.

Auch die kaiserlichen Funktionäre mischen sich in ihren Beamtenroben unter das Volk. Je nach Rang tragen sie ihre seidenen Gewänder in verschiedenen Farben; die der Höhergestellten leuchten meist in Violett oder Tiefrot, die unteren Dienstgrade in Grün oder Blau.

Im letzten Drittel der großen Allee liegt das Regierungsviertel.

Und an einem Frühjahrstag des Jahres 1063 trifft Shen Kuo im Ministerium der Riten ein, um sich der Hauptstadtprüfung zu stellen, dem zweiten der drei Tests. Wächter suchen die Kandidaten nach verbotenen Hilfsmitteln ab; zuweilen versuchen Prüflinge, kleine Bücher in den Saal zu schmuggeln.

Es ist auch vorgekommen, dass sich ein Anwärter längere Passagen philosophischer Texte auf das Untergewand geschrieben hat. Wer beim Schummeln erwischt wird, verliert alle zuvor erzielten Abschlüsse (in späteren Jahrhunderten werden Betrugsversuche zuweilen gar mit dem Tod bestraft).

Shen beantwortet die Fragen der Prüfer in dem Examen so meisterhaft, dass er zum dritten Test zugelassen wird: der Palastprüfung unter den Augen des Kaisers.

Bohrtürme fördern Sole und **GAS**

Kurz darauf schreitet er mit den anderen Auserwählten zum Palast des Herrschers: Es sind noch rund 200 Kandidaten, weniger als ein halbes Prozent aller Prüflinge, die einige Monate zuvor in den Präfekturen angetreten sind.

Sekretäre überreichen jedem einen bedruckten Bogen mit den Aufgaben. Shen nimmt auf einer Matte in der Prüfungshalle Platz. Zum ersten Mal in seinem Leben sieht er den Sohn des Himmels auf dem Thron.

Shen misst sich mit den intelligentesten Männern Chinas. Er muss Aufsätze über die Geschichte des Kaiserreichs sowie politische Analysen verfassen. Die Kenntnis der alten Schriften macht nur einen Teil der Examen aus: Die Kandidaten haben auch aktuelle Probleme zu erörtern, etwa Quellen neuer Steuereinnahmen.

Bei ihren Texten ist vor allem Klarheit gefragt: Wer umständliche Sätze schreibt, viele Andeutungen macht und in Bildern spricht, riskiert einen schlechten Abschluss. Der Kaiser persönlich hat die Fragen genehmigt.

Am Abend übergeben die Kandidaten ihre Papiere. Sekretäre schreiben die Antworten ab, sodass die Korrektoren die Texte nicht anhand der Schrift bestimmten Prüflingen zuordnen können.

Drei Gutachter lesen jede Arbeit und schlagen dem Kaiser anschließend eine Rangordnung vor. Durchfallen kann nun niemand mehr: Alle Kandidaten, die exzellent genug sind, um es bis zur Palastprüfung zu schaffen, erhalten anschließend den *jinshi* – den höchsten Gelehrten-Abschluss.

Die Namen der Bestplatzierten aber werden vor dem Kaiser und seinen Ministern verlesen.

Und die ersten drei bekommen jenes begehrte Prädikat, das es ihnen ermöglicht, sogleich einen der angesehensten Posten im Reich zu bekleiden, etwa den eines Vizepräfekten. Alle anderen müssen sich einen hohen Posten trotz bestandener Prüfung erst verdienen.

J

Jahrgangsbester ist diesmal: Shen Kuo. Er wird zu einer Audienz geladen und vom Kaiser empfangen. Dann erhält er die Leitung der Präfekturpolizei in Yangzhou im Osten des Landes. Dort bewährt er sich binnen kurzer Zeit so gut, dass ihn Renzongs Nachfolger auf Empfehlung eines höheren Beamten schon nach zwei Jahren in den wissenschaftlichen Stab der kaiserlichen Bibliothek beruft.

Sie ist der wichtigste Treffpunkt der Gelehrten im Land, 80 000 Werke werden dort aufbewahrt. Ein idealer Ort für einen Mann wie Shen, der getrieben ist davon, die Welt zu verstehen.

Am Ende seiner Laufbahn wird es kaum eine Wissenschaft geben, mit der er sich nicht befasst hat, als Forscher – und Autor von mehr als 20 Abhandlungen und Büchern. Er schreibt über komplexe Fragen der Mathematik, diskutiert Theorien der Musik, erörtert Themen aus Geographie und Geschichte, Wirtschaft und Geologie. Er zeichnet Landkarten, untersucht Heilkräuter und erforscht, wie sich ein Regenbogen bildet.

Doch Shen Kuo begnügt sich nicht mit Worten und Ideen. Er ist auch ein Mann der Tat, beseelt von dem Willen, Problemen auf den Grund zu gehen, um sie zu lösen.

Dank seiner Fähigkeiten wird er in den engsten Kreis um den Kaiser aufsteigen und im Laufe der Zeit unterschiedlichste Aufgaben wahrnehmen, etwa als Diplomat, Astronom oder Inspektor der Gerichtsverwaltung – und als Finanzkommissar. Dieses Amt gehört zu den einflussreichsten des Reiches.

Schon früh, im Jahr 1066, beginnt er mit einem ehrgeizigen Projekt. Shen konstruiert eine Armillarsphäre – eine Art Himmelsglobus, mit dem man die Positionen der Gestirne bestimmen und deren Bewegung darstellen kann. Drei Generationen zuvor hat ein Gelehrter der Song bereits eine erste Armillarsphäre gebaut. Doch weil die nicht exakt genug ist, will Shen sie nun weiterentwickeln.

Zahllose Nächte lang verfolgt er in einem Observatorium des Kaisers die Bewegungen der Himmelskörper. Indem er den Polarstern als Bezugspunkt wählt, gelingt es Shen schließlich, eine exakte, aus mehreren drehbaren Ringen bestehende Sphäre zu bauen.

Er betrachtet auch den Mond sehr genau – und kommt zu einer Einsicht, die er in einer Abhandlung für seinen Vorgesetzten festhält: Der wie eine Kugel geformte Erdtrabant sende kein Licht aus, sondern strahle nur, wenn die Sonne ihn anscheine. Und wenn ihr Licht den Mond seitlich streife, nehme das menschliche Auge ihn als sichelförmig wahr.

Selbst Papier kommt aus der **FABRIK**

Noch über eine andere bedeutende Entdeckung hält Shen seine Einsichten fest. Er beobachtet die Männer, die in jener Zeit als Magier gelten: Sie schleifen Nadeln mit einem speziellen Stein aus Magneteisen und schaffen es so, dass sich das feine Metall, wenn sie es etwa auf den Rand einer Schale legen, nach Norden dreht. Auf diese Weise ermitteln sie etwa, wie Baumeister ein Haus gemäß der Harmonielehre Feng-Shui ausrichten müssen.

Shen beschließt, das Phänomen weiter zu erforschen, und beginnt, mit einer Magnetnadel zu experimentieren. Bald stellt er fest, dass sie nie genau nach Norden zeigt, sondern immer leicht nach Westen abweicht. Shen erkennt damit, dass die magnetischen Erdpole nicht mit den geographischen identisch sind – eine Einsicht, die bald für die Seefahrt von entscheidender Bedeutung wird. Denn nur wer die Abweichung berücksichtigt, kann seinen Kurs exakt berechnen.

Schon zwei Jahrzehnte später navigieren chinesische Seeleute mithilfe magnetisierter Nadeln, die auf Scheiben angebracht sind: Prototypen des modernen Kompasses.

GAUKLER VOR PUBLIKUM, Fischer am Fluss. In Kaifeng gibt es mindestens 150 spezialisierte Märkte für Lebensmittel und Waren. Manche Kunden zahlen bereits mit Papiergeld – mehr als 600 Jahre vor den Europäern

Wie nie zuvor in Chinas Geschichte verbreitet sich unter der Herrschaft der Song das Wissen, zirkulieren die Ideen, können Forscher auf die Gedanken ihrer Mitstreiter aufbauen. Bereits um 1045 n. Chr. hat der Erfinder Bi Sheng ein Verfahren zum Buchdruck mit beweglichen Lettern entwickelt – 400 Jahre vor Johannes Gutenberg.

Mit feinen Strichen ritzte Bi Sheng spiegelverkehrte Schriftzeichen reliefartig in Stempel aus feuchtem Ton, anschließend härtete er sie durch Brennen. Viele solcher Schriftstempel fixierte er mit einer Mischung aus Kiefernharz, Wachs und Papierasche in

einem eisernen Rahmen. Auf diese Weise stellte er eine Druckplatte her, die er mit schwarzer Farbe bestrich und darauf Papierbögen presste. Doch weil die empfindlichen Stempel leicht zerbrechen, lassen sich mit der neuen Technik nur wenige Exemplare herstellen.

°

BÜCHER IN Millionenauflage werden daher weiter nach einem seit mehr als 150 Jahren erprobten Verfahren gedruckt, bei dem Arbeiter ganze Texte Zeichen für Zeichen in Holzblöcke schnitzen.

Und weil die Schriften zunehmend in großen Manufakturen hergestellt werden, kostet ein Band weniger als ein Zehntel des Preises, den die Hersteller noch 100 Jahre zuvor verlangt haben. So können sich auch Bürger private Bibliotheken anlegen. Immer zahlreicher werden die Haushalte, in denen Männer und Frauen einen Band zur Hand nehmen: Gedichtsammlungen etwa, Geschichtswerke oder Enzyklopädien mit Artikeln über Medizin und Pferdezucht sowie die Herstellung von Seife.

Die Autoren der anspruchsvollsten Bücher sind häufig hohe Beamte wie Sima Guang, der über die Geschichte Chinas seit dem 5. Jahrhundert v. Chr. eine umfangreiche Abhandlung schreibt, dafür unterschiedlichste Quellen verwertet und kritisch erörtert. Fast 300 Bände stark ist sein „Umfassender Spiegel zur Hilfe bei den Regierungsgeschäften“, und der Kaiser ist von dem Werk so beeindruckt, dass er das Vorwort beisteuert.

Überhaupt ist dieses Reich der Zukunft fasziniert von der Vergangenheit, denn auch die Archäologie erlebt eine Blütezeit: Gelehrte graben in der Erde nach Jadegegenständen, Münzen oder Bronzegefäßen aus früheren Epochen und katalogisieren systematisch ihre Funde.

Shen Kuo besitzt die Fähigkeit, komplizierte Beobachtungen verständlich zu Papier zu bringen. Mit diesem Talent und seinem klaren Denken beeindruckt er den Hof. 1072 wird er zum Direktor des kaiserlichen Observatoriums ernannt, er erhält aber auch andere Aufgaben übertragen, für die er weite Teile Chinas bereist; allein im Jahr 1074 legt er rund 5000 Kilometer zurück.

Als Problemlöser kümmert er sich um Schwierigkeiten, an denen örtliche Bürokraten verzweifeln, als Ingenieur verbessert er das Bewässerungssystem der Felder, lässt als Militärbevollmächtigter Befestigungen bauen, um China vor Feinden zu schützen. Zudem trotzt er mit Dämmen Sumpf-

EIN PALAST vor der Stadt: Früher besetzten Adelige alle einflussreichen Positionen im Reich. Doch nun müssen sie sich für eine Karriere im Staatsdienst wie alle anderen in Examen beweisen

gebieten neues Ackerland ab, befehligt sogar Soldaten.

E

Eine Art industrielle Revolution hat das Reich erfasst. In Manufakturen stellen Facharbeiter Keramik, Werkzeuge und Papier her, in Hochöfen produzieren sie mehr als 100 000 Tonnen Roheisen pro Jahr – und sogar Stahl (nach einer Methode, die die Europäer erst 1864 entdecken werden).

Wohl im 9. Jahrhundert haben sie bereits das Schwarzpulver erfunden, fördern nun auch Erdöl, um Petroleum zu gewinnen – und bauen Flammenwerfer und Granaten. Mit Dünger und Pestiziden steigern Agraringenieure die Ernteerträge. Arbeiter holen in Bergwerken immer größere Mengen Steinkohle, Kupfer, Eisen, Blei und Zinn aus dem Felsen. Die Wirtschaft blüht. Und Shen Kuo steigt immer weiter auf.

Doch dann, im Jahr 1082, fällt er plötzlich in Ungnade: Der Kaiser macht ihn für eine missglückte Militäroperation im Norden verantwortlich (obwohl ein anderer dies verschuldet hat). Das ist das Ende seiner Karriere.

Er zieht sich in die Provinz Jiangsu nahe seiner Heimat zurück. Auf einem ländlichen Anwesen verbringt er die letzten Jahre. Weil ihm der Garten, den ein kleines Gewässer durchfließt, einst im Schlaf erschienen ist, nennt er diesen Ort „Traumbach".

Und dort verfasst er sein bedeutendstes Werk. Er schreibt über sein Leben als Beamter, mal ironisch, mal ernst, erörtert aber auch mathematische Probleme oder analysiert einen vom Himmel gefallenen Meteoriten. Er erzählt Anekdoten, hält Gedanken fest über Archäologie, Astronomie, Medizin, Linguistik und andere Wissenschaften, über Wahrsagung, Glücksspiele und Technologie.

„Zurückgezogen unter Bäumen, lebte ich abgeschieden von der Außenwelt", notiert er mit Pinsel und Tusche im Vorwort. „Da entsann ich mich der Gespräche mit Freunden, und wenn ich dann eine Begebenheit festhielt, war mir, als unterhielte ich mich wieder mit ihnen."

Und so gibt er seinem Werk den Titel „Pinselunterhaltungen am Traumbach".

LITERATURTIPPS

DIETER KUHN
»The Age of Confucian Rule«
Kluge Studie zum Erfolg Chinas (Belknap Press).

JOHN W. CHAFFEE
»The Thorny Gates of Learning in Sung China«
Wohl und Wehe der Beamtenanwärter (State University of New York Press).

IN KÜRZE

Um 1000 n. Chr. ist China der reichste Staat der Erde und technisch anderen Ländern um Jahrhunderte voraus. Seine effiziente Bürokratie wird von Elitebeamten geführt, den Mandarinen. Zu den berühmtesten zählt Shen Kuo, der zahllose Aufgaben im Namen des Kaisers übernimmt, sich etwa mit dem Bau von Deichen beschäftigt, aber auch wissenschaftlich forscht – unter anderem zum Erdmagnetismus, zu Chemie, Mathematik, Archäologie, Geologie und Astronomie.

Es ist das Vermächtnis eines ewig Neugierigen. Im Jahr 1095 stirbt Shen Kuo.

Drei Jahrzehnte nach seinem Tod werden Reiterkrieger aus der Steppe in das Reich einfallen, Kaifeng erobern und die Song-Dynastie nach Süden vertreiben. Deren kultiviertes Imperium, das die Künste gefördert hat und die Erfindungen, seine Armeen aber seit Jahren vernachlässigt, hat keine Chance gegen die ungebildeten, aber militärisch perfekt organisierten Angreifer.

Im Süden des Landes besteht das Reich der Song aber noch weitere 150 Jahre fort, ehe weitere Eroberer – diesmal die Mongolen – es 1279 endgültig stürzen.

Dennoch wird der Geist der Rationalität und Raffinesse, der das Imperium unter den Song so stark gemacht hat, weiterleben. Und zwar ausgerechnet unter den nomadischen Mongolen. Denn als sie ihre Macht in China konsolidiert haben, übernehmen sie die Kultur der Unterworfenen, viele ihrer Traditionen und Errungenschaften.

Die Song-Ära wird für Chinesen kommender Generationen ein Ideal verkörpern, eine Gesellschaft der Vernunft und der Effizienz. Und es ist diese Epoche, aus der sich fortan das Selbstverständnis der Mandarine speist: ihr Anspruch, als Elite die Geschicke des Landes zu bestimmen.

Als Bewahrer der himmlischen Ordnung und Hüter des Reiches. ◊

Angriff der

KUBLAI KHAN vollendet 1279 die Eroberung Chinas durch die Mongolen – die bereits sein Großvater Dschingis Khan begonnen hat –, macht sich zum Kaiser des Imperiums und etabliert eine eigene Dynastie, die der Yuan. Obwohl der Herrscher die Überlegenheit der chinesischen Kultur erkennt, unterwirft er die Besiegten einem rigiden Kastensystem, das weite Teile der einheimischen Bevölkerung zu minderwertigen Untertanen der Besatzer degradiert

MONGOLEN

Als Barbaren verachten die Chinesen ihre unzivilisierten Nachbarn im Norden, die weder eine eigene Schrift noch eine Hochkultur kennen und in Jurten hausen. Doch die nomadischen Mongolen sind nahezu unbezwingbare Krieger, und so überrennen sie im 13. Jahrhundert das Reich der Mitte. Zum ersten Mal ist ganz China von fremden Eroberern besetzt

TEXT: *Marion Hombach*

In der Stunde höchster Not beschließt Lu Xiufu, seinem Kaiser einen letzten Dienst zu erweisen. Der Premier weiß, dass diese Schlacht verloren ist. Und der Himmelssohn soll nicht lebendig in die Hände seiner Feinde fallen.

Die chinesische Flotte ist besiegt. Viele der mehr als 1000 Schiffe stehen in Flammen, schwarze Rauchschwaden steigen auf über der Bucht von Yamen, an der Südostküste des Reiches.

Zahllose Leichen treiben im Meer: durchbohrt von den Speeren der Angreifer, in den Feuern verbrannt, von ihren Feinden erschlagen. Schiff um Schiff haben die Gegner geentert oder mit Sprengsätzen aus Schwarzpulver in Brand gesteckt. Es gibt keine Hoffnung mehr.

Die Chinesen kämpfen gegen die Mongolen, und dieser 20. März 1279 ist der Tag ihres letzten Gefechts. Vor den Reiterkriegern und deren Vasallen sind sie mit Dschunken aufs Meer geflüchtet: Zehntausende Soldaten, Zivilisten, der Hofstaat. Und auch der Kaiser selbst, ein Junge von sieben Jahren.

Doch längst verfügen die Mongolen ebenfalls über Schiffe, denn sie haben sich eine Flotte bauen lassen.

Nun, da die Schlacht verloren ist, versucht Premier Lu Xiufu, dem Feind zuvorzukommen. Der Kaiser darf nicht gefangen genommen werden. Also schließt er den Jungen in die Arme, steigt auf die Brüstung des Schiffes und stürzt mit ihm in die See.

Anschließend springen auch andere Würdenträger ins Meer. Konkubinen, Ehefrauen, Töchter binden sich Gewichte um die Hüften, um im Wasser zu versinken. Zehntausende kommen um.

So endet an diesem Tag die mehr als 300 Jahre alte Kaiserdynastie der Song. Nie zuvor hat eine fremde Macht China vollständig niedergerungen. Doch nun herrschen die Mongolen überall im Land.

°

DER GRÖSSTE EROBERUNGSZUG der Geschichte beginnt um das Jahr 1200 in den kargen Steppen nördlich von China.

Dort leben die Mongolen in Zelten aus Filz. Sie sind Analphabeten und Nomaden, die nur transportables Eigentum besitzen und sich nirgends wohler fühlen als in den Sätteln ihrer Pferde.

Sie scheren sich nicht um zivilisatorische Feinheiten, sind dafür aber Meister des Krieges. Ihre Reitkünste sind unübertroffen, und selbst im Galopp verschießen sie Pfeile in alle Richtungen. Ihre Bögen, gefertigt aus Bambus und Yak-Horn, sind besonders stark, die Geschosse fliegen bis zu 300 Meter weit und durchbohren sogar Rüstungen.

Lange Zeit befehden sich die Stämme vor allem untereinander. Da alle Männer zwischen 15 und 60 Jahren zum Kriegsdienst verpflichtet sind, besteht ein großer Teil der Bevölkerung aus Soldaten.

Pferde und Schafe geben ihnen fast alles, was sie zum Leben brauchen. Aus Fellen nähen sie Kleidung, verarbeiten Wolle zu Filz, bauen daraus ihre Zelte. Sie essen Fleisch und Käse, trinken die Milch der Tiere und verbrennen deren Dung zum Heizen in kalten Nächten. Zuweilen betreiben sie Tauschhandel mit Nachbarvölkern und erhalten so Tee, Getreide oder Eisen für Pfeilspitzen.

China hingegen ist zu dieser Zeit das höchstentwickelte Land der Welt, mit gedruckten Büchern, Manufakturen, Hochöfen – aber keine militärische Großmacht. Denn die Song-Dynastie misstraut der eigenen Armee. Sie sieht in einem starken Heer vor allem eine innenpolitische Gefahr: Immer wieder haben mächtige Kommandeure in den Jahrhunderten zuvor Rebellionen angeführt und das Reich gespalten.

Statt in eine Streitmacht zu investieren, zahlt der Staat Feinden daher lieber große Mengen Silber als Schutzgeld. Die Armee besteht aus Söldnern, rekrutiert aus den untersten Schichten – und wird von der Gesellschaft verachtet. Statt zu kämpfen, repariert die Hälfte der mehr als eine Million Mann Deiche, baut Straßen oder transportiert Luxuswaren.

Selbst das Schwarzpulver, das die Song erfunden haben, macht die Truppe nicht viel effizienter – denn noch ist die Rezeptur zu schwach, um heftige Explosionen auszulösen. So verfügen die Chinesen zwar über eine Art Flammenwerfer, hergestellt aus einem Bambusrohr, das an einem Speer befestigt wird und knapp zwei Meter weit Feuer spuckt. Doch sonderlich nützlich sind solche Waffen im Kampf noch nicht. Frühe Granaten dienen der Armee eher dazu, Gegner zu erschrecken, als sie zu töten. Die Masse der Soldaten trägt nach wie vor Armbrüste, Bögen, Schwerter und Lanzen. Auch sonst ist das Militär so schlecht ausgerüstet, dass es etwa der Kavallerie an Pferden fehlt – und daher rund ein Drittel der eigentlich Berittenen zu Fuß in die Schlacht ziehen muss.

Die Song glauben, die Gewalt überwunden zu haben, preisen Friedensliebe, Vernunft, Kultur. Diese Ideale verkörpert Kaiser Huizong, der 1100 den Thron besteigt: Er ist ein talentierter Maler und Kalligraph – aber kein entschlossener Machthaber und Kriegsherr. Und so kann er die Destabilisierung des Reiches durch korrupte Beamte und Aufstände nicht verhindern.

°

SCHON LANGE vor dem Mongolensturm ist sein Land von außen bedroht. Die Dschurdschen, ein Stamm aus der Mandschurei nordöstlich von China, greifen bereits 1126 das Kaiserreich an. Die Invasoren erobern dessen Norden und besetzen die Hauptstadt Kaifeng. Sie vertreiben die Herrscher der Song-Dynastie in den Süden des nun geteilten Landes.

Doch zu Beginn des 13. Jahrhunderts erwächst China eine noch weitaus größere Gefahr, als es einem Kriegerfürsten gelingt, die Mongolenstämme und andere Steppenvölker unter seiner Autorität zu einen. 1206 lässt er sich von ihnen zum Dschingis Khan ausrufen, zum „Weltbeherrscher".

Dann beginnt er einen beispiellosen Feldzug. Aus den Nomaden werden Eroberer, denn Dschingis Khan hat aus den Clans der Steppe eine schier unaufhaltsame Streitmacht geformt. In den folgenden Jahren bezwingen seine 100 000 Kämpfer mehrere Nachbarvölker und ziehen auch Richtung Europa. Sie erobern die Weiten Russlands, dringen bis ins Zweistromland vor und unterwerfen Persien (siehe Kasten Seite 82).

Die **EROBERER** *entvölkern ganze Länder*

Auf offenem Feld sind die Reiterkrieger kaum zu besiegen, denn sie schlagen blitzschnell zu und töten die feindlichen Soldaten in einem Pfeilhagel. Sie befestigen lebensgroße Puppen auf den Ersatzpferden, die jeder Krieger mit sich führt, und erwecken so den Anschein einer viel größeren Armee. Oder sie ergreifen vermeintlich die Flucht und locken Verfolger so in eine Falle.

Die Grausamkeit der Mongolen verbreitet solchen Schrecken, dass sich ihnen ganze Städte kampflos ergeben.

Die Steppenkrieger richten Massaker an und schneiden etwa einem besiegten Herrscher das Fleisch vom Leib, das sie ihm bis zu seinem qualvollen Tod in den eigenen Mund stopfen. Nur wer kapituliert, darf auf Milde hoffen. Völker, die sich widersetzen, werden dagegen grausam bestraft: die meisten Männer getötet, die übrigen versklavt, die Frauen als Beute je nach Stand und Schönheit an die Mongolenfürsten verteilt.

Nach Dschingis Khans Tod im Jahr 1227 führen seine Nachfolger die Eroberungen fort. Und als Kublai, ein Enkel des Herrschers, 33 Jahre später zum Großkhan aufsteigt, gebieten die Mongolen über ein gigantisches Territorium: Im Westen reicht es fast bis an die Grenzen Ungarns, im Osten bis zum Ufer des Pazifiks, im Norden bis nach Sibirien und im Süden bis Zentralchina. Ein Gebiet von mehr als 20 Millionen Quadratkilometern – viermal so groß wie das Reich Alexanders des Großen.

Um diese gewaltigen Territorien beherrschen zu können, töten die Mongolen oft die örtliche Elite und setzen Getreue als Statthalter ein. Zudem entvölkern sie ganze Landstriche, als Schutzzonen oder als Weideland für ihre Pferde.

Doch sie regieren nicht überall so grausam. Vielerorts führen sie zwar eigene Gesetze ein, passen sie aber herrschenden Sitten an und erlauben den Einheimischen, ihre Religion frei auszuüben.

Die neuen Herren kassieren die ortsüblichen Steuern, erheben aber zusätzliche Abgaben. Außerdem schaffen sie zentrale Büros, von denen aus sie umliegende Gebiete verwalten.

Gesetzestexte und andere Dokumente werden dort verfasst und archiviert. Da die Mongolen über keine eigene Schrift verfügen, haben sie sich die der unterworfenen Uiguren angeeignet.

Nach seinem Aufstieg zum Großkhan im Jahr 1260 erhebt Kublai Anspruch auf die Oberhoheit im gesamten Imperium. Doch kann er sich nicht

DIE NACHFOLGER Kublai Khans auf dem Kaiserthron sind fast alle politisch unfähig. Wuzong (Regierungszeit 1307–1311) etwa bedenkt Günstlinge mit üppigen Geldgeschenken und lässt ein Aufblähen des Beamtenapparates zu. Zudem haben zahlreiche Kriege sowie der Bau der neuen Hauptstadt Dadu (des heutigen Beijing) die Staatsfinanzen ruiniert. Und so beginnt schon früh der Niedergang der mongolischen Yuan-Dynastie

DIE MONGOLISCHEN BESATZER schätzen die chinesische Kultur. Auch Renzong (1311–1320) wird als Heranwachsender in Philosophie und Literatur des unterworfenen Landes unterrichtet. Der Herrscher umgibt sich mit einheimischen konfuzianischen Gelehrten und führt die zwischenzeitlich abgeschaffte Beamtenprüfung wieder ein. Dennoch bleibt die wirkliche Macht in den Händen der Eroberer

durchsetzen – zu groß ist der Widerstand anderer Khane, die zunehmend auf ihrer Eigenständigkeit beharren. Und so besteht das Herrschaftsgebiet der Mongolen nun de facto aus vier weitgehend voneinander unabhängigen Reichen.

An der Spitze aller vier Khanate stehen Nachkommen Dschingis Khans. Das Gebiet im äußersten Westen erstreckt sich über Teile Europas und Sibiriens. In Zentralasien liegt das Tschagatai-Khanat, benannt nach dessen erstem Herrscher. In Persien hat ein Khan namens Hülegü die Macht, und in Nordchina sowie der Mongolei regiert dessen Bruder Kublai.

In Chinas Süden herrscht nach wie vor die Song-Dynastie. Aber Kublai ist entschlossen, sich das ganze Land untertan zu machen. 1274 schickt er 200 000 Soldaten in das Reich der Song.

D

Deren (unzureichend trainierte und motivierte) Truppen stellen sich den Angreifern in mehreren Schlachten, werden aber nach und nach immer mehr zurückgedrängt. Die Mongolen triumphieren: an Land und zu Wasser.

Denn sie haben sich in Nordchina eine eigene Flotte bauen lassen, mit Hunderten Kriegsdschunken. Weil ihnen der Kampf auf Schiffen fremd ist, besetzen sie die Dschunken mit erfahrenen einheimischen Seeleuten – und schlagen auf dem Yangzi eine Flotte der Song.

Viele Städte fallen. Anders als Dschingis Khan verschont Kublai meist die Bevölkerung. Nur in Changzhou, deren Verteidiger besonders hartnäckig Widerstand leisten, metzeln Krieger alle Männer, Frauen und Kinder nieder.

Anschließend marschieren die Angreifer auf das südlich von Shanghai gelegene Hangzhou zu, die Kapitale der Song – und der Kaiserhof stellt sich gar nicht erst dem Kampf. Die Hauptstadt kapituliert, der minderjährige Herrscher dankt ab und wird dafür von Kublai verschont. Er erhält einen Fürstentitel und wird schließlich buddhistischer Mönch.

Doch andere Mitglieder der Herrscherfamilie setzen den Widerstand fort. Sie fliehen mit 200 000 Unterstützern zunächst an Land, dann auf Schiffen entlang der Küste weiter in Richtung Süden und erheben den jungen Bruder des Abgedankten zum Himmelssohn: Der sieben Jahre alte Bing wird der neue Kaiser. Immer weiter ziehen sich seine Getreuen zurück, von Hafen zu Hafen, beharrlich verfolgt von der Flotte der Mongolen.

Die Bucht vor der Stadt Yamen wird zur letzten Zuflucht der Song. 1279 greift Kublais Armee den Ort an, mit einem Heer und mit Schiffen. Das Duell der beiden Flotten wird eine der größten Seeschlachten der Geschichte.

Zahlenmäßig sind die Song, die über gut 1100 Segler verfügen, der Streitmacht der Mongolen überlegen – aber sie entscheiden sich für eine unkluge Strategie: Sie ordnen ihre Dschunken in der Bucht in einer langen Reihe an, vertäuen sie miteinander und werfen die Anker aus. In der Mitte dieser Kette befindet sich das Flaggschiff mit dem Kindkaiser und seinem Premier Lu Xiufu.

So wollen sie verhindern, dass einzelne Kapitäne flüchten – und zugleich ein Signal der Entschlossenheit an den Gegner senden. Allerdings ist nun die gesamte Flotte manövrierunfähig.

Statt sofort anzugreifen, warten die Mongolen ab. Sie positionieren ihre Dschunken gegenüber der Schiffsreihe der Song, die sich quer durch die Bucht zieht. Zugleich besetzen Reiter das Ufer. Der Weg an Land ist den Chinesen nun versperrt; die aber haben kaum Frischwasser an Bord. Zwei Wochen lang leiden sie immer größeren Durst, sodass Verzweifelte sogar Meerwasser trinken, das sie krank macht und schwächt.

Als Kublais Armee am 20. März endlich zuschlägt, haben die Verteidiger kaum eine Chance. Die kleineren, wendigen Schiffe der Angreifer attackieren von zwei Seiten zugleich, bestürmen beide Flanken der aufgereihten Flotte.

Zunächst schleudern Kublais Soldaten Sprengsätze aus Schwarzpulver, damit die Dschunken in Flammen aufgehen. Dann beginnen sie, die übrigen Schiffe zu entern und die Besatzungen im Nahkampf niederzumachen.

Die vom Durst geschwächten Chinesen können die Feinde nicht abwehren – und wegen der vertäuten Flotte auch nicht fliehen. Ein Schiff nach dem anderen senkt die Flagge, als Zeichen der Kapitulation: Die Schlacht ist verloren.

Und Premier Lu Xiufu springt mit dem Kindkaiser in den Tod.

°

ERSTMALS IST NUN ganz China von Eroberern besetzt, 1500 Jahre nach der Gründung des Kaiserreiches.

Die Mongolen, wenige Generationen zuvor noch ein unbedeutendes Steppenvolk, haben erreicht, was weder den Dschurdschen (die nur den Norden des Landes besetzen konnten) noch den Kök-Türken (die im 6. Jahrhundert n. Chr. in China einfielen) noch den Xiongnu (die bereits im 2. Jahrhundert v. Chr. das Kaiserreich bedrohten) gelungen ist.

Kublais Herrschaftsgebiet umfasst nun neben der Mongolei das gesamte Reich der Mitte sowie einen Vasallenstaat auf der Koreanischen Halbinsel.

Er ist nicht so grausam wie andere Mongolenfürsten. Vielleicht hat er erkannt, dass er die Chinesen, ein Volk mit einer alten Geschichte, nur regieren kann, wenn er ihre Zivilisation achtet. Gut möglich, dass er ihre Errungenschaften bewundert. Jedenfalls nähern sich die Sieger der Kultur der Besiegten an, versuchen sie nachzuahmen.

Bereits vor seinem Triumph in Yamen hat Kublai verkündet, dass er eine neue Herrscherdynastie gründen wird, der er den Namen Yuan gibt („die Ursprüngliche"). Und er lässt sich zum Kaiser ausrufen. So beansprucht er das Mandat des Himmels, das einen chinesischen Herrscher göttlich legitimiert.

Nun scheint sein Sieg über die Song zu beweisen, dass die höheren Mächte ihn zum Regenten auserkoren haben. Und ist es ihm nicht gelungen, die Einheit des Landes wiederherzustellen, nach mehr als 150 Jahren der Spaltung?

Dem rechtmäßigen Kaiser zu dienen ist die Pflicht jedes Chinesen, so wie der Herrscher verpflichtet ist, das Land stabil zu regieren. Und solange ihm dies gelingt, fügen sich die meisten Eroberten ihrem Schicksal – selbst wenn der Himmel sein Mandat nun ausgerechnet einem Barbaren aus der Steppe verliehen hat.

Wie es das Ritual dem Kaiser vorschreibt, bringt Kublai nun seinen Ahnen an festgelegten Tagen Opfer dar. Er lässt sich von konfuzianischen und buddhistischen Gebildeten unterrichten, baut für die Anhänger beider Lehren Tempel und gibt seinem zweitältesten Sohn einen chinesischen Namen.

Bereits ab 1267 hat er in Nordostchina eine neue Kapitale für sein Reich errichten lassen. Er gibt ihr den Namen Dadu, Große Hauptstadt, und beauftragt einheimische Architekten mit der Planung. Wie bei einer klassischen chinesischen Metropole legen sie die Stadt auf einem rechteckigen Grundriss an. Elf Tore durchbrechen die Mauer, die sie umschließt. 25 Meter breite Hauptstraßen verlaufen von Nord nach Süd und von West nach Ost. Hinter einem inneren Wall befinden sich eine Residenz für den Kronprinzen sowie die noch weitaus größere und prächtigere Palaststadt für Kublai selbst. Im Osten von Dadu errichtet der Herrscher nach chinesischem Vorbild einen Tempel für die Verehrung der Ahnen.

Seinen Sohn, den Thronfolger, lässt Kublai sogar nach chinesischer Sitte erziehen: Statt sich vor allem im Reiten und Bogenschießen zu üben, lernt der Knabe die klassischen Werke der chinesischen Philosophie und Literatur kennen.

Doch obwohl sich der Khan wie ein chinesischer Kaiser zu verhalten versucht, bleibt die Yuan-Dynastie eine Fremdherrschaft. Mögen die Invasoren die fremde Kultur auch bewundern, so vergessen sie doch nie, das von ihnen unterworfene Volk zu kontrollieren.

Sie etablieren ein vierstufiges Kastensystem. An der Spitze stehen die Eroberer, wohl einige Hunderttausend Menschen. Dann folgen Fremde aus anderen Teilen des mongolischen Imperiums. Die dritte Klasse umfasst die schon länger unter mongolischer Herrschaft lebenden Nordchinesen. Ganz unten stehen die 50 Millionen Südchinesen – der größte Teil der Bevölkerung.

Die Kastenzugehörigkeit bestimmt, wie viel Steuern einer zahlt, welchen Zugang er zu Ämtern hat, welche Rechte und Privilegien er genießt und wie hart er für ein Verbrechen bestraft wird. Ein Einheimischer darf weder Waffen tragen noch sich im Fechten oder Faustkampf üben. Und wird er von einem Mongolen verprügelt, darf er sich nicht wehren, nur hinterher eine Beschwerde einreichen.

Dennoch: Chinas Bauern werden weder enteignet noch versklavt. Auch die Vermögenden verlieren zwar an Einfluss, aber nicht ihren Besitz. Denn Kublai finanziert seinen Hof und die Kriegszüge vor allem mit Steuereinnahmen – und die würden versiegen, wenn er mit Plünderungen die Wirtschaft ruinierte.

Ihre Berufe dürfen die Chinesen allerdings nicht länger je nach Interessen und Talent frei wählen. Denn gemäß mongolischer Sitte bestimmt der Herrscher, welche Fertigkeiten gebraucht werden. Jedem Haushalt ist nun einer von mehr als 80 Berufen fest zugewiesen, von den Bürokraten des Khans in Listen registriert. Ist der Vater einer Familie etwa Töpfer oder Fischer, müssen nach ihm auch seine Söhne Tongefäße herstellen oder Netze auswerfen, und dann seine Enkel und Urenkel.

Und weil Kublai den einheimischen Beamten misstraut, bricht er die Macht der chinesischen Bürokratie – der einstigen Elite. Zwar behält er das Regierungssystem bei, bei dem zwei Kanzler und sechs Ministerien das Land verwalten: je eines für Finanzen, Riten, Heer, Zivilangelegenheiten, Justiz und öffentliche Arbeiten. Gesonderte Behörden überwachen Landwirtschaft, Wasserwege sowie den Seehandel.

Doch dürfen Chinesen kaum noch hohe Positionen in der Staatsbürokratie einnehmen. Die meisten Ämter lässt der Khan doppelt besetzen: Jedem Einheimischen ist einer seiner Gefolgsleute übergeordnet. Denn seit Kublai in den frühen Tagen seiner Herrschaft von einem chinesischen Berater betrogen worden ist, bezweifelt er, dass die Einheimischen jemals den Eroberern gegenüber ganz loyal sein werden.

Kublais Gunst genießen daher Fremde, darunter ein Europäer, der aus dem fast 8000 Kilometer entfernten Venedig nach China gereist ist. Sein Name: Marco Polo.

°

DESSEN VATER UND ONKEL, zwei wohlhabende Kaufleute, sind bereits um das Jahr 1267 am Hof des Großkhans erschienen, um neue Handelswege im Osten zu erschließen. Der Mongole empfing die Gäste persönlich, fragte sie aus über die Herrscher Europas, die römische Kirche und den Papst. Ob sie tatsächlich mit den Einheimischen Geschäfte machten, ist allerdings nicht überliefert.

1271 brechen die beiden Kaufleute erneut gen Osten auf, diesmal begleitet von dem erst 17-jährigen Marco.

Die Männer folgen einer Nebenroute der Seidenstraße, durch Persien,

DIE MEISTEN YUAN-KAISER regieren nur kurz, etliche fallen Verschwörungen oder Hofintrigen zum Opfer. Wenzong etwa ist die Marionette eines mächtigen Ministers, der ihn 1328 auf den Thron hebt. Im folgenden Jahr muss er zugunsten seines älteren Bruders abdanken, nur um wenige Monate später wieder Kaiser zu werden. Nach dem Tod des Herrschers 1332 brechen erneut Machtkämpfe aus; ein Sechsjähriger wird sein Nachfolger – für 53 Tage

Afghanistan und Tadschikistan: in eine Zivilisation so märchenhaft und fremd, dass viele Europäer Marco Polos später verfassten Reisebericht zunächst für einen Schwindel halten.

Nach drei Jahren erreichen sie 1274 die Sommerresidenz Kublai Khans. Der Herrscher empfängt seine Gäste mit einem großen Fest – und ist beeindruckt von Marco, der ihm trotz seiner Jugend als weise und außerordentlich fähig erscheint (so zumindest schildert es der Venezianer in seinen Erinnerungen).

Der Khan stellt den jungen Mann, der unterwegs Mongolisch, Türkisch und etwas Persisch gelernt hat, in seine Dienste. Er nimmt Marco Polo vermutlich in eine Garde von rund 10 000 Mann auf, die der Herrscher ausschickt, um im Land Beobachtungen zu machen.

So erhält wohl auch der Venezianer den Auftrag, China bis in alle Winkel zu bereisen und dem Kaiser vertraulich Bericht über den Zustand seines Reiches zu erstatten.

Marco Polo vermeldet, was die Bewohner der einzelnen Regionen produzieren, welchen Betrag an Steuern sie zahlen, wie viele Tagesreisen bestimmte Orte voneinander trennen, welche geographischen Besonderheiten sie aufweisen: all jene Informationen, die Kublai benötigt, um sein Land effizient zu regieren und Rebellionen zu verhindern.

In seinen Aufzeichnungen wird Polo später festhalten, was er sieht. Er beschreibt die Kanäle, über die Boote Getreide in weit entfernte Gebiete transportieren; allein die Wasserstraße zwischen den Städten Dadu und Hangzhou misst mehr als 1200 Kilometer.

Er staunt über die Größe der Kapitale, Kublais prächtigen Palast – und die Post, mit deren Hilfe die Mongolen Nachrichten binnen weniger Tage über enorme Distanzen verschicken: Stationen säumen im Abstand von etwa 40 Kilometern alle wichtigen Straßen des Landes, und an jeder stehen stets frische Pferde für die Boten bereit.

18 Jahre lang dienen Marco und seine Verwandten Kublai, ehe sie sich 1292 auf den Heimweg machen.

Auch die Pracht am Hof des Khans schildert Polo in seinem Reisebericht (der heute im Kern als glaubwürdig gilt). So lässt Kublai in seinen Palästen Bankette für 40 000 Menschen veranstalten. Fürsten erhalten von ihm zu jedem Fest ein neues, mit Gold und Perlen verziertes Gewand. Schon an der Tischordnung zeigt sich bei den Festmahlen seine Macht. Die Tafel des Khans und seiner Hauptfrau überragt die aller anderen, die je nach Rang an niedrigeren Plätzen speisen. Selbst seine Söhne sitzen so tief, dass sie auf die Füße des Herrschers blicken.

Serviert werden gekochtes Lammfleisch, Eier, in Pfannkuchen eingeschlagenes Safrangemüse, dazu Wein und vergorene Stutenmilch, in goldenen Gefäßen. Kublais Jagdgesellschaften sind so groß, dass er Lager mit mehr als 10 000 Zelten aufschlagen und Tausende Falkner und Hunde mitnehmen lässt, so Marco.

Mögen die Zahlen vielleicht übertrieben sein: Kublais Hof hat kaum noch etwas gemein mit dem kargen Nomadenleben, das die Mongolen nur wenige Generationen zuvor geführt haben.

Und doch: Noch immer stehen Jurten in den Gärten um den Palast, zwischen Fischteichen und riesenhaften Bäumen. Viele Mongolen schlafen nach wie vor lieber in den traditionellen Behausungen statt in gemauerten Gebäuden: In den Städten schlagen sie in Innenhöfen ihre Zelte auf. Und Schwangere ziehen oft in Jurten, um dort ihre Kinder zu gebären wie einst in der Steppe.

Es ist Kublai Khan zwar gelungen, die Herrschaft der Mongolen über China zu festigen. Doch in seinen letzten Lebensjahren verändert sich der Mann, den Marco Polo noch als tatkräftigen Regenten beschreibt. Vermutlich erholt er sich nie vom Tod seiner Lieblingsfrau Chabi 1281 – und wird dann erneut schwer getroffen, als vier Jahre später auch sein Sohn und Thronfolger stirbt.

Er neigt nun zur Völlerei, isst immer unmäßiger und trinkt viel Wein und aus Hirse gebrautes Bier. Den inzwischen

um 1165–1227

DSCHINGIS KHAN

Mit brutaler Gewalt erobert der Fürst eines der größten Reiche der Geschichte

Das höchste Glück sei das Töten von Feinden, sagt Dschingis Khan, der „Weltbeherrscher". Mit seiner Armee erobert der Mongole in einem gut 20 Jahre andauernden Feldzug ein Imperium, das am Ende vom Pazifik bis zum Kaspischen Meer reicht.

Der Sohn eines Clanchefs beginnt früh, Kämpfer um sich zu scharen. Er organisiert die Reiterkrieger in streng disziplinierten Einheiten, wählt Generäle allein nach Talent aus. Bis 1206 zwingt er alle mongolischen Stämme und andere Völker der Steppe unter seine Herrschaft.

Dann wendet er sich gegen China, nimmt den Norden des Landes ein und erobert in der Folge weite Teile Zentralasiens.

Viele Städte kapitulieren aus Furcht vor seiner Grausamkeit. Oft nutzt er Rivalitäten gegnerischer Fraktionen aus, gebraucht List und Propaganda, gewinnt Schlacht um Schlacht.

1227 stirbt Dschingis Khan, wohl nach einem Sturz bei der Jagd. Seine Nachfolger vergrößern das Reich. Doch schon zwei Generationen später zerbricht die von ihm geschaffene Einheit der Mongolen. *Samuel Rieth*

über 70-Jährigen peinigen Gicht, Fettleibigkeit und Depressionen. Er zieht sich zurück, kann nicht mehr die Krisen bewältigen, die sein Reich erschüttern.

Denn längst ist die Zeit großer Eroberungen vorbei. Zweimal hat er versucht, Japan zu unterwerfen, zweimal haben Wirbelstürme seine Flotte vernichtet, Zehntausende ertranken.

Auch eine Invasion Vietnams endete mit einer Niederlage. Dort scheiterte Kublais Reiterei, als die Verteidiger sich in die bewaldeten Berge zurückzogen: Von diesem für Pferde völlig unwegsamen Gelände aus führten sie einen Guerillakrieg – und zermürbten so die angreifende Armee. Am Rand seines Reiches brechen einzelne Aufstände aus, etwa in den 1280er Jahren in Tibet.

Auch anderswo müssen die Mongolen feststellen, dass es leichter sein kann, ein Land zu erobern, als es dauerhaft zu regieren. Das persische Khanat plagen immer neue Finanzkrisen, und die Bauern fliehen vor den hohen Steuern, sodass weite Teile des Ackerlands veröden.

Als Kublai Khan 1294 stirbt, hinterlässt er leere Kassen. Zu teuer waren die riesenhaften Bauprojekte und die Feldzüge, zu groß war seine Verschwendungssucht. Weil den Nachfolgern zudem sein politisches Geschick fehlt, beginnt alsbald der Niedergang der Dynastie.

Korruption breitet sich aus und lähmt die Verwaltung. Das Währungssystem kollabiert, weil die Mongolen unablässig neue Geldscheine herstellen und so eine Inflation auslösen. Immer höhere Steuern müssen die Untertanen zahlen, um die Ausgaben des Kaiserhofes zu finanzieren.

Zudem verheeren Katastrophen zu Beginn des 14. Jahrhunderts das Land. Erst ruiniert eine ungewöhnliche Kälteperiode die Ernten und verlängert die Winter. Dann brechen Seuchen aus, zeitweilig wütet gar die Pest, und Überschwemmungen verwüsten zuvor fruchtbares Ackerland. Ganze Familien sterben an Krankheiten oder Hunger.

In den 1330er Jahren kommt es zu ersten Aufständen. Mal sind es Bauern, mal Kanalarbeiter, mal Soldaten, die gegen die ihnen von den Mongolen auferlegten Pflichten rebellieren und die Truppen der Besatzer angreifen. Immer weniger gelingt es dem Kaiserhof in der Hauptstadt Dadu, im Land für Recht und Ordnung zu sorgen.

Um 1340 greifen rebellierende Banden mehrere Städte an. Der Yuan-Dynastie entgleitet zunehmend die Kontrolle.

In diesem Vakuum der Macht gewinnt ab etwa 1340 eine Bewegung besonderen Zulauf, deren Anhänger „Rote Turbane“ genannt werden, nach der Kopfbedeckung ihrer Kämpfer. Sie halten nachts geheime Rituale ab, bei denen Männer und Frauen gemeinsam in Weihrauchdunst für die Ankunft eines Erlösers beten, eines „Buddha der Zukunft“.

Dieser himmlische Retter soll in einer Zeit großer Not die Herrschaft über die Welt übernehmen und das Schicksal der Menschen zum Guten wenden.

Den Roten Turbanen gelingt es, andere Rebellenfraktionen für sich zu gewinnen. Vereint attackieren sie die Truppen der Yuan und bauen vielerorts auch eine Art Ersatzregierung auf.

Die Mongolenführer schicken Söldner gegen die Rebellen, die mancherorts aber nicht kämpfen – sondern das Land verheeren: Sie plündern Dörfer, brennen buddhistische Tempel nieder und verhaften unschuldige Bürger als vermeintliche Aufrührer der Roten Turbane. So bringt die Yuan-Dynastie die Bevölkerung nur noch mehr gegen sich auf.

Im Heer der Rebellen bewährt sich unterdessen ein Bauernsohn als Truppenkommandeur: Der charismatische Zhu Yuanzhang steigt ab 1352 allmählich zum Anführer der Roten Turbane auf, und es gelingt ihm, die fremden Besatzer immer weiter zurückzudrängen.

Als 1355 ein besonders fähiger kaiserlicher Offizier, der die Rebellen vielleicht noch hätte besiegen können, einer Palastintrige am Hof zum Opfer fällt, laufen seine enttäuschten Soldaten massenhaft zum Gegner über.

Wenige Jahre später bricht die Verteidigung der Yuan endgültig zusammen. Noch während die Rebellen 1368 auf die Hauptstadt Dadu zumarschieren, ergreifen Kublai Khans Erben die Flucht. Die Reiterkrieger ziehen sich in die Steppe zurück – in die kargen Weiten, aus denen sie 160 Jahre zuvor nach China gekommen sind.

Doch nicht nur im Reich der Mitte entgleitet den Reiterkriegern im 14. Jahrhundert die Macht. In Persien entsteht 1335 nach dem Tod eines Khans ein Machtvakuum. Es fehlt ein Thronfolger, und weil niemand stark genug ist, um die Herrschaft zu übernehmen, zerbricht das Khanat binnen kurzer Zeit.

Und das Mongolenreich in Zentralasien spaltet sich 1338 auf, als die Rivalität zwischen sesshaft gewordenen Steppenkriegern und Nomaden eskaliert. Noch bis zur Mitte des 16. Jahrhunderts bestehen die Nachfolge-Khanate fort.

Selbst im offenen Kampf sind die Mongolen nun nicht mehr unbesiegbar – vielleicht weil es ihren Feldherren am militärischen Genie früherer Kommandeure wie Dschingis Khan mangelt. So gelingt es 1380 in Russland einer vom Großfürstentum Moskau angeführten Armee, die Streitmacht der Dschingis-Erben zu schlagen. Mit dieser verlorenen Schlacht beginnt der Niedergang von deren Reich, das um 1440 in mehrere kleinere Herrschaftsgebiete zerfällt. Doch erst 1783 kann das russische Zarenreich das letzte dieser Territorien erobern, das Krim-Khanat an der Schwarzmeerküste.

°

IN CHINA BRICHT 1368 mit dem Ende der Mongolenherrschaft ein neues Zeitalter an. Der Rebellenführer Zhu Yuanzhang wendet sich nun, da er gesiegt hat, von den religiösen Ideen der Roten Turbane ab. Wie einst Kublai Khan lässt er sich zum Kaiser ausrufen und gründet eine neue Dynastie. Er nennt sie Ming, „die Strahlende“.

Sein Sohn Zhu Di (der sich als Kaiser Yongle nennt) wird die größte Flotte der Welt über die Meere schicken. Er wird Dadu wieder zur Kapitale Chinas erheben und dort eine noch gewaltigere Palastanlage errichten als seine Vorgänger: die Verbotene Stadt. Und er wird der Metropole jenen Namen geben, den sie bis heute trägt: „nördliche Hauptstadt“.

Auf Chinesisch: Beijing. ◊

DER HERRSCHER UND SEIN ADMIRAL

MEHR ALS 300 DSCHUNKEN zählt die Armada, die auf kaiserlichen Befehl in See sticht: Ihre Segel sind aus roter Seide, die Schiffsrümpfe kunstvoll verziert. Insgesamt 27 870 Mann unterstehen dem Kommando von Zheng He, der seit seiner Jugend ein enger Vertrauter des Monarchen ist

Sie gleicht einer schwimmenden Stadt: Um der Welt Chinas Größe zu demonstrieren, schickt der Kaiser im Jahr 1405 eine Flotte über den Ozean, die gewaltiger ist als alle Marineverbände Europas zusammen. Admiral Zheng He führt die Schiffe bis an die Küsten Indiens, Arabiens und sogar Afrikas, bringt die Schätze ferner Länder ins Reich der Mitte. Und beherrscht im Namen des Himmelssohns die Meere

ENTSCHLOSSEN, hart, gezeichnet von einem Leben voller Intrigen und Kriege – so müssen Zheng Hes Gesichtszüge ausgesehen haben (ganz links). Ein genaues Abbild von ihm ist nicht überliefert, die Illustration stützt sich daher auf Berichte von Zeitgenossen. Gesichert ist, dass der spätere Admiral als 13-Jähriger kastriert wird und anschließend als Hofeunuch in den Dienst des Kaisers tritt

TEXT: *Cay Rademacher*
ILLUSTRATIONEN: *Samson J. Goetze, exklusiv für* GEO*EPOCHE*

Dies ist die Geschichte der unglaublichsten Flotte, die je die Ozeane befahren hat. Des grandiosesten maritimen Abenteuers in der Historie des chinesischen Kaiserreiches. Und es ist die Geschichte der größten jemals verpassten Chance: Wie das Reich der Mitte einen historischen Wimpernschlag lang das Tor zur Weltherrschaft aufstieß – sich dann aber zurückzog und den Europäern den Weg zur Herrschaft über den Globus frei machte.

1414 n. Chr.: Vor den Malediven treibt eine Stadt aus roter Seide und bemaltem Holz. 63 große Dschunken kreuzen vor den Inseln, sie tragen Namen wie „Reine Harmonie" oder „Freundliche Gelassenheit". Vorn prangen große aufgemalte Drachenaugen, damit die Geister der Schiffe ihren Weg erkennen mögen. Die vier größten Dschunken haben eine Wasserverdrängung von jeweils über 3000 Tonnen; sie sind mehr als 120 Meter lang – rund sechsmal so lang, wie es einige Jahrzehnte später die Karacke des Christoph Kolumbus sein wird –, fast 50 Meter breit und höher als die Inseln, vor denen sie kreuzen.

Auf diesen Großschiffen tragen neun Masten zwölf mit Bambusrohren versteifte rechteckige Segel aus roter Seide, das größte rund 20 Meter hoch und fünf Tonnen schwer. Gleich mehrere Männer müssen die Pinne des großen Ruders halten, auf die die gewaltigen Kräfte von Wind und Strömung drücken. 24 Bronzekanonen armieren jedes Schiff. Wasserdichte Schotten unterteilen den Rumpf aus Zedernholz, sodass sich die Segler auch dann noch auf den Wellen halten können, wenn einer der Rumpfteile durch ein Leck vollläuft.

In den vier Decks sind rund 100 Kabinen eingerichtet, von engen Kammern bis zu palastähnlichen Gemächern. Auf den Oberdecks wachsen Heilkräuter in sorgfältig gepflegten Gärten. Den Mittelteil des Rumpfes nehmen lagerhausgroße Frachträume ein – ihretwegen heißen die Neunmaster *baochuan*, „Schatzschiffe". Bei günstigem Monsun, wie dem, der sie soeben von Sumatra in nur zehn Tagen bis zu den Malediven getrieben hat, sind sie bis zu sechs Knoten schnell, etwa zehn km/h.

Das Jahr 1414 nähert sich seinem Ende, als die Flotte des chinesischen Kaisers vor den Inseln Anker wirft, um Schätze einzuhandeln für den Sohn des Himmels. Neben den Frachtern dümpeln sechs- bis achtmastige Spezialsegler, darunter Schiffe mit Ställen für die Pferde der Kavallerieschwadron sowie „Wasserschiffe", in deren Tanks Süßwasser für die Menschen und Tiere der Flotte schwappt. Kleinere Ein- oder Zweimaster umschwärmen die Riesen: schnelle, bewaffnete Kriegsdschunken, Boten- und Erkundungsschiffe.

Während die meisten der Dschunken nun über Tage vor dem Archipel kreuzen, lösen sich schon bald einige Schiffe aus dem Flottenverband, segeln vorsichtig zwischen den Korallenriffen hindurch und lassen kurz vor dem Strand ihre Eisenanker hinabrauschen.

Männer in Seidengewändern werden von Matrosen auf kleinen Beibooten an Land gerudert. An Bord sind mit Armbrüsten und Schwertern bewaffnete Soldaten sowie Dolmetscher, die die Sprache der arabischen Seefahrer beherrschen, die fast jeder Händler zwischen Mombasa und Nanjing versteht.

Herr über die Malediven ist ein muslimischer Sultan. Die Chinesen bieten ihm Seide, Eisennägel und andere Metallwaren zum Tausch, Tee, Kerzen, Bronze und Silber. Zudem Lackwaren und Sandelholz sowie feines bläuliches Porzellan aus Jingdezhen und braun glasiertes aus Fujian.

Die Einheimischen zahlen mit Ambra, einer wächsernen Ausscheidung des Pottwals, das die Insulaner auf wellenumtosten Felsen finden. Ambra wird in Silber aufgewogen, denn es ist ein Rohstoff für feinste Parfüms.

Die Chinesen erstehen auch Seile aus gedrehten Kokosfasern sowie Berge von Kaurimuschelschalen.

Nach einigen Tagen lichten die Dschunken die Anker. Die eingehandelten Waren liegen in den Frachträumen. Zheng He ist zufrieden. Der Kommandant der Flotte ist so imposant wie seine Schiffe: mehr als zwei Meter groß und von gewaltigem Leibesumfang, mit mächtiger Stimme und einer Haut, der man ansieht, dass er einen erheblichen Teil seiner 42 Lebensjahre in Sonne, Regen und Wind zugebracht hat. Er ist ein Soldat, der jahrelang an Land Kriege geführt hat, ein Diplomat mit guten Kontakten zu Königen, Fürsten und Sultanen, ein Höfling, dem der Kaiser sein Vertrauen schenkt.

Und er ist der erste Eunuch, dem ein Herrscher ein so wichtiges militärisch-politisches Amt anvertraut.

°

ZHENG HE WIRD 1372 in der Provinz Yunnan geboren, einem Land der Berge im Südwesten des Reiches. Der junge Muslim ist zehn Jahre alt, als er mit Hunderten anderer nach einem lokalen Aufstand von chinesischen Truppen gefangen wird. Drei Jahre später schneidet man ihm mit einem Messer Penis und Hoden ab. Er überlebt die Verstümmelung und wird als Eunuch dem Hofe des Prinzen Zhu Di zugeteilt.

Der Prinz bringt Zheng He bald großes Vertrauen entgegen – vielleicht, weil der die Interessen des kriegerischen Fürsten teilt. Über viele Jahre begleitet Zheng seinen Herrn auf dessen Feldzügen.

1402 vertreibt Zhu Di seinen Neffen, den rechtmäßigen Erben, vom Thron. Als dritter Kaiser der Ming-Dynastie wählt er als Regierungsdevise *yongle* („fortdauernde Freude") und lässt die von seinem geflohenen Neffen zurückgelassenen Konkubinen sowie alle Familienangehörigen massakrieren.

DIE NEUNMASTER des Zheng He verdrängen mehr als 3000 Tonnen Wasser, sind 50 Meter breit und über 120 Meter lang. Die »Santa María«, das Flaggschiff von Christoph Kolumbus, ist dagegen nur rund 20 Meter lang und kaum acht Meter breit

Die Macht hat der Usurpator so zwar gewonnen, doch es fehlt ihm die Legitimation, das Mandat des Himmels. Er beschließt, sie sich durch angemessene Projekte zu erzwingen. Schon wenige Monate nach seinem Staatsstreich befiehlt er den Bau einer gigantischen Flotte.

Die wird auch dem Fernhandel neue Chancen eröffnen. Denn die Seidenstraße – die wichtigste Handelsroute für Luxuswaren aller Art – ist wegen politischer Instabilität zunehmend unpassierbar geworden. Als Alternative bleibt nur der Seeweg nach Indien und Arabien.

An der Größe und Pracht der Dschunken soll die Welt erkennen, dass in China ein neuer, mächtiger Kaiser den Thron bestiegen hat. Von 1404 bis 1407 legen die Werften bei der Hauptstadt Nanjing wohl mehr als 1600 Schiffe auf Kiel. In sieben riesigen Trockendocks – Anlagen, die in China seit dem 10. Jahrhundert gebräuchlich sind, 500 Jahre vor Europa – entstehen die Dschunken.

Die Chinesen haben da bereits eine mehr als 1500 Jahre alte Seefahrttradition: Schon während der Han-Dynastie (206 v. Chr.–220 n. Chr.) sind Schiffe nach Indonesien und Korea gefahren. Im 8. Jahrhundert richteten die Kaiser in Guangzhou (Kanton) ein „Schifffahrtamt" ein. Im Jahr 1237 kommandierte der damalige Kaiser eine Kriegsflotte von 600 Schiffen, verteilt auf 20 Stützpunkte, mit zusammen 52 000 Mann Besatzung.

Mit der plump wirkenden, aber sehr seetüchtigen Dschunke perfektionierten Chinas Schiffbauer ihre über Jahrhunderte entwickelten Rumpf- und Segelformen.

In den drei Jahren ab 1404 verbauen 30 000 Werftarbeiter für die neuen Dschunken Holzplanken, Eisennägel, Seidenstoffe, Bambusrohre und andere Materialien, die aus dem ganzen Reich herbeigeschafft werden. Die Untertanen zahlen mit Sondersteuern für die Flotte.

Offiziere und Mannschaften spiegeln die Gesellschaft der Ming-Ära. Einige Dutzend Palasteunuchen kommandieren die Flottenverbände, indem sie einen Stab von Sekretären und Verwaltungsbeamten diverser Ministerien dirigieren.

Diese Bürokratie stützt sich auf Hunderte Spezialisten. Für die Nautik sind Experten der Kriegs- oder Handelsmarine zuständig: Kapitäne, Steuerleute, „Aufseher der Kompassnadel", „Ankermänner" und andere. Hohe Offiziere führen „Soldaten, die unter dem Banner dienen" an: Truppenteile des Landheeres. Ein Astrologe erstellt die Wettervorhersage und kümmert sich um den Kalender. Ein Geomant ist für die Beachtung himmlischer Zeichen und die Auslegung von Orakeln verantwortlich.

Zehn „Lehrer, die fremde Bücher kennen" haben zu übersetzen. Kalfaterer, Schmiede und etliche andere Handwerker sind auf den Schiffen, um auf hoher See notfalls Schäden zu reparieren. Rund 180 Ärzte und Apotheker betreuen die Besatzungen; sie sollen aber auch in fremden Ländern nach Heilpflanzen forschen. Die Mehrzahl der vieltausendköpfigen Schar einfacher Matrosen besteht dagegen aus verurteilten Verbrechern.

Im Herbst des Jahres 1405 sticht erstmals eine große Flotte in See: 317 Dschunken mit insgesamt 27 870 Mann Besatzung. Das Oberkommando hat Zheng He, obwohl der noch nie zuvor auf dem Meer gewesen ist. Doch dem Kaiser sind die Loyalität und die Kampferfahrung seines Vertrauten wichtiger. Denn der Auftrag der Flotte ist auch innenpolitisch von hoher Bedeutung.

Zheng He hat vermutlich einen Geheimbefehl erhalten – wohl einen Brief, geschrieben auf Seide und in einer extra großen Schrift wie alle Geheimdokumente, damit der kurzsichtige Kaiser sie selber entziffern kann. Der Auftrag des Herrschers lautet: Such meinen Neffen!

Denn es gibt Gerüchte, der vom Thron Verdrängte sei, verkleidet als Mönch, in ein fremdes Land geflüchtet. Vielleicht dient die Flotte also auch der Menschenjagd.

1407 kehrt Zheng He von dieser Reise zurück – ohne den Kaiserneffen. Dieser Expedition folgen bis 1433 sechs

AUF DEN DECKS der Großdschunken gibt es Gärten für Heilkräuter, in den lagerhausgroßen Frachträumen sind edle Hölzer, Gewürze und Stoffe gestapelt, auf manchen Schiffen transportieren die Chinesen als Verpflegung lebendes Vieh oder in Tanks Süßwasser für Menschen und Tiere. Zudem umschwärmen kleine Ein- und Zweimaster die Flotte: schnelle Kriegsdschunken sowie Boten- und Erkundungsschiffe

weitere, immer mit Dutzenden oder gar Hunderten von Schiffen und mehreren Zehntausend Mann Besatzung.

Ziel ist stets der Indische Ozean mit meist ähnlichen Routen: von Vietnam und Thailand über Java, Sumatra und die Straße von Malakka sowie die Nikobaren und Andamanen bis hoch nach Chittagong im Golf von Bengalen. Weiter nach Sri Lanka und Calicut in Indien.

Von der vierten Fahrt an geht es auch nach Hormus, Aden und Dschidda in Arabien, nach Mogadischu, Brava und Malindi an Afrikas Ostküste.

Und immer lautet der Befehl, Waren einzutauschen, Piraten zu jagen, der Welt den Glanz des Kaisers von China zu verkünden. (Und weiterhin nach einem chinesischen Mönch Ausschau zu halten.)

Die Malediven besucht Zheng He auf seiner vierten Reise. Mit 28 560 Mann hat er sich – auf ein kaiserliches Dekret vom 18. Dezember 1412 hin – in den Indischen Ozean aufgemacht. Nach einigen Wochen Aufenthalt und regem Tauschhandel befiehlt er nun, die Anker zu lichten, um wieder hinauszusegeln auf den „Westlichen Ozean".

Dutzende Matrosen bedienen die Ankerwinden. Der schwerste Eisenanker wiegt eine Vierteltonne, die Ankerleine ist aus Bambusfasern gedreht, die in kochendem Wasser haltbar gemacht worden sind. Andere Männer hissen mit Winschen die tonnenschweren Segel.

Dann läuft die Flotte der Schatzschiffe in Richtung Nordwesten aus – Kurs Hormus am Persischen Golf.

Die Dschunken sind luggergetakelt. Die Segel lassen sich am Mast bis fast in Längsachse des Schiffes drehen, sodass sie den Wind auch dann zum Vortrieb nutzen, wenn er schräg von vorn kommt – anders als die damals oft rahgetakelten europäischen Schiffe, die beidrehen müssen, wenn die Brise in einem Winkel von weniger als etwa 90 Grad zur Fahrtrichtung einfällt.

Im Deckshaus hinter dem Hauptmast schwimmt in einer runden, mit Gradmarkierungen versehenen Holzbox die Kompassnadel, mit deren Hilfe der Kapitän Kurs hält. Nachts peilt er mit einem Holzkreuz die Sternenhöhe an und schaut, wie viele Fingerbreiten die Himmelslichter über dem Horizont stehen – etwa *beichen* (der Polarstern), *denglonggu* (das Kreuz des Südens), *zhinü* (Leier) und andere. Anhand der Sternenhöhe und der Kompassweisung ermittelt er dann seine Position.

An der *fan pu bian*, der „Segelseite" (Backbord), oder der *ma hu bian*, der „Seite der Luken für die Pferde" (Steuerbord), werfen Matrosen schwimmende Objekte über Bord, um anhand der Zeit, in der sie vorbeitreiben, die Schiffsgeschwindigkeit zu messen.

Auch nehmen sie in flachen Gewässern Bodenproben mithilfe einer Lotleine, an deren Gewicht Talg befestigt ist. Die Zusammensetzung des Meeresgrundes – hell oder dunkel, Sand oder Schlick – liefert dann weitere Hinweise auf die Position. Denn seit Jahrhunderten nehmen Seefahrer in Küstengewässern des Indischen Ozeans Proben und haben das Wissen dazu archiviert.

Ist Land in Sicht, orientiert sich der Kapitän anhand von Seekarten, auf denen fast alle nördlichen Küsten und Inseln des Indischen Ozeans eingezeichnet sind – sowie die Distanzen dazwischen. Da die Karten mehrere Meter breit sind, rollt der Kapitän nur jeweils den Teil aus, der die gerade gesegelte Strecke wiedergibt.

Bei der Wetterprognose helfen dem Kommandanten Lehrgedichte wie: „Wenn die Wolken am Himmel so wie fließende Seide sind, dann darfst du einen schönen Tag erhoffen. Doch wenn Morgenwolken aus der See steigen, dann wird es bald Wind und Regen geben."

Auf den Dschunken riecht es nach Meersalz und Pflanzenöl, mit dem das Holz vor dem Wasser geschützt wird, nach nassen Balken und Takelwerk aus Kokosfasern, nach den Räucherstäbchen vor einem Göttinnenbild und den Heilkräutern aus den Gärten, nach Gewürzen, Ambra und Edelhölzern aus den Frachträumen. Es ist ein Duft, wie ihn niemals zuvor eine Flotte auf irgendeinem Weltmeer verbreitet hat.

°

WIE MAG ES ABLAUFEN, wenn so viele Schiffe einen Handelshafen besuchen? Wie lavieren sich diese schwimmenden Festungen, die nicht selten die Befestigungen an Land überragen, an die Kais von Calicut, Hormus und Dschidda? Lassen die lokalen Herrscher die Fremden überhaupt an Land – immerhin

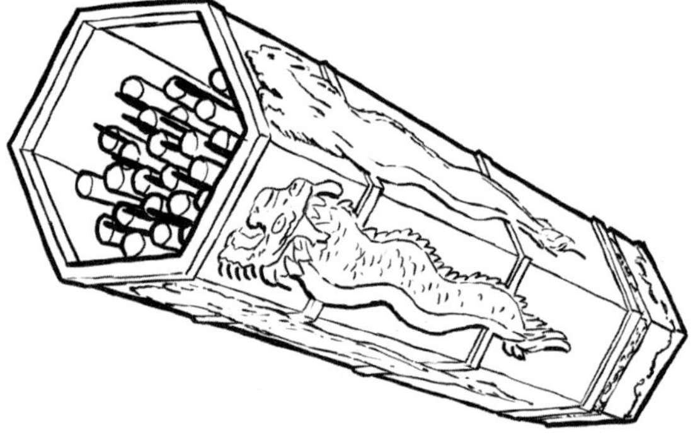

DAS »GROSSE BIENENNEST« ist eine Art früher Raketenwerfer, dessen Pfeile durch Schwarzpulverladungen angetrieben werden. Viele Schiffe zur Zeit Zheng Hes sind mit dieser tragbaren Waffe ausgerüstet

DIE EXPEDITIONEN DES ZHENG HE 1405–1433

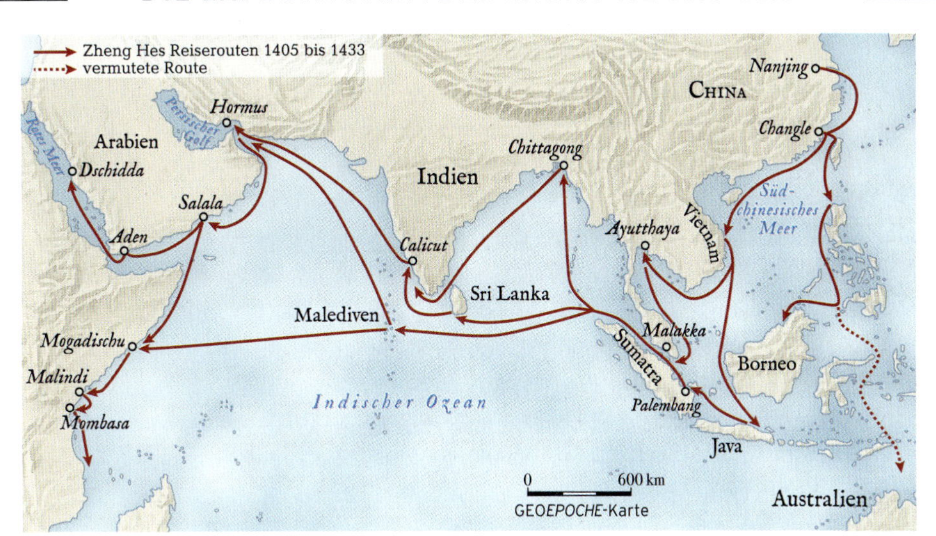

SIEBEN EXPEDITIONEN führt Zheng He an. Möglicherweise gelangen einzelne Schiffe sogar bis zur australischen Nordküste – zwei Jahrhunderte vor den europäischen Seefahrern. Die Chinesen verdrängen die Malaien und die islamischen Sultane, die den Seehandel bis dahin beherrschen. Kolonien aber gründen sie nicht

eine ganze Armee inklusive Kavallerie? Oder müssen die Riesendschunken mit über acht Meter Tiefgang weit draußen auf Reede liegen? Pendeln kleine Boote zwischen ihnen und der Stadt zum Transport der Tauschwaren?

Und wie tauscht der Gesandte des Kaisers Handelswaren ein? Kauft er womöglich auf einen Schlag die Lagerhäuser selbst einer reichen Handelsstadt wie Hormus leer und erst recht die kleinerer Häfen? Oder schickt Zheng He schnelle Dschunken voraus mit Kundschaftern und Handelsagenten, die von der Ankunft der Flotte künden: Sammelt eure Reichtümer aus allen Landesteilen, denn in einigen Wochen werden Schiffe kommen, um Waren für den Sohn des Himmels einzutauschen!

Und geben die Herrscher und Händler ihre Waren vielleicht freiwillig unter Wert ab – oder werden sie von den „Soldaten des Banners" dazu gezwungen?

Chinesische, arabische und indische Chronisten berichten nur, dass Zheng He bei seinen Verhandlungen geduldig und vergleichsweise gerecht vorgeht. In Calicut wandeln ein chinesischer Beamter und ein Abgesandter des Herrn der indischen Hafenstadt durch die Frachträume der Schiffe und sprechen Ware für Ware den Preis ab. Anschließend präsentiert der Inder die Güter seines Landes. Und wieder verhandeln beide über jeden Preis.

Der chinesische Beamte rechnet mit dem Abakus, der Mann aus Calicut mit Fingern und Zehen – „und macht, was außergewöhnlich ist, niemals auch nur den kleinsten Fehler", wie ein chinesischer Übersetzer bewundernd notiert.

Sind alle Preise festgesetzt, besiegeln beide Seiten das Geschäft per Handschlag. Erst dann werden die Waren getauscht. Werden sich Zheng Hes Beamter und der Vertreter der Einheimischen schnell einig, dauert der gesamte Handel einen Monat; brauchen sie lange fürs Feilschen, kann die Flotte auch drei Monate vor Anker liegen.

In Hormus tauscht Zheng He auf diese Art unter anderem Saphire, Rubine, Perlen, Teppiche, Araberpferde, Löwen und Leoparden ein. Dann segelt er mit dem Sommermonsun zurück in die Heimat, die er am 12. August 1415 erreicht.

Von ihren Fahrten bringt Zheng Hes Flotte dem Kaiser die Schätze Asiens und Afrikas mit: Elfenbein, Ebenholz und Schwarzen Bambus aus Champa (in Zentralvietnam). Kampfer, Weihrauch, Pfeffer und Gummi aus Brunei und den Königreichen auf Sumatra. Gewürze und Kupfer aus Java. Ginseng, Edelmetalle und Jungfrauen für den kaiserlichen Harem aus Korea.

Im indischen Calicut tauschen Zheng Hes Beamte Pfeffer, Kardamom und Zimt ein, Edelsteine und Perlen, Edelhölzer und Korallen. Siam liefert lebende Elefanten, Papageien und Pfauen, Eisvogelfedern, Zinn und Wurzelöl zur Behandlung von Lepra. Aus Aden kommen Opale, Bernstein und Rosenwasser, aus Dschidda Aloe, Myrrhe, Benzoeharz und andere Heilmittel.

Und in Malakka ersteht Zheng He zehn wahrscheinlich in Venedig gefertigte Brillen – die ersten Sehhilfen, die nach China gelangen und den kurzsichtigen Kaiser auf das Höchste entzücken.

Kleinere Flottenverbände erreichen sogar Malindi, Mogadischu sowie andere ostafrikanische Küstenstädte und handeln dort Giraffen ein. Nichts könnte den Triumph des Kaisers besser symbolisieren – denn diese Tiere werden im Reich der Mitte für *qilin* gehalten, für mythische Wesen: Sie zeigen sich, so glauben die Chinesen, nur dann, wenn ein weiser Herrscher die Erde regiert.

In mehreren Seeschlachten vernichtet Zheng He zudem Flotten chinesischer, malaiischer und arabischer

AUCH IN HORMUS am Persischen Golf geht die Flotte vor Anker. Zheng He bringt Seide, Eisennägel und Porzellan mit und kauft unter anderem Saphire ein, Rubine, Perlen, Teppiche, Araberpferde, Löwen und Leoparden. In Malakka ersteht er für seinen kurzsichtigen Kaiser zehn wahrscheinlich in Venedig gefertigte Brillen: die ersten Sehhilfen, die China erreichen

Piraten. Die großen Dschunken segeln dabei auf die dem Wind zugewandte Seite ihrer Gegner, dann schleudern Soldaten Kalkstaub in die Luft, den die Brise, fein verteilt, zu den feindlichen Schiffen hinüberträgt und der deren Besatzungen in eine Art Nebel hüllt. Anschließend werden Brandbomben geschleudert oder Brandpfeile abgeschossen, und die gegnerischen Schiffe fangen Feuer.

Unter Einsatz von Geschenken oder mit Waffengewalt verhilft Zheng He auf Sumatra, Sri Lanka und anderswo lokalen Potentaten zur Macht, die sich, zumindest nominell, dem Kaiser unterwerfen. Viele von ihnen schicken Gesandte zum Sohn des Himmels. Mit Gewalt oder dadurch, dass sie einfach auf einen Schlag große Warenmengen aufkaufen, verdrängen die Chinesen arabische und malaiische Seefahrer von wichtigen Handelsrouten.

Der Admiral erweitert das Wissen der Chinesen von der Welt, doch das geschieht nicht um des Wissens willen: Meist befährt er Regionen, die chinesischen, arabischen und malaiischen Händlern seit Jahrhunderten bekannt sind. Bereits vor seiner ersten Fahrt hat er beispielsweise recht genaue Vorstellungen von der Inselwelt des Indischen Ozeans und deren Wetterbedingungen, insbesondere über den Wechsel des Monsuns.

DER KAPITÄN hält den Kurs mithilfe der Kompassnadel, die in einer runden, mit Gradmarkierungen versehenen Holzbox schwimmt. Die Nord-Ausrichtung des Magnetismus haben die Chinesen bereits im 1. Jahrtausend v. Chr. entdeckt

Zheng Hes Expeditionen machen China zur bedeutendsten Seemacht der Welt: Seine Flotte dominiert den Indischen Ozean bis fast nach Madagaskar, das Rote Meer und den Persischen Golf, die Gewässer Sumatras und Javas sowie das Chinesische Meer bis Korea und Japan. Möglicherweise sind einzelne Schiffe sogar bis zur australischen Nordküste gelangt, zwei Jahrhunderte vor europäischen Seefahrern (Amerika haben sie dagegen, anders als manche Hobbyhistoriker vermuten, wohl nicht erreicht).

Die Malaien und die islamischen Sultanate von Arabien und Indien, die bis dahin den asiatischen Seehandel beherrscht hatten, werden von Zheng Hes Dschunken verdrängt. Kein Pirat bedroht mehr von Java, Sumatra oder Japan aus die Schifffahrt sowie die Küstenstädte.

Nicht einmal drei Jahrzehnte haben Zheng Hes Männer gebraucht, um ihre Dominanz auszubauen. Doch anders als später die Europäer, die an jeder ihnen attraktiv erscheinenden entdeckten Küste Stützpunkte einrichten werden, verzichtet Zheng He auf ständige chinesische Präsenz.

Nur in Palembang, an der für die Schifffahrt überaus wichtigen Ostküste von Sumatra, residiert ein aus dem Reich der Mitte entsandter Gouverneur. Sonst aber begnügen sich die Chinesen vor allem damit, auf lokale Machthaber Einfluss zu nehmen. Ihr Herrschaftsanspruch wird nirgendwo durch die Einrichtung von Kolonien gestützt. China herrscht an fremden Küsten lediglich so lange, wie sich seine Dschunken zeigen.

Über diese Zurückhaltung kann man heute nur spekulieren: Die Herrscher auf dem Himmelsthron haben in der Geschichte des Kaiserreichs immer wieder bedenkenlos Zehntausende Familien als Siedler in neu eroberte Regionen geschickt, sodass sich Chinas Kernland im Verlauf der Jahrhunderte weit nach Süden und nach Westen ausdehnte. Doch niemals haben sie ihre Untertanen in Länder jenseits des Meeres beordert.

Möglicherweise ahnen der Kaiser und seine Berater, was Europas Mächte erst nach zumeist blutigen Konflikten werden lernen müssen: Überseekolonien machen sich früher oder später unabhängig.

Die Profite aus dem Seehandel kommen vor allem den Palasteunuchen zugute. Denn sie arbeiten auch als Händler und Bankiers und streichen bei allen Im- und Exporten Gewinne ein.

Ihre schärfsten Rivalen sind die konfuzianischen Beamten, zu deren Weltbild ein autarkes, auf sich selbst bezogenes China gehört. Sie sind Verbündete der Gutsbesitzer (und häufig selber Eigentümer von Grund und Boden). Für diese Beamten, die vom Handel kaum profitieren, ist die Flotte vor allem ein Problem: nämlich der Grund für ständige Steuererhöhungen.

Im Jahr 1424 stirbt der Kaiser. Unter seinen schwächeren Nachfolgern wird Zheng He zunächst zum Kommandanten der Stadt Nanjing ernannt, dann darf er 1431 doch noch zu seiner siebten und letzten Expedition aufbrechen. Auf dieser Reise soll Chinas größter Seefahrer gestorben sein – vielleicht ein gnädiges Schicksal: So muss der alte Eunuch den Niedergang seiner Flotte nicht mehr mit ansehen. Denn wahrscheinlich 1433 setzen die konfuzianischen Beamten am Hofe einen Beschluss durch, der besagt, fortan auf neue Expeditionen zu verzichten.

Kein viele Generationen andauernder Krieg (wie später etwa beim Fall Konstantinopels) beendet Chinas Großmachtambitionen und läutet eine neue Phase der Weltgeschichte ein, auch keine Entdeckung (wie die des Christoph Kolumbus), keine spektakuläre Erfindung (wie Gutenbergs Druckerpresse) oder heroische Geste (wie etwa die Thesen-Verkündigung Martin Luthers).

Die Auseinandersetzungen innerhalb der Verbotenen Stadt bleiben für die Welt unsichtbar, und ihre Folgen werden erst allmählich spürbar.

Es gibt auch kein Symbol, das für diese fundamentale Wende steht. Und doch ist diese Hofintrige epochal. Sie beendet Chinas Zeit als größte Seemacht der Erde. Und sie eröffnet Europa überhaupt erst die Chance, über die Grenzen der Alten Welt nach Osten hinauszugreifen.

Schon um 1450 ist nur noch die Hälfte der Dschunken einsatzbereit. Tausende Matrosen werden auf die Kähne abkommandiert, die auf dem Kaiserkanal Reis von Süden nach Norden transportieren, zur neuen Hauptstadt Beijing.

Die Kämpfe gegen Steppenvölker im Norden verschlingen immer größere Ressourcen an Menschen, Material und Geld. Der Kaiser und seine Beamten wenden ihre ganze Aufmerksamkeit Innerasien zu. Anstelle der Herrscher der frühen Ming-Zeit mit ihrem Offensivgeist regieren nun ängstliche Autokraten, die Chinas Heil allein in der Defensive und der Abgrenzung des Reiches nach außen sehen. Werk und Symbol jener Ära ist die Große Mauer, die Stein gewordene Kapitulation vor der Herausforderung des großen Raumes.

Im Jahr 1500 unterschreibt Kaiser Hongzhi schließlich einen Erlass, der den Bau eines Schiffes mit mehr als zwei Masten zum Kapitalverbrechen erklärt. 25 Jahre später verfügt der Sohn des Himmels, alle hochseetüchtigen Dschunken zu zerstören und deren Besatzungen zu verhaften. Nach 1551 dürfen selbst Küstensegler nur noch einen Mast haben.

So führt ein Machtkampf zwischen rivalisierenden Beamten und Eunuchen zu einem der großen Wendepunkte der Geschichte. China kehrt sich binnen weniger Jahrzehnte von der Welt ab. Das Reich der Himmelssöhne, das die Meere beherrschte, zieht sich auf sich selbst zurück und isoliert sich nach außen. Nicht länger bestimmt die Vision einer chinesischen Weltpolitik sein Handeln, sondern allein die Sehnsucht nach Stabilität im Inneren und der Verteidigung des Eigenen.

Die überlegene Macht des frühen 15. Jahrhunderts verliert alles Interesse daran, ihren Einfluss in ferne Länder zu verbreiten – und sogar das technische Wissen, das sie an die fremden Küsten brachte: Schon eine Generation nach Zheng He kennen selbst die Spezialisten der Werften von Nanjing nicht mehr die genauen Maße der dort einst gebauten Schiffe.

Portugiesen und Spanier, Holländer und Engländer hätten niemals so leicht nach den Reichtümern des Ostens greifen und vermutlich auch Afrika nicht dominieren können, wenn sie auf ein intaktes chinesisches Seereich gestoßen wären. Hätten die Kaiser von China ihre Flotte nicht verrotten lassen, sondern ihre Marine in der Tradition des großen Eunuchen ausgebildet und weiter über die Ozeane geschickt – gut möglich, dass es der westlichen Welt niemals gelungen wäre, den Globus politisch, militärisch und kulturell zu erobern.

So aber sind Zheng Hes Fahrten letzten Endes nicht mehr als ein kurzer, triumphaler Augenblick.

Das Reich im Osten ist in einem kaum drei Jahrzehnte währenden welthistorischen Moment mächtig wie nie zuvor – und verspielt seinen Vorsprung an Macht und Wissen, weil es an politischem Willen und an Weitsicht mangelt.

°

WAS VON ZHENG HES Fahrten bleibt, das ist die Erinnerung an eine Zeit, in der China das Tor zur Weltherrschaft offenstand.

Es ist die Erinnerung an die Taten der Seefahrer – eine Erinnerung, wie sie schon Zheng He selbst gekommen sein muss, als er auf seiner letzten Reise eine Steintafel in Südchina aufstellen ließ, direkt am Meer: „Wir haben über 100 000 Li des Ozeans befahren und riesige Wellen bezwungen, die wie Berge bis zum Himmel ragten. Wir haben unseren Blick auf barbarische Länder geworfen, weit entfernt und verborgen hinter der blauen Transparenz dünner Nebelschleier, während unsere Segel, Wolken gleich, Tag und Nacht Kurs hielten, schnell wie ein Stern. Und wir befuhren die wilden Wellen, als schritten wir über eine Straße." ◊

LITERATURTIPPS

EDWARD L. DREYER
»Zheng He«
Detailreiche Biografie mit Originalquellen im Anhang (Pearson Longman).

JOHN W. DARDESS
»Ming China, 1368–1644«
Gesamtwerk über die Dynastie (Rowman & Littlefield).

IN KÜRZE

1402 kommt ein neuer Kaiser an die Macht, er will eine neue Politik: China soll sich öffnen und der Welt seine Überlegenheit beweisen. 1404 lässt er eine gigantische Flotte bauen, die unter dem Kommando seines Admirals Zheng He schon bald die Meere erobert. Als der Kaiser und Zheng He sterben, stellen ihre Nachfolger die Expeditionen ein, weil sie ausländische Einflüsse für verderblich halten. China wendet sich von der Außenwelt ab und eröffnet so Europa die Chance zur Expansion.

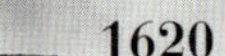

1620

Die Verbotene Stadt

PALAST

TEXT: *Katharina von Ruschkowski*

Abgeschottet von der lärmenden Welt ihrer Untertanen, residieren die Herrscher der Ming-Dynastie in der Ver
jedes Tun Folgen hat, jeder Fehltritt geahndet wird. Bis sich ein Kaiser dem Hofzeremoniell entzieht – und

Seine Augen sind mit einem Tuch verbunden, Arme und Beine ans Bett gefesselt. Wei Zhongxian sieht die anderen Männer im Raum nicht, er hört sie nur. Vielleicht das Geräusch eines Schleifsteins auf Metall, weil ein Messer gewetzt wird. Die Klinge muss scharf sein.

Wei Zhongxian darf keine Angst zeigen. Hat er sich nicht aus freiem Willen in diese Hütte in einer Nebenstraße von Beijing begeben? Zur eigenen Sicherheit hat er sich von den Operateuren festbinden lassen. Jede plötzliche Bewegung während des Eingriffs könnte tödliche Folgen haben.

„Wirst du es bereuen oder nicht?", hört er eine Stimme fragen. Bejaht Wei oder zeigt er auch nur Anzeichen von Zweifel, ein Zittern in der Stimme, darf die Operation nicht stattfinden.

Gewiss muss er allen Mut zusammennehmen, um zu antworten. Nein, er wird seine Entscheidung nicht bereuen.

Denn Wei Zhongxian ist sich sicher: Er will sich kastrieren lassen. Aus Ehrgeiz und kühler Berechnung. Mit einer Bru-

FÜNF DURCHGÄNGE führen vom Haupttor der Palaststadt in den ersten Hof. Der mittlere ist dem Kaiser vorbehalten, die beiden daneben dem Adel und den Beamten, die sich hier zur Audienz einzufinden haben

botenen Stadt im Herzen Beijings – einer verschlossenen Palastanlage voller Geheimnisse, in der alles Ritual ist, ein skrupelloser Emporkömmling aus den Reihen der mächtigen Eunuchen im Jahr 1620 seine Chance sieht

talität gegen sich selbst, die später noch viele seiner Feinde spüren werden.

Der Eingriff könnte ihn das Leben kosten. Doch er hat nichts zu verlieren.

Denn Wei, 1568 in ärmlichen Verhältnissen geboren, ist schon mit 20 Jahren ein Gescheiterter: ein Schläger, der weder lesen noch schreiben kann. Ein Spieler, der viele Schulden angehäuft hat.

Nur eine Chance auf Ansehen und Auskommen scheint es für ihn noch zu geben: eine Karriere am kaiserlichen Hof, in der Verbotenen Stadt im Herzen Beijings – oder zumindest in dem umliegenden Viertel, das die Palastanlage versorgt.

Doch ein Leben dort, in der Nähe zur Macht, gibt es nur zu einem hohen Preis – dem seiner Männlichkeit.

Denn Chinas Kaiser umgeben sich in ihrem innersten Zirkel am liebsten mit Eunuchen. Außer dem Herrscher darf kein „ganzer Mann" der Kaiserin und den zahlreichen Konkubinen zu nahe kommen.

Und Wei Zhongxian ist bereit, diesen Preis zu zahlen.

Die Operateure binden ihm Penis und Hoden hoch, waschen sie mehrfach mit einem betäubenden Öl. Sie verabreichen ihm Alkohol oder Opium, weil die Schmerzen, die ihm bevorstehen, sonst unerträglich wären.

Nun setzt ein Operateur sein sichelförmiges Messer an. Mit schnellen Schnitten trennt er die Genitalien ab. Dann führt er eine Wachsnadel in den Harnleiter ein, denn die Öffnung darf auf keinen Fall mit der Wunde zuwachsen: Ein Urinstau würde Weis Tod bedeuten.

Anschließend stillen die Männer mit in kaltem Wasser getränktem Papier die Blutung. Sie pudern die Genitalien, lassen sie trocknen und konservieren die Organe schließlich in Öl.

Viele Kandidaten, die sich wie Wei Zhongxian für rund 200 Gramm Silber der Kastration unterziehen, aus Ambition, Not oder Kalkül, überleben die Prozedur nicht. Die Unglücklichen verbluten oder sterben später an Infektionen.

Doch Wei ist stark genug, die Tortur zu überstehen. Langsam fangen seine Wunden an zu verheilen, 100 Tage dauert die schmerzhafte Genesung. Und während sein Körper sich erholt, beginnt er sich zu verändern.

Ohne die in den Hoden gebildeten Geschlechtshormone wandelt sich seine Stimme, sie klingt allmählich höher. Die Muskeln werden schwächer, der Bartwuchs nimmt ab, die Haut schrumpelt und die Fingernägel färben sich gelblich. Viele Kastrierte haben eine untersetzte Statur, große Ohren, ein nervöses Gemüt, setzen Fett an. Nicht selten leiden sie unter Inkontinenz, ihr Leben lang.

Nach seiner Gesundung stellt sich Wei Zhongxian im Jahr 1589 in Beijing den Auswahlprozeduren, die jeder Entmannte vor dem Eintritt in den kaiserlichen Dienst über sich ergehen zu lassen hat. Er muss Probearbeiten leisten, wird von erfahrenen Eunuchen befragt und zwischen den Beinen gründlich untersucht, damit sich kein „ganzer Mann“ unter die Kastrierten schleicht.

Die meisten erfolgreichen Kandidaten werden in der Kaiserstadt arbeiten, einem ummauerten Areal um die Palastanlage, in dem sich unter anderem Ställe, Manufakturen, Lagerhäuser, eine Bäckerei und eine riesige Küche befinden. Sie beliefern die Verbotene Stadt, in der die einflussreichsten Eunuchen Dienst tun, mit allem, was dort gebraucht wird.

Offenbar bewährt Wei sich, denn nach Tagen des Probens und Prüfens zählt er tatsächlich zu jenen, die ein hölzernes Täfelchen erhalten. Und damit den Auftrag, am kaiserlichen Hof zu arbeiten.

Fast 40 Jahre wird er dort verbringen. Vom einfachen Knecht wird der Analphabet zum mächtigsten Eunuchen in der Geschichte Chinas aufsteigen: zum heimlichen Herrscher in der Verbotenen Stadt, der seine Autorität nicht wie die Kaiser einem Mandat des Himmels verdankt, sondern Gerissenheit, Intrigen und Mord. Grausam wird er jeden verfolgen lassen, der ihm dabei im Wege steht, und damit den kaiserlichen Hof in Angst und Chaos stürzen – jenen Ort, der erschaffen wurde als Hort der himmlischen Ordnung auf Erden.

UNTER EINEM BALDACHIN verfolgt Kaiser Chenghua (1447–1487) während des Laternenfestes, mit dem der Hof das neue Jahr begrüßt, Darbietungen von Gauklern

Die Verbotene Stadt ist eine der größten Palastanlagen der Welt. Ihre Bauten bedecken eine Fläche von 723 600 Quadratmetern – eine eigene Stadt inmitten Beijings, von der Kapitale durch einen mehr als 50 Meter breiten Wassergraben und eine fast acht Meter hohe Mauer getrennt. Vier schwer bewachte Tore weisen in die vier Himmelsrichtungen.

Innerhalb der Mauern erhebt sich ein geometrisches Ensemble aus fast 1000 rot gestrichenen Palästen, Hallen und Pavillons mit golden schimmernden Dächern, sorgsam gepflasterten Höfen sowie Gärten mit aufgeschütteten Hügeln und kohlebeheizten Fischbecken.

Die Anlage teilt sich in zwei Bereiche: den Äußeren Hof für Audienzen und Staatsgeschäfte und den Inneren Hof, der die Gemächer der kaiserlichen Sippe und der gut 3000 Palastfrauen und Konkubinen birgt. Eunuchen sind die einzigen Männer neben der Herrscherfamilie, die hier regulär Zugang haben.

Die Anordnung der Gebäude in der Palastanlage, die Materialien und Farben: Nichts ist zufällig. Jedes Detail dient einem höheren Zweck.

Die Anlage ist nach uralten Lehren und Gesetzen erbaut, als Abbild der kosmischen Ordnung. Sie hat eine rechteckige Grundfläche, weil die Erde nach chinesischer Vorstellung viereckig ist, der Himmel hingegen rund. Der Goldwasserfluss, der den Süden der Anlage in Bögen durchströmt, symbolisiert die Milchstraße.

Das Gewässer findet sein Gegenüber im ruhenden Berg der Langlebigkeit im Norden – so wie es die Regeln des Feng-Shui verlangen. Diese Vorgaben sollen einem Ort kosmische Harmonie und positive Kraft verleihen.

Der Bau folgt auch den Gesetzen von Yin und Yang, die die entgegengesetzt wirkenden Kräften des Universums repräsentieren: das Dunkle und das Helle, das Weibliche und das Männliche, das Innere und das Äußere, gerade und ungerade Zahlen. Nicht nur die Welt als Ganzes birgt solche Gegensätze, sondern auch jedes Wesen, jedes Ding. Überall gilt es, die Kräfte auszubalancieren.

In der Verbotenen Stadt verkörpert der Innere Palast, in dem gerade Zahlen die Baukonstruktion bestimmen, das Yin. Dort stehen anfangs zwei Haupt- und zweimal sechs Wohnpaläste.

Im Äußeren Hof, der das Yang repräsentiert, dominieren dagegen ungerade Zahlen: drei Hallen, fünf hintereinanderliegende Tore.

MIT STARKER PRANKE beschützt dieser monumentale Bronzelöwe sein Junges. Die Statue gehört zu sechs Löwenpaaren, die in der Verbotenen Stadt von der Würde und Hoheit der Himmelssöhne künden

Auf den Dächern prangen Tiere und Fabelwesen, die die Gebäude vor Feuersbrünsten bewahren oder ihren Bewohnern Glück und Wohlstand bringen sollen. Und je mehr Drachen, Phönixe, Löwen, Einhörner, Himmelspferde und Fische – alle aus Ziegeln gefertigt – ein Dach schmücken, desto bedeutsamer sind die Bauten innerhalb des Ensembles.

Elf Wesen zieren allein die Hauptgebäude, etwa die drei Audienzhallen. Erhaben thronen die auf mächtigen Terrassen im Zentrum der Verbotenen Stadt.

Kaiser Yongle hat die Palastanlage im frühen 15. Jahrhundert errichten lassen. Zuvor hatte er die Kapitale von Nanjing nach Beijing verlegt – so wollte er den Norden des Landes gegen die ständige Bedrohung durch die Mongolen stärken.

1417 begann der Bau der Anlage: ein Werk vollendeter Planung und Logistik. Aus vielen Teilen des Reiches orderten die Baumeister vorab edelste Materialien. Wertvolle Harthölzer ließen sie aus den tropischen Wäldern der Provinz Sichuan nach Beijing flößen. Allein für die äußere Mauer um die Kaiserstadt wurden 80 Millionen Ziegel herbeigeschafft.

Die bis zu 300 Tonnen schweren Steinplatten für die großen Terrassen bewegten die Arbeiter allein mit Schlitten und hölzernen Bodenrollen. Beim Bau eines Tempels machten sich die Männer die Kälte des Winters zunutze: Vor Einbruch der Frostperiode bohrten sie zwischen Beijing und einem 70 Kilometer entfernten Steinbruch alle 500 Meter einen Brunnen und fluteten anschließend die Wege. So entstand eine Eisbahn, über die die Felsblöcke zum Ziel glitten.

200 000 Bauarbeiter, Handwerker und Künstler schufteten in der wachsenden Palastanlage, die den meisten Sterblichen verschlossen blieb. Nach nur drei Jahren war ihr Werk vollendet.

Glanz und Größe der Verbotenen Stadt werden Neuankömmlingen zu allen Zeiten den Atem genommen haben. Doch als Wei Zhongxian 1589 seinen Dienst antritt, ist der ihm zugewiesene

Ort fern von der Macht. Sein Platz ist in der Kaiserstadt, außerhalb der Palastanlage – in den Ställen bei den Tieren. Als Knecht versorgt er Pferde und auch Elefanten, die für ausgewählte Zeremonien eingesetzt werden. Später arbeitet er in Lagerhäusern und als Bauarbeiter.

Noch tut er sich nicht hervor. Auffällig ist nur sein Äußeres. Für einen Entmannten ist Wei, nun 21 Jahre alt, nach wie vor stark und athletisch. Doch er wirkt oft nervös und launisch. Zeitgenossen beschreiben ihn als äußerst wechselvollen Charakter, der charmant sein kann, prächtigen Blumenschmuck mag und elegante Kleider, aber rachsüchtig ist und leicht reizbar.

Weis neues Leben folgt einem streng geregelten Ablauf. So darf er sich nur an vorgegebenen Tagen den Kopf rasieren lassen oder Laub harken: Ein Kalender, der den Willen des Himmels wiedergibt, schreibt die Termine vor. Das Ritual bestimmt den Rhythmus der Verbotenen Stadt, nur die Wiederholung immer gleicher Zeremonien kann die kosmische Ordnung bewahren, an deren Spitze der Herrscher steht. Und auch dessen Tagesablauf ist genau festgelegt.

Früh morgens, noch vor Sonnenaufgang, empfängt der Kaiser ein Heer von Beamten zur Audienz. Vor den Eingängen der Palastanlage sammeln sich Tausende in blauen und roten Seidenroben sowie die Armeeoffiziere der Hauptstadt.

Lange vor Tagesanbruch künden Trommelschlag und Glockengeläut das Öffnen der Tore an. Mehrere Hundert Meter müssen die Männer zurücklegen bis zu dem weiten Hof vor einer der großen Audienzhallen im Zentrum der Verbotenen Stadt; nur wenige Laternen aus Ziegenhautstreifen leuchten ihnen in der Dunkelheit den Weg.

Dort nehmen sie ihre Position vor dem Thron des Kaisers ein: die Offiziere nach Osten gewandt, die Beamten nach Westen. Bei manchen Veranstaltungen weisen Markierungssteine auf dem gepflasterten Boden bestimmten Teilnehmern den richtigen Standort zu.

An ihren Gewändern tragen die Beamten ihr Rangabzeichen: ein mit Vogelmotiven besticktes Tuch, sorgsam auf die Robe genäht. Ein Kranich, der erhaben durch die Lüfte schwebt, zeichnet die höchsten Staatsdiener aus. Niedrige Beamte hingegen sind etwa an einem Paar watschelnder Wachteln erkennbar.

Die Brustbesätze der Offiziere zeigen die Bilder wilder Tiere: Löwen und Tiger, Bären und Panther.

So verharren die Menschen, steif und starr, in Verehrung des Kaisers.

PRÄCHTIGE BELEUCHTUNG schmückt das Laternenfest. So ungezwungen geht es in Gegenwart des Kaisers allerdings selten zu. Stets wachen Zensoren über die Etikette

Auf den Ruf des Zeremonienmeisters hin knien sie zum Kotau, der vorgeschriebenen Unterwerfungsgeste: Sie verneigen sich dreimal und berühren mit der Stirn den kühlen Steinboden. Dann erheben sie sich und wiederholen die Bewegung noch zwei weitere Male.

Ein hoher Minister verliest die Namen von in die Provinz oder den Ruhestand versetzten Beamten, dann erstatten Staatsdiener in der Audienzhalle dem Kaiser Bericht über wichtige Vorgänge in den Ministerien. Vor Sonnenaufgang muss die Audienz beendet sein.

Es ist ein Schauspiel, das sich an jedem Tag wiederholt.

Niemand darf sich solchen Ritualen bei Hofe entziehen, selbst wenn es in Strömen regnet oder Schneeflocken stieben. Den Beamten ist es dann lediglich erlaubt, Mäntel zu tragen oder sich von Schirmträgern begleiten zu lassen.

Ein eigenes Ministerium überwacht die Einhaltung der Riten. Bis auf die Vorträge der Beamten unterscheidet sich kein Tag von einem anderen. Während der Audienzen überwachen Zensoren die Menge: Penibel schreiben die Wächter die Namen all derer auf, die husten, spucken, stolpern. Peitschen knallen, um sie zur Ordnung zu rufen. Einen Beamten, der kurz nach einer Zeremonie unter sengender Sonne einen Fächer aus dem Ärmel zieht und sich Luft zuwedelt, kostet sein eigensinniges Verhalten sechs Monatsbezüge.

So schreibt der Himmel das Hofzeremoniell vor, doch sogar Herrscher empfinden die Audienzen als Bürde. Wanli, der 1572 als 13. Kaiser der Ming-Dynastie den Thron bestiegen hat, sucht oft nach Gründen, ihnen fernzubleiben: Benommenheit oder ein Überfluss des Feuerelements in seinem Körper, das Juckreiz verursache.

Wie kein Herrscher vor ihm hadert Wanli mit den Zwängen des Kaisertums. Sein Leben verläuft in beklemmender Eintönigkeit. Neben den Audienzen hat sich der Monarch dem Studium konfuzianischer Klassiker zu widmen sowie der Kalligraphie und der Geschichte.

Täglich tragen die Eunuchen mehr als zwei Dutzend Memoranden herbei, Berichte, Gesetzesentwürfe, Eingaben. Fast mechanisch unterzeichnet der Herrscher sie mit zinnoberroter Tusche, der Farbe des Kaisers, deren Missbrauch unter Todesstrafe verboten ist. Erfordern die Eingaben kompliziertere Antworten, übernehmen dies seine Berater.

Wanli fühlt sich bevormundet und ohnmächtig, als Gefangener der Verbotenen Stadt. Als er versucht, anstelle

IN PERFEKTER SYMMETRIE überragt das »Mittagstor« den gewundenen Lauf des Goldwasserflusses. Alle fast 1000 Bauwerke der Palaststadt folgen den Gesetzen feinster Harmonie

seines Erstgeborenen jenen Sohn als Thronfolger zu ernennen, den ihm seine Lieblingsfrau geboren hat, weigern sich die Beamten – und der Kaiser muss sich dem Protokoll beugen. Und so greift er zu einer anderen Waffe: Passivität.

1587, zwei Jahre vor der Ankunft Wei Zhongxians, tritt der Kaiser in einen Streik – und wird ihn bis zum Ende seiner Regentschaft im Jahr 1620 fortsetzen.

Jahrzehntelang erscheint er nicht mehr zu Audienzen, nicht einmal zu großen Zeremonien. Sogar dem Trauerritual nach dem Tod seiner Mutter bleibt er fern. Unbearbeitete Memoranden türmen sich bald in den Hallen.

Da es allein dem Kaiser obliegt, hohe Beamtenstellen zu besetzen, bleiben überall im Reich Posten frei. Wanli rächt sich damit an den Bürokraten, denen er so Verdienst- und Aufstiegsmöglichkeiten nimmt. Und er lähmt das Verwaltungs- und Justizsystem. In den Kerkern siechen Angeklagte, weil niemand da ist, der ihnen den Prozess machen könnte.

Doch auch ohne den Kaiser werden die meisten Rituale eingehalten. Seine Untertanen versammeln sich morgens pünktlich zu den Audienzen – und vollziehen den Kotau vor leerem Thron.

Längst hat der Monarch die Bürokraten gegen sich aufgebracht. Da er ihnen Selbstherrlichkeit und Doppelmoral unterstellt, vertraut Wanli die Regierungsgeschäfte immer häufiger Eunuchen an, die auf diese Weise enorm an Einfluss gewinnen. Er lässt sie sogar mit zinnoberroter Tusche signieren – und stellt immer mehr Entmannte in seinen Dienst.

Im Zuge einer dieser Rekrutierungswellen muss 1589 auch Wei Zhongxian ein kaiserlicher Eunuch geworden sein. Rund 25 Jahre verbringt er nun in der Kaiserstadt, ohne je von sich reden zu machen. Doch dann beginnt sein Aufstieg zum berüchtigtsten Schurken in der Geschichte der Verbotenen Stadt. Wahrscheinlich hat er einfach Glück, dass er in die Palastanlage berufen wird – als Diener der Herrscherfamilie. Statt Pferde zu füttern, serviert er fortan dem Enkel Wanlis Speisen. Und weiß dem Prinzen zu gefallen. Wei besorgt exotische Früchte und andere Delikatessen, die der Junge gern mag.

Wei begegnet auch Madame Ke, der Amme des Prinzen. Offenbar gefällt er der schönen Frau, mit seinem athletischen Aussehen und selbstbewussten Auftreten. Auch weiß er Komplimente zu machen, ist höflich, zuvorkommend.

So gewinnt er rasch die Gunst Madame Kes – und durch sie großen Einfluss auf den Thronfolger. Denn Madame Ke ist im ritualerstarrten Alltag der Verbotenen Stadt wohl die Einzige, die dem Prinzen Zeit und Zuneigung gibt.

Eine überaus enge Bindung ist daraus erwachsen. Madame Ke bewahrt in einer Dose seine Milchzähne, abgeschnittene Nägel, Haare, gar den Schorf seiner Haut auf. Der Prinz wird sich sein Leben lang zu ihr hingezogen fühlen und kaum eine Entscheidung ohne sie treffen.

Zugleich knüpft Wei Bande zu den bedeutenden Eunuchen im Palast. Er weiß, dass sie wichtige Kontakte zu Beamten im gesamten Reich pflegen – Beziehungen, die Wei womöglich noch von Nutzen sein könnten. Und dass sie großen Einfluss auf den Herrscher ausüben.

Denn niemanden lässt ein Kaiser so dicht an sich heran wie die Kastrierten, die ihre Genitalien in einem Beutel bei sich tragen, um im Jenseits wieder die Chance auf Vervollkommnung zu haben. Die Entmannten begleiten den Herrscher vom Erwachen bis in den Schlaf. Sie servieren ihm das Frühstück, halten den Schirm während seiner Spaziergänge, reichen ihm im Sommer erfrischende Getränke mit Eis (das bei Frost aus dem Goldwasserfluss geschnitten und in unterirdischen Kühlkellern konserviert wird). Im Winter tragen sie ihm Kohlebecken herbei, an denen er sich Hände und Füße wärmen kann.

Die Eunuchen organisieren den Palastbetrieb. Sie leiten das Siegelamt, die Ställe des Herrschers, das Hofarsenal, verwalten fast alle Lagerhäuser und Manufakturen in der Kaiserstadt.

Aber auch für die Staatsgeschäfte sind sie längst unentbehrlich. Als Gesandte und Steuereintreiber des Monarchen bereisen sie das gesamte Reich. Andere führen das Zeremonienamt, die Schaltzentrale des kaiserlichen Hofs: Dort prüfen sie alle an den Herrscher adressierten Memoranden und Berichte. Zudem stehen die Entmannten auch dem höfischen Geheimdienst vor.

Doch kein Eunuch erlangt je so viel Macht wie Wei Zhongxian. 1620 kommt die Gelegenheit, auf die er gewartet hat.

In jenem Jahr scheinen dämonische Kräfte bei Hofe zu wirken. Am 18. August 1620 stirbt Kaiser Wanli. Eine spätere Untersuchung ergibt, dass sich der Herrscher vermutlich mit einer Überdosis Opium umgebracht hat. Ihm folgt sein Sohn Taichang auf den Thron. Doch nach drei Tagen im Amt erkrankt der Erbe und stirbt unter rätselhaften Umständen am 26. September.

Der Hofstaat ist wie gelähmt von doppelter Trauer und Fassungslosigkeit. Wirkte der neue Kaiser bei seiner Thronbesteigung nicht kerngesund? Und was hat es mit jener roten Pille auf sich, die ihm ein Eunuch nur einen Tag vor seinem Tod als angebliche „Wundermedizin“ verabreicht hat? Gerüchte schwirren durch die Kaiserstadt. Ganz aufgeklärt werden die Geschehnisse nie.

Verbrieft ist hingegen: Noch 1620 besteigt der erstgeborene Sohn des gerade Verstorbenen den Thron – jener Prinz, dem Wei schon seit Langem dient. Gerade 14 Jahre alt ist Kaiser Tianqi da.

Seinen Studiensitzungen kann Tianqi (der offenbar lernbehindert ist) kaum folgen. Lieber beschäftigt er sich mit Holzarbeiten, bestaunt einbestellte Puppenspieler, während enge Vertraute die Staatsgeschäfte übernehmen – allen voran Madame Ke und Wei Zhongxian.

Der Kaiser ist seiner einstigen Amme noch immer hörig. Direkt nach Tianqis Thronbesteigung lassen sie und der Eunuch sich Ehrentitel verleihen und versorgen auch Verwandte mit Posten.

Die Macht der beiden nimmt fortan immer weiter zu. So jedenfalls berichtet es die offizielle Chronik der Ming-Dynastie, die wichtigste Quelle für jene Zeit (die allerdings Eunuchen und Frauen häufig negativ darstellt und deren Fehler übertreibt). Nach dieser Chronik stoßen sich kritische, konfuzianischen Werten wie Loyalität und Anstand verpflichtete Beamte schon früh an der Gier des Duos. Die Mahner protestieren gegen Madame Kes Einfluss auf die Politik.

Der Kaiser reagiert: Er bestraft die Kritiker – und stärkt damit die Kräfte um Madame Ke und Wei Zhongxian, die alsbald zum Gegenschlag ansetzen.

Im Sommer 1621 lassen sie erste Opponenten aus dem Palast verbannen. Darunter ist ein hoher Eunuch, der bereits Tianqis Vater loyal diente. „Mach einen guten Kaiser aus mir“, hatte Tianqi einst auf einen Fächer geschrieben und dem Mann geschenkt. Der ist allerdings ein aufrechter Konfuzianer.

Haben Wei und seine Verbündeten Furcht vor einem Rivalen? Jedenfalls wird

EIN WASSERGRABEN, mehr als 50 Meter breit, sowie eine hohe Mauer mit Wachtürmen an den Ecken schirmen die Residenz des Himmelssohnes ab von der Welt. Ein heiliger Ort, der nur mit offizieller Erlaubnis betreten werden darf

der verdiente Berater von ihnen verunglimpft, vom Hof verstoßen, eingekerkert – und im Gefängnis getötet. Dies ist erst der Anfang der politischen Säuberungen.

Denn 1622 wird Wei Zhongxian zum Direktor des Zeremonienamts ernannt. Madame Ke hat dem Kaiser zu dieser Personalie geraten.

Nichts qualifiziert Wei – den Unerfahrenen, der ja weder lesen noch schreiben kann – für dieses Amt. Dennoch folgt Tianqi der Empfehlung seiner früheren Amme. Anders als bei den

Beamten gibt es für Eunuchen keine klar geregelte Karriereleiter mit offiziellen Prüfungen; ihr Aufstieg ist allein von der Gunst des Herrschers abhängig.

Von nun an erhält Wei noch vor dem Kaiser alle wichtigen Neuigkeiten. Vor allem aber kann er fortan steuern, wie Tianqi auf die eingehenden Berichte und Memoranden reagiert. Denn der überforderte Himmelssohn setzt meist willig seine Unterschrift unter bereits vorformulierte Antwortpapiere.

Auf diese Weise liegt die eigentliche Macht zunehmend in der Hand des Eunuchen. Gleichzeitig versteht Wei es, den Herrscher bei Laune zu halten; so hat er Tianqi, der Pferde liebt, in der Nähe der Ställe eine Rennbahn bauen lassen.

Ein hoher Beamter, der die Gefahren erkennt, verfasst im November 1622 ein leidenschaftliches Memorandum: Er bekundet seine Sorge darüber, dass der Himmelssohn die Politik vernachlässige und Militärparaden so gleichgültig beiwohne, als marschierten da nur Marionetten auf und ab.

Doch Wei redet dem Kaiser ein, der Beamte habe nicht die Soldaten, sondern den Herrscher selbst mit einer Puppe verglichen – und fordert: „Ihr müsst ihn töten, um dem Reich zu zeigen, dass man sich über Euch nicht lustig macht!"

Der Monarch ordnet zwar letztlich nur eine Degradierung an. Dennoch zeugen Wei Zhongxians Worte schon von seiner Skrupellosigkeit, die bald in der Verbotenen Stadt gefürchtet sein wird.

Madame Ke versucht unterdessen auf ihre Weise, den Hof von Widersachern frei zu halten. Sie legt fest, welche Eunuchen Zugang zum Herrscher haben. Doch als die neue Kaiserin erkoren werden soll, ist ihre Furcht groß, eine andere Frau könnte Tianqi betören und beeinflussen – zumal die Auswahl der Herrschergattin am Hof streng geregelt ist und es undenkbar wäre, dass die einstige Amme hier mitbestimmt.

Neben einer Gemahlin hat der Kaiser Anspruch auf eine Reihe von Nebenfrauen und ungezählte Konkubinen. Und so treffen bald nach Tianqis Krönung fast 5000 Mädchen in der Hauptstadt ein.

Bei Hofe nehmen ältere Palastfrauen die Kandidatinnen in Augenschein. Haben sie Schönheitsfehler? Sind sie hinreichend gebildet? Ein Mädchen nimmt die Gutachter schnell für sich ein: die 13-jährige Zhang Ma, eine Waise, die bei einem Gelehrten aufgewachsen ist. Wenig später zieht sie im Palast ein.

Die Frauengemächer in der Verbotenen Stadt sind ein weltentrücktes Universum, das außer dem Kaiser kein unkastrierter Mann betreten darf. Bei Todesstrafe ist es den gut 3000 Bewohnerinnen verboten, Kontakt zur Außenwelt aufnehmen. Die meisten von ihnen führen ein Leben der Leere und der Einsamkeit, das vor allem aus Warten besteht.

Allabendlich legen die Eunuchen dem Himmelssohn kleine Jadetäfelchen mit den Namen möglicher Gespielinnen vor. In einer Decke wird die Auserwählte dann nackt ins Herrschergemach getragen, wo sie unter die Betttücher des Kaisers huscht. Die Entmannten halten den Besuch in einem Protokoll fest.

Die meisten Konkubinen warten ihr Lebtag vergebens auf einen Ruf des Kaisers. Sie verschwenden ihre Jahre als Zimmermädchen, sind höher gestellten Frauen ausgeliefert, die sie demütigen und bisweilen zu Tode prügeln lassen. Ihre sterblichen Überreste werden verbrannt.

So wenig verlockend erscheint das Schicksal der Palastfrauen, dass viele Eltern ihre Töchter schnell verheiraten, sobald die Kunde von einer bevorstehenden Auswahl ihr Dorf erreicht.

Im Mai und Juni 1621 finden die Zeremonien zu Ehren der Vermählung von Tianqi und Zhang Ma statt. Madame Ke intrigiert von Beginn an gegen die Gemahlin. Sie verhöhnt deren unklare Herkunft. Als die Kaiserin schwanger wird, schicken Madame Ke und Wei ein Dienstmädchen zu ihr: angeblich mit dem Auftrag, sie zu massieren und dabei das Kind im Bauch zu verletzen. Tatsächlich wird der Säugling tot geboren.

In den folgenden Jahren bringen die Kaiserin und andere Konkubinen drei Söhne und zwei Töchter zur Welt – doch sterben alle fünf Kinder Tianqis noch vor ihrem ersten Geburtstag.

Madame Ke ist heimtückisch, gnadenlos, unberechenbar, genau wie Wei Zhongxian. Womöglich verbindet die beiden mehr als Machthunger, und sie sind ein Liebespaar: Auch Kastrierte können noch sexuelles Begehren empfinden, wenn sie wie Wei nach der Pubertät entmannt worden sind.

Seinen Gefolgsleuten gegenüber ist er indes stets zuvorkommend. Großzügig verteilt er Posten und Geschenke an die Günstlinge, die ihn als „Meister" ansprechen.

Er unterhält eine Residenz außerhalb der Verbotenen Stadt in der Nähe der Privatwohnung von Madame Ke, bereichert sich an den höfischen Schätzen und lässt sich mit öffentlichen Geldern ein privates Mausoleum errichten.

Wei konsolidiert seine Macht, während immer neue Krisen das Reich erschüttern. Auf Naturkatastrophen und Missernten folgen Hungersnöte, Bauernaufstände brechen aus.

An der Grenze im Nordosten lauern die militärisch straff organisierten Mandschu, greifen immer wieder an und erobern kleinere Gebiete. Nur mit hohem Einsatz kann Chinas Armee sie zurückdrängen. Die Soldaten sind schlecht organisiert und schäbig ausgerüstet: Ihre Kleidung ist oft nur mit Altpapier ausgestopft. Dennoch kostet das vier Millionen Mann starke Heer große Summen. Auch deshalb ist die Staatskasse fast leer.

Zudem entzweit sich die Beamtenschaft in zwei Lager – in Konfuzianer und jene, die sich mit Wei gutstellen und ihre Privilegien wahren wollen. Das bringt das gesamte Reich in Unruhe.

China bräuchte dringend einen Erneuerer. Kaiser Tianqi aber beschäftigt sich lieber mit Schnitzereien.

Um 1623 ernennt er seinen obersten Eunuchen zudem zum Direktor des Geheimdienstes – und verleiht ihm damit noch mehr Einfluss.

EIN KOHLEBECKEN steht zu Füßen des Throns. Der Saal ist nur eines von mehreren Repräsentationsgebäuden, in denen der Kaiser je nach Anlass Hof hält

In den Händen Wei Zhongxians, so überliefern es Chronisten, wird die Behörde zum Werkzeug des Terrors. Denn der heimliche Herrscher von China hat nun die Macht, jeden einfachen Untertanen anzuklagen, der ihm unliebsam ist.

Der Eunuch entsendet seine Agenten bis in die hintersten Winkel des Reiches. Er lässt sie Listen mit den Namen all derer erstellen, die es wagen, ihn zu kritisieren. Wie Raubtiere auf der Jagd nach Beute streifen seine Männer durch Beijing und andere Städte. Vor Ort heuern sie zudem Bettler an, Verdächtige auszuspionieren. Viele der Beschuldigten werden in die Geheimdienstzentrale östlich der Verbotenen Stadt verschleppt, gequält und getötet.

Bald darauf beginnt Wei Zhongxian, die Verwaltung der Hauptstadt zu säubern. Zwar ist allein die kaiserliche Leibgarde befugt, Gesetzesbrecher in der Beamtenschaft zu bestrafen. Doch Tianqi lässt sie jeden Gegner seines berüchtigten Vertrauten verfolgen – vermutlich redet der ihm ein, nur so könne der Herrscher Verschwörungen verhindern.

Zudem erwirkt Wei die Erlaubnis, in der Verbotenen Stadt ein Eunuchenbataillon aufzustellen. 10 000 bewaffnete Kastrierte exerzieren schon bald, begleitet von Gong- und Trommelschlägen, in den Höfen. Und auf seinen Wunsch hin besetzt der Kaiser die wichtigen Beamtenstellen immer häufiger mit Günstlingen Weis.

Doch trotz allen Terrors wagen es die Konfuzianer, Wei anzuprangern. 1624 plant ein Beamter, während einer Zeremonie dem Herrscher eine Anklageschrift höchstpersönlich vorzulesen. 24 Verbrechen wirft er dem Eunuchen darin vor, darunter politische Säuberungen, Morde – und dass er ohne göttliches Mandat wie ein Kaiser agiere.

Wird der sonst so sorgsam abgeschirmte Himmelssohn seinem mächtigen Berater die Gunst entziehen, wenn er von dessen Untaten hört? Doch im letzten Moment erhält der Hof einen Hinweis auf das Vorhaben und sagt die Zeremonie ab. Allerdings kann Wei nicht verhindern, dass der Autor daraufhin seine Anklage in Form eines Memorandums in der Verbotenen Stadt abgibt.

Als der Eunuch die Schrift in die Hände bekommt, geht er wehklagend von Raum zu Raum. Es ist nur eine Frage der Zeit, bis die Anschuldigungen den Himmelssohn erreichen. Wie wird der Kaiser auf die Vorwürfe reagieren? Und wird er den Kritikern Glauben schenken?

Am nächsten Tag, zur Mittagsstunde, legt der Eunuch schließlich selber

DAS TOR DER LEUCHTENDEN MORAL schützt jenen Bereich, in dem die Kaiser ihre Audienzen halten und Staatsgeschäfte erledigen. Die Verwaltung selbst aber überlassen die Herrscher Beamten und Palasteunuchen

dem Herrscher das Papier mit künstlicher Empörung vor. Unglaubliche Vorwürfe seien das, allesamt erlogen, sagt Wei. Der Kaiser wisse doch, was für ein guter und treuer Diener er ihm gewesen sei.

Tage später lässt Tianqi das Memorandum veröffentlichen – sowie eine Antwort, in der er die Anklage als unverschämt und unwahr zurückweist.

Wei aber ist auch danach unruhig. Gibt es weitere Verschwörer, die ihn beseitigen wollen? Gar nach seinem Leben trachten? Denn immer neue kritische Schriften erreichen nun den Hof, hohe Beamte fordern, den obersten Eunuchen zu entmachten.

Kurz darauf lässt Wei sechs führende Oppositionelle festnehmen und in Gefängniswagen nach Beijing bringen. Während der Verhöre stehen Folterknechte bereit, um die Gefesselten sogleich mit Schlägen zu quälen.

Nachdem die Gemarterten Wochen unendlicher Torturen überlebt haben, werden fünf von ihnen im Kerker ermordet; einer begeht Suizid. „Krankheit" lautet die offizielle Todesursache.

Die Leichen werfen Weis Häscher erst nach Tagen aus einer Pforte des Gefängnisses in die sengende Sonne. Als Angehörige die Toten bergen wollen, fallen Maden aus den Leichentüchern.

Doch selbst das ist Wei noch nicht Vergeltung genug. Immer neue schwarze Listen mit Namen kritischer Beamter kursieren. In den Gefängnissen martern seine Folterknechte mit Finger- und Knöchelpressen, schneiden angeblichen Verschwörern Haut und Zunge ab.

So kontrolliert und terrorisiert der Eunuch auch die Bürokratie. Wer sich ihm widersetzt, wird per Dekret der Verschwörung oder Korruption bezichtigt. Hunderte Menschen lässt Wei in den Jahren seiner Amtszeit ermorden.

Trotz aller Grausamkeiten genießt er im Reich Ansehen. Die schlimmsten der Verbrechen, von denen später die Chronisten berichten, geschehen im Verborgenen – hinter den Mauern der kaiserlichen Gefängnisse. Und vielleicht schätzen ihn viele Untertanen als starken Mann an der Seite des kraftlosen Kaisers.

Den Himmelssohn machen sie verantwortlich für die Krisen und Katastrophen im Reich. Der Eunuch hingegen weiß die wenigen erfreulichen Meldungen als eigene Erfolge zu präsentieren.

Als 1626 chinesische Truppen Siege gegen die Mandschu erringen, feiert Wei Zhongxian sie als seine Triumphe. Zudem regt er öffentlichkeitswirksam die Wiedererrichtung dreier Hallen in der Verbotenen Stadt an, die bereits seit längerer Zeit verfallen sind. Den Bau finanziert er mit jenen Geldern, die seine Häscher Oppositionellen und deren Familien genommen haben.

Offenbar ist der Eunuch auch ein Meister der Propaganda. Denn zum Dank errichten Menschen vielerorts im Reich Tempel mit hölzernen Wei-Statuen, schließen ihn in ihre Gebete ein.

Tianqi, der wahre Kaiser, lässt all dies geschehen. Er unterbindet nicht, dass ein Emporkömmling die kosmische Ordnung stört und verehrt wird wie ein Himmelssohn. Im Gegenteil: Ab 1626 hält er Beamte sogar dazu an, in ihren Memoranden nicht nur ihn zu preisen, sondern auch den Mächtigsten an seiner Seite: Wei Zhongxian.

Der Eunuch hat sich ein Mausoleum errichten lassen, so groß, wie es nur einem Kaiser zusteht. Einen Beamten, der vorschlägt, dabei aus Spargründen Altkupfer zu verwenden, lässt er so fürchterlich prügeln, dass der Gestrafte an den Folgen stirbt.

Doch die Stärke des Eunuchen gründet allein auf Tianqis Schwäche. Und im Juni 1627 verspürt der 21-jährige Kaiser plötzlich Unwohlsein und verlässt schon bald sein Bett nicht mehr.

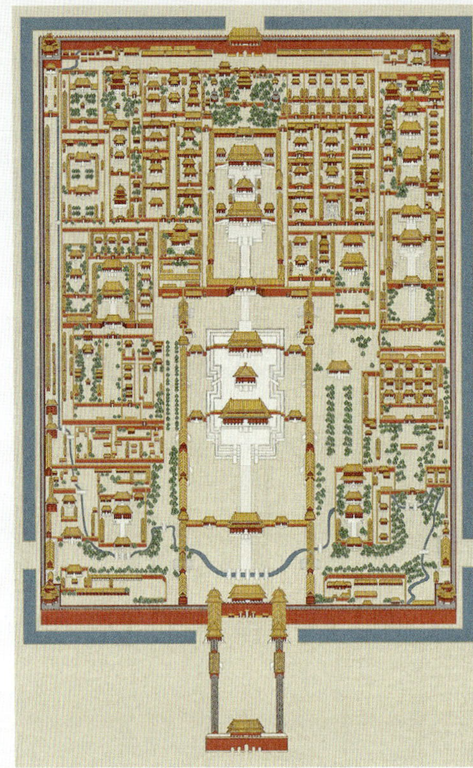

VON NORD NACH SÜD misst die Verbotene Stadt 961 Meter, von Ost nach West 753. Die drei großen Hallen in der Mitte, die auf weißen Steinterrassen stehen, bilden das Zentrum der kaiserlichen Macht

Um Ruhe zu finden, zieht er zeitweilig in einen kleineren Palast um, den Wei Zhongxian mit roter Seide hat auskleiden lassen – der Farbe des Glücks. Ärzte werden hinzugezogen. Sie verabreichen Tianqi eine Medizin aus dem Kondensat von gedämpftem Reis, doch sein Zustand verschlechtert sich weiter.

Am 19. September 1627 empfängt der Herrscher ein letztes Mal Minister und Vertraute an seinem Krankenbett. Da er keine eigenen Söhne hinterlässt, benennt er seinen jüngeren Halbbruder zum Thronfolger.

Bald darauf, am Nachmittag des 30. September 1627, stirbt Kaiser Tianqi.

Selbst die Trauer folgt in der Verbotenen Stadt einer festen Choreografie; seinen Gefühlen freien Lauf zu lassen gilt im Konfuzianismus als barbarisch. Die hohen Beamten sammeln sich um das Totenlager und stampfen, entsprechend dem Zeremoniell, laut weinend mit dem Fuß auf.

Wei Zhongxian wohnt der Zeremonie schweigend und mit tränennassen Augen bei. Vielleicht ahnt er, dass mit Tianqis Tod auch sein Ende bevorsteht.

Vergebens hat er zuvor wohl noch versucht, die Kaiserin zur Adoption seines Großneffen zu überreden – um so einen eigenen Thronfolger zu installieren.

Ohne einen ihm hörigen Herrscher hat Wei keinen Zugriff auf die fast 37 000 Mann der kaiserlichen Garde. Und sein Eunuchenbataillon ist viel zu klein für einen möglichen Putsch.

FAST 500 JAHRE wird die Verbotene Stadt den Kaisern Chinas und ihren Familien als Residenz dienen – bis zum Ende des Kaiserreichs, als mit der Abdankung des letzten Himmelssohns auch dessen Palast an Bedeutung verliert

Der neue Kaiser Chongzhen bricht bereits nach kurzer Zeit die Macht Wei Zhongxians. Am 8. Dezember 1627 erlässt der Herrscher ein langes Edikt, das die Verbrechen des Eunuchen auflistet. Am selben Tag wird Wei ins Exil in den Süden des Reiches verbannt.

Mit großem Gefolge verlässt er Beijing. Da er alle politische Macht verloren hat, versucht der Vertriebene nun, zumindest seine Reichtümer zu retten.

Händler, die ihm unterwegs begegnen, berichten bei Hofe, Wei Zhongxian und seine Getreuen reisten mit mehr als 100 Wagen und über 1000 Pferden und Maultieren. Die Tiere schnaubten und schwitzten unter der Last aufgesattelter Taschen. Schmuck und andere Kostbarkeiten quollen heraus: Diebesgut aus dem kaiserlichen Palast.

Der neue Herrscher ist erzürnt. Und gilt das südliche Reich nicht als Hort von Grobianen und Rebellen, die Wei für einen Racheakt gewinnen könnte?

Kaiser Chongzhen sieht sich zu härterem Handeln gezwungen. Er befiehlt seiner Leibgarde, Wei Zhongxian und dessen Begleiter festzusetzen.

Doch einige Anhänger Weis, die sich noch in Beijing aufhalten, erfahren davon und verlassen ebenfalls eilig die Kapitale, um ihren Meister zu warnen.

Als der von der drohenden Verhaftung erfährt, kommt er der Rache seiner Gegner zuvor. Er löst seinen Gürtel vom Gewand und erhängt sich im Gebälk eines nahe gelegenen Gasthofes.

Die geborgene Leiche Wei Zhongxians wird zunächst beerdigt, doch gut zwei Monate später exhumiert. Sein Tod allein ist nicht genug. Der Kaiser ordnet nachträglich die Strafe für Hochverräter an: die Zerstückelung des Leibes mit Messerstichen. Weis abgetrennten Kopf lässt der Herrscher zur Abschreckung im Heimatort des Schurken ausstellen.

Und auch Madame Ke muss büßen. Auf kaiserlichen Befehl hin durchsuchen Soldaten ihr Haus und stoßen dabei auf acht schwangere Dienerinnen.

Die Frauen hatten die einstige Amme in die Verbotene Stadt begleitet. Die ungeborenen Kinder könnten deshalb Nachkommen des Kaisers Tianqi sein: ein ungeheuerlicher Vorgang.

Ein Ermittler befragt die geständige Missetäterin – und erschlägt sie noch während des Verhörs.

Dutzende weitere Anhänger des Eunuchen werden hingerichtet oder zum Suizid gezwungen, mehr als 100 degradiert, ihrer Posten enthoben oder verbannt. Der Herrscher bestimmt zudem, sämtliche Wei-Tempel seien abzureißen, und lässt den Familien der zahlreichen Opfer Geschenke und Ehrentitel zukommen.

Doch der Schaden für das Reich ist nicht mehr rückgängig zu machen. Die jahrzehntelange Arbeitsverweigerung von Kaiser Wanli und die darauf folgende heimliche Herrschaft Weis haben die Dynastie nachhaltig beschädigt.

In manchen Provinzen ist die Bürokratie zusammengebrochen: Die Beamten sind demoralisiert, zutiefst verunsichert, von ihren Herrschern enttäuscht. Die Edikte des neuen Kaisers laufen ins Leere, der Staat ist fast bankrott und die Bevölkerung in Aufruhr.

Der mächtigste aller Eunuchen kann kein Unheil mehr anrichten, doch die glorreiche Dynastie der Ming ist nicht mehr zu retten: Nur 17 Jahre nach dem Tod Wei Zhongxians geht sie endgültig unter, und die kriegerischen Mandschu erobern China (siehe Seite 124).

Die nun folgenden Kaiser der von den Mandschu begründeten Qing-Dynastie werden aus den Fehlern der Ming-Monarchen lernen. Kein Entmannter soll mehr zum heimlichen Herrscher aufsteigen. Die Regenten begrenzen die Zahl der Eunuchen am Hof, beschränken deren Einfluss, schließen sie von allen Staatsämtern aus und unterstellen sie strenger Aufsicht.

Doch solange Kaiser über China gebieten, wird es auch Kastrierte geben, die ihnen zu Diensten sind. Selbst der mächtigste Himmelssohn ist hilflos ohne seine Eunuchen. Und so werden noch fast drei Jahrhunderte lang zahllose Männer Operateure aufsuchen, sich für ein paar Silberstücke entmannen lassen, um den Herrschern in ihren Palästen jeden Wunsch zu erfüllen, beargwöhnt und unentbehrlich.

Für ein Leben im Herzen der Macht, in der Verbotenen Stadt in Beijing. ◊

LITERATURTIPPS

RAY HUANG
»1587. A Year of No Significance«
Der Niedergang der Ming, präzise rekonstruiert (Yale University Press).

SHIH-SHAN HENRY TSAI
»The Eunuchs in the Ming Dynasty«
Seriöse Studie zum Thema (State University of New York Press).

GEO*EPOCHE*

Das Magazin für Geschichte

IMPRESSUM

CHEFREDAKTEUR: Michael Schaper
STELLVERTRETENDER CHEFREDAKTEUR: Dr. Frank Otto
ART DIRECTION: Tatjana Lorenz
TEXTREDAKTION: Samuel Rieth (Konzept dieser Ausgabe), Jens-Rainer Berg, Insa Bethke, Dr. Anja Fries, Johannes Teschner
AUTOREN: Jörg-Uwe Albig, Dr. Ralf Berhorst, Dr. Mathias Mesenhöller
BILDREDAKTION: Christian Gargerle (Leitung), Roman Rahmacher, Jochen Raiß
Mitarbeit: Imke Keyssler
VERIFIKATION: Lenka Brandt, Fabian Klabunde, Olaf Mischer, Alice Passfeld, Andreas Sedlmair
LAYOUT: Eva Mitschke, Dennis Gusko
WISSENSCHAFTLICHE BERATUNG: Hauke Neddermann
KARTOGRAPHIE: Stefanie Peters
CHEF VOM DIENST / SCHLUSSREDAKTION: Dirk Krömer
Mitarbeit: Antje Poeschmann
REDAKTIONSASSISTENZ: Ümmük Arslan; Anastasia Mattern, Thomas Rost (Buchrecherche)

CHEF VOM DIENST TECHNIK: Rainer Droste
HONORARE: Andreas Koseck
GESCHÄFTSFÜHRENDE REDAKTEURIN: Maike Köhler
VERANTWORTLICH FÜR DEN REDAKTIONELLEN INHALT: Michael Schaper

PUBLISHER: Dr. Gerd Brüne, Florian Gless
SALES DIRECTOR: Franziska Bauske / DPV Deutscher Pressevertrieb
EXECUTIVE DIRECTOR DIRECT SALES: Heiko Hager, G+J Media Sales
VERANTWORTLICH FÜR DEN INHALT DER BEILAGEN: Daniela Krebs – Director Brand Solutions G+J e I MS, Am Baumwall 11, 20459 Hamburg
Es gilt die jeweils gültige Anzeigen-Preisliste unter www.gujmedia.de
MARKETING: Pascale Victoir
HERSTELLUNG: G+J Herstellung, Heiko Belitz (Ltg.), Oliver Fehling

Gruner + Jahr GmbH
Sitz von Verlag und Redaktion: Am Baumwall 11, 20459 Hamburg. Postanschrift der Redaktion: Brieffach 24, 20444 Hamburg.
Telefon: 040 / 37 03-0, Telefax: 040 / 37 03 56 48,
Internet: www.geo-epoche.de

Heftpreis: 12,00 Euro (mit DVD: 18,50 Euro)
ISBN: 978-3-652-00744-3;
978-3-652-00738-2 (Heft mit DVD)
ISSN-Nr. 1861-6097

Bankverbindung: Deutsche Bank AG Hamburg,
IBAN: DE 30 2007 0000 0032 2800 00,
BIC: DEUTDEHH
Litho: 4mat Media, Hamburg
Druck: appl druck GmbH, Senefelderstraße 3–11, 86650 Wemding
Printed in Germany

GEO-LESERSERVICE

FRAGEN AN DIE REDAKTION
Telefon: 040 / 37 03 20 84, Telefax: 040 / 37 03 56 48
E-Mail: briefe@geo-epoche.de
Die Redaktion behält sich die Kürzung und Veröffentlichung von Leserbriefen auf www.geo-epoche.de vor.

ABONNEMENT- UND EINZELHEFTBESTELLUNG
GEO*EPOCHE* Kundenservice, 20080 Hamburg
E-Mail: kundenservice@dpv.de,
Telefon: 0049 / 40 / 55 55 89 90, **Telefax:** 0049 / 40 / 55 55 78 03
persönlich erreichbar: Mo–Fr 7.30 bis 20.00 Uhr, Sa 9.00 bis 14.00 Uhr
24 Std. Online-Kundenservice: www.geo.de/kundenservice

Preis Jahresabo: 72,00 € (D), 81,00 € (A), 114.00 sfr (CH)
Abo mit DVD: 105,00 € (D), 120,00 € (A), 174.60 sfr (CH)
Studentenabo: 43,20 € (D), 48,60 € (A), 68.40 sfr (CH)
mit DVD: 66,60 € (D), 77,40 € (A), 118.80 sfr (CH)
Preise für weitere Länder auf Anfrage erhältlich

BESTELLADRESSE FÜR GEO-BÜCHER, GEO-KALENDER, SCHUBER ETC.
Kundenservice und Bestellungen
Anschrift: GEO-Versand-Service, 74569 Blaufelden
Telefon: +49 / 40 / 42 23 64 27, **Telefax:** +49 / 40 / 42 23 64 27
E-Mail: guj@sigloch.de

FOTOVERMERK NACH SEITEN

Anordnung im Layout: l.= links, r.= rechts, o.= oben, m.= Mitte, u.= unten

TITEL: Palace Museum, Beijing/epd-bild
EDITORIAL: Benne Ochs für GEO*EPOCHE*: 3 o.; Christian Gargerle: 3 u.
INHALT: Peter Macdiarmid/Getty Images: 4 l. o.; National Palace Museum, Taipeh: 4 r. o.; Samson J. Goetze für GEO*EPOCHE*: 4 r. m.; Palace Museum, Beijing: 4 l. u.; Antiquariat Felix Lorenz/Interfoto: 4 r. u.; The Picture Art Collection/alamy: 5 o.; Zhao jian kang/Shutterstock: 5 m.; Getty Images: 5 u.
CHINA VOR DEM FALL: Stefanie Peters für GEO*EPOCHE*: 6/7
IMPERIUM IM OSTEN: H.G. Ponting/Royal Geographical Society, London/Bridgeman Art Library: 8/9; Royal Geographical Society, London: 10/11; John Thomson: 12/13; H.G. Ponting/Popperfoto/Getty Images: 14/15, 16/17, 18/19; John Thomson/Bridgeman Art Library: 20/21
DER ERSTE KAISER: Peter Macdiarmid/Getty Images: 22; Araldo De Luca: 24, 27, 30, 33, 34; Pictures From History/akg-images: 25; Leon Neal/Getty Images: 29; Stefanie Peters für GEO*EPOCHE*: 36
DIE KONKUBINE AUF DEM DRACHENTHRON: National Palace Museum, Taipeh: 38/39, 42/43, 46/47; British Library Board/bpk-images: 40; Palace Museum, Beijing: 44
PRACHT UND POESIE: National Palace Museum, Taipeh: 48/49, 51, 52, 54, 56, 59; Wiki Commons: 50 o.; Pictures From History/akg-images: 50; Stefanie Peters für GEO*EPOCHE*: 53
IM REICH DER ZUKUNFT: Privatsammlung: 62; National Palace Museum, Taipeh: 62/63, 64, 66/67, 68, 71, 72
ANGRIFF DER MONGOLEN: The Picture Art Collection/alamy: 74, 77, 81; Pictures From History/akg-images: 78; Roland and Sabrina Michaud/akg-images: 82
DER HERRSCHER UND SEIN ADMIRAL: Samson J. Goetze für GEO*EPOCHE*: 84–97
PALAST DER PALÄSTE: Zhao jian kang/Shutterstock: 98/99, 103, 108/109; National Museum of China, Beijing: 100, 102, 106; aphotostory/Shutterstock: 101; Liping/Shutterstock: 104/105; Skreidzeleu/Shutterstock: 107; Palace Museum, Beijing: 108
ZEITLEISTE: alamy: 111; National Museum of China, Beijing: 112; De Agostini/akg-images: 113; Arthur M. Sackler Museum, Harvard University: 114; Werner Forman Archive/Bridgeman Art Library: 115; Jean-Yves et Nicolas Dubois/RMN-Grand Palais: 116; The Nelson-Atkins Museum of Art, Kansas City: 117; British Museum, London: 118; National Palace Museum, Taipeh: 119; Honolulu Museum of Art, Hawaii: 120; The Metropolitan Museum of Art, New York: 121; The Art Archive/Victoria and Albert Museum, London: 122
DIE GROSSE MAUER: Nikada/Getty Images: 124/125; Sean Pavone/alamy: 126; Wang Shenguo: 127; Li Ding/alamy: 128/129; The Picture Art Collection/alamy: 129; Your Photo Today/Superbild: 130; Stefanie Peters für GEO*EPOCHE*: 131; Terry Allen/alamy: 132/133; Pictures From History/akg-images: 133; ZUMA Press/imago: 134
ZU GAST BEIM HIMMELSSOHN: Palace Museum, Beijing: 136, 138/139, 140, 142/143, 144; Granger/Bridgeman Art Library: 137
NIEDERGANG EINER GROSSMACHT: Donald Mennie/Courtesy of Historical Photographs of China, University of Bristol: 146; Felice Beato: 147; WZ-Bilderdienst/picture-alliance/akg-images: 149 (2); Getty Images: 150; John Thomson/Bridgeman Art Library: 151; Antiquariat Felix Lorenz/Interfoto: 152
DER LETZTE KAMPF: Hubert Vos, H. I. M., The Empress Dowager of China, Cixi (1835–1908), 1905-1906, Harvard Art Museums: 156/157; Chusseau-Flaviens/George Eastman Museum/Getty Images: 159 l. o.; John Thomson/Bridgeman Art Library: 159 r. o.; Granger/Interfoto: 159 m., 164 r. o.; Pump Park Vintage Photography/alamy: 159 u.; Biblioteca Ambrosiana/De Agostini/akg-images: 160; Getty Images: 161; Bettmann/Getty Images: 162/163; Getty Images: 162 u.; The National Archives: 164 l. o.; UIG/Getty Images: 164 u.; Hulton Archive/Getty Images: 167 (2)
VORSCHAU: Bildarchiv Hansmann/Interfoto: 170/171
RÜCKSEITE: Pictures From History/akg-images

Alle Fakten, Daten und Karten in dieser Ausgabe sind vom GEO*EPOCHE*-Verifikationsteam auf ihre Richtigkeit überprüft worden.

Titelbild: Porträt des Kaisers Qianlong (1711–1799), im Jahr seiner Thronbesteigung 1736 angefertigt von dem italienischen Maler Giuseppe Castiglione.
Kürzungen in **Zitaten** sind nicht kenntlich gemacht. **Redaktionsschluss:** 14. September 2018

1200 v. Chr.–1912

Das kaiserliche *CHINA*

Mehr als 2000 Jahre überdauert das Reich der chinesischen Kaiser. Ein Staat, der immer wieder von Bürgerkriegen zerrissen wird – aber in dem es dennoch zu einer außergewöhnlichen Blüte von Kunst und Kultur, Technik und Wissenschaft kommt

Daten, die sich auf Beiträge in diesem Heft beziehen, sind mit einem roten Punkt markiert

Zwischen Steppen, Wüsten und Hochgebirgen im Norden und Westen, im Osten und Süden begrenzt vom Meer, durchzogen vom Gelben Fluss und dem Yangzi, eine fruchtbare Region mit einem Durchmesser von rund 1500 Kilometern: Das ist das Herzland von China.

Seit vielen Millennien leben Menschen hier. Der früheste Fund eines Homo erectus ist mindestens 500 000 Jahre alt. Um 7000 v. Chr. kultivieren erste Ackerbauern hier Reis und Hirse, verarbeiten Ton zu Keramik und schleifen Stein zu kunstvollen Objekten. Nach und nach bildet sich eine gemeinsame Kultur heraus.

Doch erst um 1600 v. Chr. wird ein Herrschergeschlecht aus archäologischen Funden greifbar. Mächtige Männer aus dem Clan der Shang nennen sich erstmals „König" und schmieden aus einer Gesellschaft von Ackerbauern am Unterlauf des Gelben Flusses ein hierarchisch gegliedertes Reich: mit einem Herrscher an der Spitze, mit Adeligen, Bauern und Sklaven, mit Ahnenkult und Geisterglauben, mit Tempeln und Palästen, mit bronzenen Waffen und von Pferden gezogenen Streitwagen, mit feinsten Seidenstoffen und Jadeschmuck, mit Menschen, die geopfert werden, um dem toten Herrscher ins Grab zu folgen – und einem Schriftsystem, das in seinen Grundzügen bis heute gültig ist.

1200 v. Chr.

Schreiber ritzen Orakelinschriften aus abstrahierten Bildzeichen auf Tierknochen und Schildkrötenpanzer. Die magischen Objekte, mit deren Hilfe die Zukunft gedeutet werden soll, sind die ältesten Schriftzeugnisse Chinas.

1045 v. Chr.

Der Clan der Zhou erringt die Vorherrschaft am Unterlauf des Gelben Flusses. Die neuen Könige führen den Titel „Sohn des Himmels" (*tian zi*), wobei sie unter Himmel eine Macht verstehen, die den gesamten Kosmos durchdringt und ihre Herrschaft legitimiert. Die Zhou dehnen ihr Reich bis zum Yangzi aus, stoßen in die nördliche Steppe vor und bis an den Pazifik. „Alles unter dem Himmel", wie sie China nennen, ist nun vereint unter einem Herrscher – theoretisch zumindest. Tatsächlich vergeben die Zhou-Könige Ländereien an einzelne Familienmitglieder und Gefolgsleute, die aus ihren Domänen eigene Kleinstaaten bilden und sich jahrhundertelang bekriegen werden.

SHANG-DYNASTIE
UM 1600–1045 V. CHR.
Von den Anfängen der Schrift künden bildhafte Zeichen auf Tierknochen und Schildkrötenpanzern: Dieses Objekt beschreibt eine Sonnenfinsternis

um 550 v. Chr.

Der Philosoph Laozi, so der Mythos, ist der Wirren seiner Heimat überdrüssig und verlässt China – überreicht dem Grenzposten aber ein Buch mit seinen Lehren. Das Werk, bekannt als „Daodejing" (in etwa: „Kanonisches Buch vom Weg und der Tugendkraft"), ist der Namensgeber des Daoismus, einer Denkschule, die von der Einheit aller Dinge ausgeht. Als Urgrund des Seins gilt das *dao* („Weg"), eine Kraft, die alles im Kosmos gleichermaßen durchdringt, auch den Menschen. Der soll seine eigene Natur bedingungslos annehmen – und das, so die Lehre des Laozi, gelingt am besten durch Nichtstun. Doch ist der „alte Meister" (so die Übersetzung seines Namens) vermutlich nur eine Fantasiegestalt, um die erst gegen 350 v. Chr. ausgebildete Lehre des Daoismus möglichst ehrwürdig erscheinen zu lassen.

495 v. Chr.

Konfuzius, ein hochrangiger Beamter im Herzogtum Lu, verlässt den Staatsdienst, weil seine Vorgesetzten keinen Wert mehr auf den Rat des Gelehrten legen. Fortan versammelt sich eine wachsende Zahl von Schülern um den wandernden Philosophen, der das Denken der Chinesen wie kein Zweiter prägen wird: „Was du selbst nicht wünschst, das füge auch keinem anderen zu", lautet einer seiner wichtigsten Lehrsätze. Allerdings gelten laut Konfuzius für jede menschliche Beziehung feste hierarchische Regeln. Sein Ziel: eine ewige Ordnung aus Etikette und Ritualen, die auch über den Tod hinausreicht. Daher sollen die Ahnen mit Opfern und respektvollen Gedanken geehrt werden. Staatliche Gesetze und strenge Strafen lehnt Konfuzius indes ab: Sie würden den Menschen nur zum Opportunisten machen.

HAN-DYNASTIE
206 V. CHR.–220 N. CHR.
Grabbeigaben wie dieser Wachturm begleiten Gutsherren ins Jenseits – als Symbol ihrer Aufgabe und ihrer Macht

403 v. Chr.

Aus den mehr als 170 rivalisierenden Vasallengebieten der Zhou-Könige gehen sieben große Territorialreiche hervor, die in den folgenden gut 180 Jahren um die Macht ringen werden. Diese Zeit der „Streitenden Reiche“ formt ein neues China. Die Herrscher stellen Armeen mit Infanterie und Kavallerie auf, produzieren Eisenwaffen, intensivieren die Landwirtschaft und fördern alles, was im Wettstreit mit den Konkurrenten dienlich sein könnte.

359 v. Chr.

Herzog Xiao von Qin, einem strategisch wichtigen Territorium im äußersten Nordwesten, macht den Verwaltungsfachmann Shang Yang zu seinem Berater. Überzeugt, die Macht eines jeden Staates beruhe auf einer schlagkräftigen Armee und gut gefüllten Getreidespeichern, reformiert der Vertraute des Herzogs das Fürstentum: Die erbliche Aristokratie verliert ihre Privilegien, vom König ernannte Beamte, die sich zumeist in der Armee bewährt haben, gewinnen an Einfluss; die Bauern müssen Kriegsdienst leisten; erfolgreiche Landwirte werden belohnt, arbeitsunwillige Untertanen versklavt.

Zudem fasst Shang Yang die Haushalte der einzelnen Dörfer zu Gruppen zusammen, deren Mitglieder sich gegenseitig überwachen und jeden Regelverstoß der Obrigkeit mitteilen müssen. Diese Reformen sowie die Einteilung des Landes in Distrikte stärken die Machtposition des Herrschers nach innen wie im Kampf gegen konkurrierende Mächte von außen. Shang Yang ist anders als Konfuzius davon überzeugt, dass nur drakonische Strafen die Menschen zur Tugend führen – und damit den Staat stärken.

325 v. Chr.

Nach mehr als einem Jahrhundert der Kämpfe gegen machthungrige Vasallen ist der Königshof von Zhou verarmt und machtlos. Diese Schwäche nutzt Herzog Huiwen von Qin aus und proklamiert sich zum *wang* („König“) von Qin.

256 v. Chr.

Das Königreich Qin erobert das Kernland der Zhou-Dynastie. Kurz darauf übernimmt der Herrscher von Qin auch das „Mandat des Himmels“ von den Zhou, also den Anspruch auf die Oberhoheit über die anderen regionalen Fürstentümer.

246 v. Chr.

Der 13-jährige Ying Zheng wird zum fünften König von Qin proklamiert.

230 v. Chr.

Ying Zheng beginnt mit einem Angriff auf das Reich Han eine zehn Jahre währende Serie von Kriegen, die mit der Eroberung aller anderen chinesischen Staaten – Han, Zhao, Wei, Chu, Yan und Qi – enden wird.

221 v. Chr.

Ying Zheng nimmt den Titel Qin Shi Huangdi („Erhabener Gottkaiser Erster Generation von Qin“) an.* Er wird damit

Lesen Sie dazu die Geschichte ab S. 22

* Jeder Kaiser hat mehr als einen Namen. Denn er ändert ihn bei seiner Thronbesteigung, erhält zudem oft einen meist posthumen Ehrentitel – nach dem werden die Herrscher in diesem Heft in der Regel benannt. Ab der Ming-Dynastie (14. Jh.) werden sie nach ihrer Regierungsdevise bezeichnet, etwa Yongle („fortdauernde Freude“).

zum ersten Kaiser Chinas und begründet die **Qin-Dynastie** *(221–206 v. Chr.)*.

Er vereinigt die ehemals verfeindeten Fürstentümer zum zentral regierten Kaiserreich – verwaltet durch eine leistungsfähige Bürokratie, erschlossen durch ein Netz von Fernstraßen, geschützt durch massive Grenzbefestigungen, wird es mehr als 2000 Jahre bestehen.

Sofort befiehlt Qin Shi Huangdi, die Verwaltung zu zentralisieren, um so den Aufstieg mit ihm konkurrierender Machthaber zu verhindern. Nach dem Vorbild der Reformen Shang Yangs wird das Land in 36 Bezirke unterteilt, die von kaiserlichen Offizieren und Beamten gesichert und verwaltet werden.

Möglich wird die nun beginnende Herrschaft der Bürokraten erst durch eine weitere Reform: die Vereinheitlichung und Vereinfachung der Schriftzeichen (die sich in den Regionen Chinas sehr unterschiedlich entwickelt hatten).

Zudem werden Gewichte und Maße sowie Währung und Kalender standardisiert und ein Netz von Fernstraßen gebaut. Alle männlichen Untertanen sind zur Mitarbeit an solchen staatlichen Großprojekten und zum Kriegsdienst verpflichtet.

219 v. Chr.

Ein 500 000 Mann starkes Invasionsheer zieht in den Süden und erobert in jahrelangen Kriegen die angrenzenden Regionen.

214 v. Chr.

Qin Shi Huangdi lässt den „Magischen Kanal" bauen, eine 33 Kilometer lange Wasserstraße, die zwei Systeme aus Flüssen und Kanälen miteinander verbindet. Damit entsteht ein Netz von rund 2000 Kilometer Gesamtlänge, über das fortan Transporte aus Zentralchina bis an die Küste im Süden des Reiches gelangen können.

213 v. Chr.

Qin Shi Huangdi schickt 100 000 Soldaten an die Nordgrenze, um Nomadenstämme zu unterwerfen. Im gleichen Jahr verbannt er oppositionelle Beamte und wohl auch Anhänger des Konfuzius (dessen Lehre verboten ist) in diese Region, um über mehrere Tausend Kilometer eine Grenzbefestigung zu errichten. Die Wallanlagen verlaufen nördlich der später entstehenden, heute noch existierenden steinernen „Großen Mauer".

Die Baustelle ist ein Straflager für all jene, die den Herrscher kritisieren – darunter einer seiner Söhne. Der erste Kaiser ist ein prunksüchtiger Despot, der 270 Paläste und Prachtbauten errichten und Tausende Untertanen töten lässt.

210 v. Chr.

Während einer Inspektionstour stirbt Qin Shi Huangdi 650 Kilometer von der Hauptstadt Xianyang entfernt. Während seiner Herrschaft hat er mit seinen Eroberungen das Gebiet seines Reiches auf mehr als drei Millionen Quadratkilometer Fläche ausgedehnt und damit das Kernland aller folgenden Dynastien abgesteckt.

Nun proklamieren führende Minister den jüngsten und beeinflussbaren Kaisersohn Huhai zum neuen Herrscher. Den rechtmäßigen Erben treiben sie mit einem gefälschten kaiserlichen Brief in den Suizid.

Unterdessen wird der erste Kaiser in einer 56 Quadratkilometer großen Grabanlage beigesetzt – bewacht von einer Armee aus mehr als 8000 lebensgroßen Terrakottasoldaten, in den Tod begleitet von zahllosen Konkubinen und Handwerkern, die den Totenpalast mit Kostbarkeiten ausgeschmückt haben (und daher wissen, wo sie verborgen sind). Wohl 700 000 Zwangsarbeiter hatte der Kaiser für den Bau des Mausoleums rekrutiert.

209 v. Chr.

Im Sommer brechen Unruhen gegen das strenge Qin-Regime und die wegen der Prunk- und Kriegssucht des Herrschers äußerst hohe Steuerlast aus.

206 v. Chr.

Rebellen dringen in die Hauptstadt Xianyang vor. Bald darauf wird Liu Bang, ein Anführer der Aufständischen, von einem Konkurrenten vertrieben. Als Entschädigung erlaubt ihm der Sieger, in der Region des nordwestchinesischen Hanzhong als „König von Han" zu herrschen. Dann exekutieren die Rebellen den gefangenen Kaiser. Damit endet die Qin-Dynastie.

Nun wendet sich der im Volk beliebte und militärisch versierte Liu gegen seine Kon-

ZEIT DER DREI REICHE
220–280 N. CHR.
Meditierend sitzt dieser bronzene Buddha über Löwen und Lotosblüten: Im 1. Jahrhundert n. Chr. findet der Buddhismus in China erste Anhänger

trahenten, eint das verwüstete Land und begründet die **Han-Dynastie** *(206 v. Chr.–220 n. Chr.)*. Als Hauptstadt wählt er das westchinesische Chang'an (das heutige Xi'an). Ehemalige Kampfgefährten belohnt er mit Lehenskönigtümern, um sie an sich zu binden – die wie unter dem ersten Kaiser unter strenger Aufsicht des Herrschers stehen.

141 v. Chr.

Kaiser Wudi besteigt den Thron. In seiner mehr als 50 Jahre währenden Regierungszeit unterwirft er kriegerische Nomaden im Norden und Westen, erobert Teile Vietnams und Koreas und stößt bis nach Zentralasien vor. Das Reich erhält eine engmaschige und effiziente Verwaltung. Die Beamtenschaft verpflichtet der Kaiser auf die Prinzipien des Konfuzianismus; jener Morallehre, die auf der strengen Einhaltung der gegebenen Ordnung basiert, in der es nicht so sehr auf den Einzelnen ankommt, sondern auf die Pflege der Tugend und der Kultur zum Wohle aller.

138 v. Chr.

Kaiser Wudi schickt den Diplomaten Zhang Qian mit 100 Soldaten auf eine Mission in die Regionen westlich der Reichsgrenzen. Sein Auftrag: Verbündete gegen Angriffe von Reiterkriegern zu gewinnen. Erst 13 Jahre später kehrt der Emissär zurück; Alliierte hat er zwar nicht gefunden, doch berichtet er dem Herrscher von wohlhabenden Völkern, die er auf seiner Reise bis ins heutige Usbekistan besucht hat. Bald darauf entsendet der Hof weitere Expeditionen – die vor allem den Warenaustausch mit den Fremden fördern sollen. Einige Jahrzehnte später liefern Chinesen erstmals Seidenballen an Kaufleute zwischen Euphrat und Indus. Und schließlich entsteht ein mehr als 6000 Kilometer langer, bis ans Mittelmeer reichender Handelsweg: die Seidenstraße.

um 85 v. Chr.

Sima Qian, ein Astronom und Chronist, vollendet nach etwa 18 Jahren Arbeit sein Hauptwerk „Shiji" („Aufzeichnungen des Historikers"). In 130 Kapiteln erzählt er dabei fast 2000 Jahre chinesischer Geschichte. Seine Biografien handelnder Personen und Zeittafeln – die Ereignisse in verschiedenen Königreichen nebeneinander aufreihen – sind bahnbrechend für die Geschichtsschreibung.

105 n. Chr.

Der Eunuch Cai Lun übergibt dem Kaiser einen Bericht darüber, wie sich aus den Fasern von Hanf, dem Bast von Bäumen, Lumpen oder alten Fischernetzen besseres Papier herstellen lässt. Es ist die erste schriftliche Erwähnung des Schreibmaterials überhaupt. Papier an sich ist in China aber vermutlich schon seit mehr als 200 Jahren in Gebrauch.

184 n. Chr.

Die Sekte der „Gelben Turbane" rebelliert gegen die Palasteunuchen, die unter schwachen Han-Kaisern zu den eigentlichen Herrschern geworden sind. Die Sektenmitglieder folgen den Idealen des Daoismus, der im Gegensatz zur strikten Hierarchie der konfuzianischen Staatsdoktrin von einer natürlichen Gleichwertigkeit aller Dinge ausgeht. Der Aufstand währt rund 20 Jahre und beschleunigt den Niedergang der Han-Dynastie.

Deren letzter Kaiser Xiandi überträgt schließlich im Jahr 220 n. Chr. die Herrschaft an den Sohn seines Generals Cao Cao.

Nach dem Zerfall des Kaiserreichs rufen drei Generäle der einstigen Regierungstruppen jeweils eigene Staaten aus. Es kommt zur **Zeit der drei Reiche** *(220–280 n. Chr.)*.

Den Norden beherrscht das von General Cao Cao begründete Wei-Reich. Auf dem Gebiet des heutigen Sichuan etabliert sich 221 n. Chr. die Dynastie der Shu-Han, und im Südosten entsteht 222 n. Chr. das Reich Wu. Immer wieder kommt es zwischen den Warlords (und auch deren Nachkommen) zu Kriegen. 263 n. Chr. erobern die Wei Sichuan.

265 n. Chr.

Im Reich Wei übernimmt der Clan der Sima die Macht und etabliert die **Westliche Jin-Dynastie** *(265–316 n. Chr.)*. 280 n. Chr. annektiert der Jin-Kaiser Wudi das Reich Wu, und so regieren die Jin jetzt wieder über ein geeintes China. Hauptstadt ist Luoyang. Die Dynastie versucht, die Macht durch ein Lehenssystem auf einzelne Familienmitglieder zu verteilen. Deren Armeen sind aber zu schwach gegen angreifende Nomaden aus dem Norden. 316 n. Chr. muss sich die Dynastie in den Südosten Chinas zurückziehen und begründet dort die **Östliche Jin-Dynastie** *(317–420 n. Chr.)*.

In Nordchina werden etliche der eingefallenen Noma-

TANG-DYNASTIE
618–907
Detailgenau ausgearbeitete Pferdeskulpturen weisen auf die Verbindungen dieser Dynastie mit zentralasiatischen Reitervölkern hin

denstämme nun sesshaft, dort existieren bis zu 16 Kleinreiche gleichzeitig. Es kommt immer wieder zu Konflikten, neue Staaten bilden sich und gehen wieder unter.

399

Der chinesische Mönch Faxian wandert nach Indien, um heilige Texte des Buddhismus nach China zu holen. Er kehrt mit zahlreichen Schriften zurück, übersetzt sie vom Sanskrit ins Chinesische und verfasst zudem einen detaillierten Bericht über seine Reise ins Land Buddhas.

504

Liang Wudi, seit 502 n. Chr. Herrscher in Südchina, wendet sich dem Buddhismus zu.

LIAO-DYNASTIE
907–1125
In einer Zeit, in der die Zentralmacht verfällt, lassen sich in der heutigen Mandschurei Adelige prachtvoll bestatten: Häufig bedecken Masken aus Silber und Gold ihr Antlitz

581

Yang Jian, ein General aus dem Norden, vereint China durch Eroberungen wieder, führt einen einheitlichen Verwaltungsapparat ein und begründet die **Sui-Dynastie** *(581–618)*.

604

Sui Yangdi, der Sohn des Reichseinigers, wird Kaiser. Er baut unter anderem die alte Kapitale Luoyang aus und lässt seine Untertanen den „Kaiserkanal" vollenden: ein Netz von per Hand gegrabenen künstlichen Wasserstraßen und Flüssen, das Luoyang mit Hangzhou im Süden sowie der Region um das spätere Beijing im Norden verbindet. Der weit über 1000 Kilometer lange Kanal erleichtert die Versorgung der Hauptstadtregion mit Getreide aus dem fruchtbareren Südchina – aber auch die Verschiffung von Truppen. 612 beginnt Sui Yangdi eine Reihe von verlustreichen Feldzügen gegen Korea, die seine Dynastie in der Bevölkerung die letzten Sympathien kosten und zu Aufständen führen. Um 617 fällt er in Südostchina einem Attentat zum Opfer.

618

Als Kaiser Gaozu begründet der Rebellengeneral Li Yuan die **Tang-Dynastie** *(618–907)*. Bereits 626 dankt er zugunsten seines Sohns ab, der als Kaiser Taizong mit einer militanten Expansionspolitik beginnt. Unter den Tang erreicht China seine bis dahin größte Ausdehnung: Korea und Nordvietnam werden erobert, die Westgrenze bis hinter das Pamir-Gebirge verschoben, das Reich der Mitte greift nach Tibet aus und beeinflusst sogar Japan. Über die Seidenstraße bestehen Kontakte bis in die islamische Welt. Die Hauptstadt Chang'an ist mit einer Million Einwohnern die größte Stadt der Erde. Daneben unterhält China eine zweite Hauptstadt, um das wachsende Staatsgebiet zu regieren und stets über einen Ausweichort für die Regierungsgeschäfte in Krisenzeiten zu verfügen: das prosperierende Luoyang. China wird unter der Tang-Herrschaft ein „Goldenes Zeitalter" erleben. Dichtung, Malerei und Unterhaltungskunst blühen.

653

Das „Tanglü Shuyi" erscheint. Es ist die früheste vollständig überlieferte Sammlung chinesischer Gesetzestexte. Der Kodex ist in zwölf Abschnitte mit 500 Paragrafen gegliedert und wird bis fast zum Ende der Kaiserzeit gültig sein.

690

Lesen Sie dazu die Geschichte ab S. 38

Zum ersten und einzigen Mal in der chinesischen Geschichte besteigt eine Frau offiziell den Kaiserthron: Wu Zhao. Zuvor hat die einstige Konkubine bereits jahrzehntelang an der Seite ihres Ehemannes und im Namen ihres Sohnes geherrscht. Nun gründet sie eine eigene Dynastie, der sie den Namen Zhou gibt – unter Berufung auf die lang vergangene, verklärte Zhou-Zeit. Doch 705 zwingen ihre Gegner sie zur Abdankung, und die Tang-Dynastie wird wiederhergestellt.

um 700

Buddhistische Mönche aus Korea, Japan und Vietnam besuchen die Klöster Chinas, erlernen dort die chinesische Schrift und verbreiten sie anschließend in ihren Heimatländern. In den vormals analphabetischen Gesellschaften wird das chinesische Zeichensystem zum Ausdrucksmittel der Oberschichten. Fortan verbindet eine gemeinsame Schriftsprache Ostasien, ähnlich wie das Lateinische die Gelehrten Europas. Chinas Zivilisation hat so große Strahlkraft, dass sich die Nachbarn bald auch die Lehren des Konfuzius zu eigen machen, Beamtenprüfungen nach chinesischem Vorbild abhalten und Architekten, Künstler wie Literaten sich am Reich der Mitte orientieren.

755

An Lushan, der mächtigste Militärgouverneur der Tang, marschiert im Dezember mit seinen Truppen gegen die östliche Hauptstadt Luoyang und ruft sich Anfang des Jahres 756 zum Kaiser aus. Der nun entbrennende Bürgerkrieg erschüttert China und macht zwei Drittel der Bevölkerung obdachlos. Den Tang gelingt es erst 763, den Aufstand niederzuschlagen. Ihre Zentralgewalt schwindet zusehends, im Norden und Westen gehen große Gebiete an Tibeter und Uiguren verloren.

868

Eine lokale Druckerei fertigt ein Exemplar der „Diamant-Sutra" an, eines buddhistischen Lehrtextes. Das Werk ist das älteste gedruckte Buch der Welt, dessen Entstehungszeit genau bekannt ist. Mittels eingefärbter hölzerner Blöcke haben die Handwerker dafür Bilder und Schriftzeichen auf sieben Papierbögen gebracht und dann zu einer fünf Meter langen Rolle zusammengefügt. Gut möglich, dass das Buch in einer hohen Auflage produziert wird: Mit jedem Block können 1000 Bögen am Tag bedruckt werden.

907–960

China versinkt am Ende der Tang-Zeit in Anarchie und zerfällt schließlich erneut in mehrere Teile. Es kommt zur Epoche der **Fünf Dynastien und Zehn Königreiche** *(907–960)*. Im Norden regieren nacheinander fünf Herrscherfamilien von der Hauptstadt Kaifeng aus, im restlichen China etablieren sich zehn Kleinstaaten.

960

In Kaifeng stürzt der Chef der Palastgarde den Herrscher, lässt sich sodann von seinen Truppen unter dem Namen Taizu zum Kaiser proklamieren und etabliert damit die **Song-Dynastie** *(960–1279)*.

Mit seiner schlagkräftigen Armee gelingt es dem Soldatenkaiser rasch, auch die Reiche im Süden zu unterwerfen. Doch nach seinem Sieg hält er Offiziere von der Macht fern und fördert vor allem zivile Beamte sowie Ingenieure und Wissenschaftler.

Zur Staatsdoktrin erheben die Song eine orthodoxe Fassung des Konfuzianismus. Der Handel blüht, immer mehr Menschen ziehen in die wachsenden Städte.

1044

Im Buch „Wujing zongyao" („Kompendium der wichtigsten Militärtechniken"), das Wissenschaftler auf Befehl Kaiser Renzongs verfasst haben, werden erstmals Rezepte zur Herstellung von Schwarzpulver publiziert. Die Autoren beschreiben zudem Belagerungsgeräte, Flammenwerfer sowie Armbrüste und Katapulte.

Doch trotz ständiger Bedrohung durch Reitervölker aus dem Norden entwickeln Beamte und Erfinder der Song-Dynastie vor allem zivile Innovationen: 984 entsteht eine Kammerschleuse, um das Höhengefälle von Kanälen auszugleichen, 1024 wird das erste Papiergeld ausgegeben und um 1045 der Druck mit beweglichen hölzernen Lettern ersonnen. Seeleute nutzen erstmals den Kompass, Handwerker perfektionieren die Porzellanproduktion, und Ingenieure konstruieren wassergetriebene Spinnräder.

FRÜHE SONG-DYNASTIE
960–1126
In einer Ära der kulturellen Blüte entsteht diese aus Holz geschnitzte, außergewöhnlich naturalistische Figur – eine buddhistische Gottheit

1100

Der 18-jährige Huizong wird zum Kaiser erhoben. Er ist ein Schöngeist, Maler, Poet, Kunstsammler – und ein Träumer, der sich kaum für die Landesverteidigung interessiert.

1125

Die Dschurdschen, nomadische Stämme aus der nordöstlich Chinas gelegenen Mandschurei, überfallen mit einem Heer schwer gepanzerter Reiter den Norden des Reiches. Die Song-Dynastie, geschwächt durch dauernde Kriege und geführt von dem weichlichen Herrscher Huizong, hat den Invasoren nur wenig entgegenzusetzen. 1126 fällt die Hauptstadt Kaifeng, der Kaiser gerät in Gefangenschaft. Während ein Prinz der regierenden Song-Familie mit dem Hofstaat nach Süden flüchtet und sich in Hangzhou zum Kaiser ausrufen lässt, erklären sich die Führer der Dschurdschen im Norden zu den rechtmäßigen Nachfolgern der chinesischen Herrscher und begründen ihre eigene Dynastie: die der Jin. Für rund 150 Jahre ist China nun in zwei Reiche gespalten.

1187

Der Philosoph und Staatsbeamte Zhu Xi veröffentlicht

ein Lehrbuch für junge Schüler unter dem Titel „Xiaoxue" („Grundlagen des Lernens"), das vom Buddhismus beeinflusst ist. Zhu ist einer der Hauptvertreter des Neokonfuzianismus, der eine metaphysische Auslegung der alten Staatsdoktrin darstellt. Seine Kommentare zu klassischen Schriften gehören fortan zur Pflichtlektüre für alle Anwärter auf die Beamtenprüfungen.

1209

Lesen Sie dazu die Geschichte auf S. 82

Nachdem er mit List und Gewalt die vielen Stämme in der Mongolei unter seiner Herrschaft vereint hat, beginnt der Feldherr Dschingis Khan einen Eroberungszug von nie da gewesenen Dimensionen in Asien und Europa. Als Erstes überrennen seine Reiterkrieger das Reich Xi Xia an der mongolischen Südgrenze. Zwei Jahre später bestürmen sie Nordchina, 1215 fällt dessen Hauptstadt Zhongdu (das heutige Beijing). (Die Jin-Kaiser können sich im südlicher gelegenen Kaifeng noch bis 1234 halten.) Dann wenden sich die Mongolen nach Westen, unterwerfen weite Teile Zentralasiens, erreichen 1223 die Ukraine. Den hochmobilen Kämpfern mit ihren durchschlagskräftigen Bögen ist keine Streitkraft gewachsen; zudem geben viele Gegner aufgrund der Brutalität, mit der Dschingis Khan Besiegte behandelt und ganze Landstriche entvölkert, bereits vor einer Schlacht auf. 1227 stirbt Dschingis Khan.

1258

Ein Heer der Mongolen dringt von Nordchina aus bis an den mittleren Yangzi vor und bedroht damit das Restreich der 1126 nach Süden geflüchteten Song-Dynastie. Doch innermongolische Streitigkeiten führen zum vorzeitigen Abbruch der Kampagne.

1271

Lesen Sie dazu die Geschichte ab S. 74

Der Mongolenherrscher Kublai Khan, ein Enkel Dschingis Khans, erklärt sich zum chinesischen Kaiser und etabliert die **Yuan-Dynastie** *(1271–1368)*.

1279 siegen die Mongolen endgültig über die Südliche Song-Dynastie, und so steht China zum ersten Mal in seiner Geschichte vollständig unter einer Fremdherrschaft. Kublai Khans Reich umfasst neben China auch die Mongolei (sowie den Vasallenstaat Korea) und ist zugleich der größte von vier Teilen des mongolischen Territoriums, zu dem auch die Khanate in Zentralasien, Persien sowie Osteuropa mit Sibirien gehören. Die chinesische Bevölkerung wird von den neuen Machthabern benachteiligt und von der politischen Macht ferngehalten. Kublai Khan lässt die Kapitale Zhongdu unter dem Namen Dadu neu errichten – nun als Hauptstadt seines ganzen Imperiums.

1274

Der venezianische Kaufmann Marco Polo erreicht Xanadu, die Sommerresidenz Kublai Khans. Der Kaiser nimmt ihn wohl als eine Art Kundschafter in seine Dienste auf. Bis 1291 bereist der Venezianer für seinen Herrn das Kaiserreich. Marco Polos später verfasster Bericht über seine Erlebnisse versorgt das Abendland erstmals mit detaillierten Informationen über China.

1294

Nach 23 Jahren auf dem chinesischen Thron stirbt Kublai Khan. Mit seinen wenig begabten Nachfolgern setzt ein allmählicher Zerfall der mongolischen Herrschaft über China ein, der durch etliche Naturkatastrophen beschleunigt wird.

SPÄTE SONG-DYNASTIE

1126–1279

Virtuos ausgeführte Glasierungen verwandeln Gebrauchsgegenstände in Kunstobjekte: Die changierende Farbe dieser Keramikschale deutet die Unendlichkeit des Himmels an

1368

Zhu Yuanzhang, Führer einer seit Jahrzehnten aktiven chinesischen Rebellenbewegung, verjagt den letzten Yuan-Kaiser aus der Hauptstadt Dadu (Beijing) und begründet die **Ming-Dynastie** *(1368–1644)*.

Wie die fremde Yuan-Dynastie herrschen auch die einheimischen Ming autokratisch, Fehltritte werden hart bestraft und Beamte durch eine eigene Geheimpolizei überwacht. Die frühen Ming-Kaiser stärken das Reich der Mitte außenpolitisch, indem sie den Handel und die Verbindungen zu den Nachbarstaaten fördern.

1405

Lesen Sie dazu die Geschichte ab S. 84

Eine gewaltige Flotte aus 317 Dschunken mit insgesamt 27 870 Mann Besatzung sticht in See. Die Armada soll den Bewohnern ferner Länder die Macht des Kaisers demonstrieren und Chinas Einfluss in der Welt verbreiten. Unter dem Kommando des Admirals Zheng He tauscht sie exotische Waren ein, jagt Piraten und dominiert bald den Indischen Ozean. Bis 1433 folgen sechs weitere Expeditionen, die bis nach Arabien, Afrika und vielleicht sogar Nordaustralien führen.

1407

Lesen Sie dazu die Geschichte ab S. 98

Kaiser Yongle gibt den Befehl, in Beijing, das er im Vorjahr zur neuen Hauptstadt erhoben hat, eine imperiale Residenz von nie da gewesenen Dimensionen zu erbauen: Rund 200 000 Arbeiter errichten ab 1417 in nur drei Jahren Hunderte prachtvolle Gebäude auf dem mehr als 72 Hektar großen Gelände inmitten der Kapitale. Nur wenigen Untertanen ist der Zutritt zu dem von einem Wassergraben und einer Mauer umgebenen Komplex gestattet, der daher später den Namen „Verbotene Stadt“ erhält. Fast 500 Jahre lang werden Chinas Kaiser von dieser Palastanlage aus herrschen.

1433

Admiral Zheng He stirbt, am Kaiserhof setzen sich jene Beamten durch, die dessen Machtfülle kritisierten und Kontakt zur Außenwelt für schädlich halten. Sie beenden die überseeische Expansion. Damit verspielt China die Gelegenheit, noch vor den europäischen Entdeckern eine Vorherrschaft im Indischen Ozean fest zu etablieren.

1473

Lesen Sie dazu die Geschichte ab S. 124

Kaiser Chenghua ordnet den Bau einer umfassenden neuen Grenzbefestigung an, der „Großen Mauer“. Das gigantische Bollwerk soll das Reich vor Angriffen der Mongolen und anderer kriegerischer Steppenbewohner aus dem Norden schützen. Die Ming-Mauer, die in weiten Teilen noch heute steht, erstreckt sich schließlich über mehr als 7000 Kilometer vom Gelben Meer im Osten bis nach Zentralasien im Westen. Andere große Mauern wurden bereits seit der Zeit des ersten Kaisers als Grenzbefestigungen errichtet.

1583

Im Auftrag seines Ordens nimmt der Jesuit Matteo Ricci seine Missionstätigkeit in China auf. Der Italiener hat Chinesisch gelernt und kleidet sich zunächst wie ein buddhistischer Mönch, später wie ein konfuzianischer Beamter, um das Vertrauen der Einheimischen zu gewinnen. 1601 wird er als erster Missionar aus Europa an den Hof in Beijing gerufen. Bei Riccis Tod 1610 umfasst die katholische Gemeinde im Reich der Mitte rund 2500 Gläubige.

YUAN-DYNASTIE
1271–1368
In der Zeit der mongolischen Fremdherrschaft spielen Chinas Künstler oft mit zufälligen Farbverläufen – einem Effekt, der erst beim Brennen entsteht

1587

Kaiser Wanli, bereits seit Langem unzufrieden mit dem strikten Zeremoniell in der Verbotenen Stadt, das minutiös seinen Tagesablauf vorschreibt, tritt in den Streik: Jahrzehntelang erscheint der Monarch nicht mehr zu Audienzen und weigert sich, neue Beamte zu ernennen. Stattdessen überlässt der Herrscher die Verwaltung des Reiches weitgehend Eunuchen, die nun immer mehr Einfluss am Hof erlangen.

um 1623

Der 17-jährige Tianqi, ein schwacher und an den Staatsgeschäften nicht interessierter Kaiser, ernennt den führenden Palasteunuchen Wei Zhongxian zum Direktor des Geheimdienstes. Der Günstling des Monarchen wird zum eigentlichen Machthaber Chinas; er errichtet ein brutales Terrorregime, das erst mit Tianqis Tod 1627 endet: Wei Zhongxian wird vom neuen Kaiser Chongzhen verbannt und verübt Suizid.

1644

Kaiser Chongzhen erhängt sich in einem Pavillon auf einem Hügel nördlich der Verbotenen Stadt. Er hat keinen Ausweg mehr gesehen: Einheimische Rebellen aus durch Missernten ausgehungerten Regionen belagern ihn, sogar den eigenen Soldaten ist sein Regime derart verhasst, dass sie über die Köpfe der Angreifer hinwegschießen. Der Thron ist nun vakant.

Die Chance, ihn zu übernehmen, nutzen die Mandschu (die sich früher Dschurdschen nannten) aus dem Norden, indem sie die Große Mauer mit Hilfe eines chinesischen Generals überwinden und die Aufständischen niederwerfen.

Nach ihrem Sieg etablieren die Mandschu im Oktober 1644 die **Qing-Dynastie** *(1644–1912)* unter Kaiser Shunzhi. Sie befehlen ihren männlichen Untertanen das Tragen der mandschurischen Haartracht (also von Zopf und rasiertem Vorderschädel), ansonsten ist ihr Staat aber konfuzianischer, als es das Reich der Mitte zuvor gewesen ist, weil die Qing die chinesische Herrschaftstechnik schätzen. Im 18. Jahrhundert wird China eine wirtschaftliche und kulturelle Blütezeit erleben.

1661

Im Alter von nicht einmal sieben Jahren folgt Kaiser Kangxi seinem verstorbenen Vater Shunzhi auf den Thron, die Regierung führt zunächst seine mongolische Großmutter. In den 61 Jahren seiner Herrschaft gelingt es Kangxi, die letzten noch zu den Ming haltenden Gebiete im Süden Chinas zu unterwerfen, gegnerische Mongolenstämme unter dem Dach der Qing zu vereinen und einen Vertrag mit dem russischen

Zarenreich über die gemeinsame Grenze zu schließen. Wie sein Sohn und Nachfolger Yongzheng (reg. 1722–1735) und sein Enkel Qianlong (reg. 1735–1796) gilt Kangxi als aufgeklärter Despot, der mit eiserner Hand Krieg führt, aber Wissenschaft und Technik, Kunst und Kultur sowie das Manufakturwesen fördert. China produziert nun 20 Prozent der Güter auf der Welt.

1757

Das Kaiserreich schließt alle Häfen außer Guangzhou (Kanton) im Perlflussdelta für ausländische Kaufleute. Nur an diesem Ort dürfen sich Franzosen, Schweden oder Niederländer aufhalten, Faktoreien gründen und ihren Geschäften nachgehen. Die Briten sind vor allem an Tee interessiert. Die Importe aus dem Reich der Mitte steigen rasant an. 1783 führen sie 2700 Tonnen Tee aus China ein, rund 50 Jahre später sind es bereits 13 600 Tonnen.

1759

Nach seinem Triumph über muslimische Rebellen in Xinjiang herrscht Qianlong über ein Imperium wie kein Kaiser vor ihm: China hat seine größte Ausdehnung erreicht. Es umfasst nun neben der Mandschurei und den alten chinesischen Territorien die gesamte Mongolei, Xinjiang, Tibet und Taiwan. Die Mandschu, die nie mehr als ein Prozent der Bevölkerung stellen, sichern ihre Herrschaft über den rund 13 Millionen Quadratkilometer großen Vielvölkerstaat vor allem durch die Berufung ihnen loyaler chinesischer Beamter

MING-DYNASTIE
1368–1644
Chinas Maler streben stets nach perfekter Harmonie: Wie der goldene Fächer, auf den sie getuscht ist, öffnet sich die Landschaft dem Blick des Betrachters

und die Verpflichtung auf die Ideale des Konfuzius.

1793

Lesen Sie dazu die Geschichte ab S. 136

Kaiser Qianlong gewährt dem Gesandten des britischen Königs, Lord George Macartney, eine Audienz. Es ist das erste diplomatische Zusammentreffen zwischen Vertretern der zwei mächtigsten Staaten auf Erden. Die Macartney-Mission verläuft für die Briten enttäuschend. Qianlong lässt König Georg III. ausrichten, er brauche nichts aus England. Die Absage ist verheerend für Londons Handelsbilanz, es muss seinen Tee weiterhin vor allem mit Silber bezahlen. Ein Ausweg zeichnet sich allerdings bereits ab, denn eine Ware, die die Briten aus ihrer Kolonie Indien anbieten, interessiert die Chinesen zunehmend: Opium.

1839

Erster Opiumkrieg. Seit gut fünf Jahrzehnten importieren Engländer Opium nach China,

Lesen Sie dazu die Geschichte ab S. 146

wo das Rauschgift von einheimischen Gangstern vertrieben wird. Wohl gut zwölf Millionen Chinesen sind süchtig oder rauchen gelegentlich Opium. Als ein Sonderkommissar des Kaisers mehr als 1000 Tonnen der Droge von den Briten beschlagnahmt und vernichtet und darüber hinaus die Europäer aus Kanton vertreiben lässt, setzt London seine Interessen mit Gewalt durch: Die königliche Regierung entsendet eine Kriegsflotte, die ab dem folgenden Sommer zunächst mehrere chinesische Häfen und Wasserwege blockiert sowie einige Städte erobert. Im Frühjahr 1841 nehmen die Briten auch Kanton ein. Schließlich bittet die kaiserliche Regierung um Friedensverhandlungen – weil viele Provinzen durch die Blockaden von Getreidelieferungen abgeschnitten sind.

1842

Mit einem Diktatfrieden der Briten endet der Erste Opiumkrieg. Neben Kanton muss Kaiser Daoguang weitere Häfen für die Europäer öffnen. Zudem muss der Herrscher die Insel Hongkong seiner Kontrahentin Königin Viktoria als Kronkolonie überlassen. Der Kontrakt ist der erste einer ganzen Reihe „ungleicher Verträge“, die den Chinesen von anderen Nationen – darunter Frankreich, Russland, Deutschland – im 19. Jahrhundert aufgezwungen werden.

um 1850

Das Reich der Qing steht kurz vor dem Kollaps. Die Bevölkerungszahl nimmt rasant zu, es fehlt an Arbeit, Nahrungsmitteln und innerer Sicherheit: Ein einziger – schlecht bezahlter, häufig korrupter – Beamter ist für die Steuerverwaltung, die Rechtsprechung sowie das Wohlergehen von rund 200 000 Menschen zuständig. Die Deiche zerfallen, und der Kaiserkanal (die wichtigste Nord-Süd-Verbindung des Landes) verschlammt zusehends, weil Staatsdiener für dessen Unterhalt bestimmtes Geld unterschlagen. So ist die Lebensmittelversorgung vor allem der Stadtbewohner kaum noch gesichert; Tausende Binnenschiffer verlieren ihre Arbeit – und schließen sich in Banden zusammen.

1851

Der charismatische Sektenführer Hong Xiuquan proklamiert das *Taiping Tianguo*, das „Himmlische Reich des Ewigen Friedens“, und verspricht seinen Anhängern Erlösung – auch von der Mandschu-Herrschaft. Schon seit einem Jahr kämpfen er und seine etwa 20 000 Gefolgsleute gegen Kaiser und

Regierung. 1853 gelingt es den Aufständischen, die Stadt Nanjing zu erobern und sich dort festzusetzen. Die Rebellen herrschen bald über ein Gebiet fast von der Größe Großbritanniens. Doch am 1. Juni 1864 stirbt Hong. Kurz darauf erobern kaiserliche Truppen Nanjing. Der „Taiping-Aufstand" fordert mindestens 20 Millionen Menschenleben.

1856

Zweiter Opiumkrieg. Kaiserliche Beamte durchsuchen ein Schiff unter britischer Flagge wegen des Verdachts auf Opiumschmuggel und nehmen die einheimische Besatzung fest. Den Vorfall nutzt London, um China erneut anzugreifen. Mit französischer Hilfe gelingt es Großbritannien, weitere Häfen für den Handel zu öffnen. Als der chinesische Kaiser sich gegen die Einrichtung diplomatischer Vertretungen in Beijing ausspricht, erobern die Verbündeten kurzerhand die Hauptstadt und zerstören den Sommerpalast.

1860 sind die Europäer nach vier Jahren Kampf am Ziel: Die Chinesen verlieren auch diesen Krieg. Die Opiumeinfuhr wird legalisiert, und Ausländer dürfen fortan ungehindert missionieren.

1876

Nach Ernteausfällen aufgrund von Dürre kommt es in Nordchina zu einer Hungersnot, der 13 Millionen Menschen zum Opfer fallen, vor allem Landarbeiter und Kleinbauern. Denn die Äcker sind meist zu klein, die Pachtzinsen oft zu hoch – und der Staat zu schlecht organisiert, um helfen zu können.

Tokyo erzwingt von Chinas Vasallen Korea einen „Freundschaftsvertrag", der japanischen Kaufleuten den Zugang zum dortigen Markt eröffnet. Das Abkommen ähnelt in vielerlei Hinsicht jenen ungleichen Verträgen, die China von den Europäern aufgenötigt wurden. Anders als der Himmelssohn hat Japans Kaiser damit begonnen, seine Armee nach Vorbild der Europäer zu modernisieren. Und nun will er den eigenen Einfluss in Asien vergrößern – vor allem mithilfe seiner hochgerüsteten Flotte.

1894

Japanische Truppen marschieren in Korea ein, nachdem chinesische Truppen damit begonnen haben, dort einen Aufstand niederzuschlagen. Tokyo sieht daher seine durch den Vertrag von 1876 verbrieften Interessen verletzt. Nun vertreiben die Japaner die Chinesen binnen Monaten aus Korea. Im folgenden Jahr besetzen sie Taiwan. Als der Krieg 1895 mit einem Sieg Tokyos endet, muss Beijing die Koreanische Halbinsel der Vorherrschaft des Gegners überlassen.

1897

Deutsche Einheiten besetzen die Jiaozhou-Bucht in der nordchinesischen Provinz Shandong, um eine Kolonie zu gründen. Ein Jahr später richtet Berlin in Tsingtau (Qingdao) einen Flottenstützpunkt und einen Handelshafen ein.

1898

Russland zwingt China, die mandschurische Halbinsel Liaodong mit der Hafenstadt Port Arthur (Lüshun) an das Zarenreich zu verpachten. Große Teile der chinesischen Küstenregionen gehören nun zum Einflussbereich ausländischer Mächte.

Angesichts der fortschreitenden Schwächung Chinas und der Hilflosigkeit der eigenen Regierung unterbreiten Gelehrte dem Kaiserhof mehrere Reformprogramme. Sie schlagen darin die Erneuerung der Armee nach westlichem Vorbild vor, den Aufbau einer nationalen Industrie, die Modernisierung der Landwirtschaft, die Errichtung von Schulen sowie den Ausbau der Infrastruktur. Als der junge Kaiser Guangxu Teile davon umsetzen will, lässt ihn seine Tante, die Kaiserinwitwe Cixi, unter Hausarrest stellen. Die 62-jährige Cixi – einst kaiserliche Konkubine – übt seit 1861 im Verborgenen die tatsächliche Macht in China aus, gestützt auf den konservativen Hofstaat.

1900

Lesen Sie dazu die Geschichte ab S. 156

20. Juni. 25 000 Anhänger der chinesischen „Faustkämpfer für Recht und Einigkeit" versuchen, in Beijings Diplomatenviertel einzudringen, um die Ausländer zu vertreiben. Überall in Nordchina haben sich solche Widerstandsgruppen gebildet. Sie werden von den Ausländern „Boxer" genannt, weil sie sich mit Faustkämpfen für den Krieg zu stärken versuchen. Als europäische, japanische und amerikanische Truppen bei Tianjin landen, unterstützt die Kaiserinwitwe Cixi die Aufständischen.
14. August. Nach wochenlangen Kämpfen erobern westliche Truppen Beijing und töten

MING-DYNASTIE
1368–1644
In der Ming-Zeit findet die Porzellankunst zu höchster Blüte. Diese um 1600 gefertigte Vase gibt eine Gartenszene wieder

bei Strafexpeditionen mehr als 100 000 Chinesen. Damit endet der Boxer-Aufstand.

1901

Das „Boxer-Protokoll“ vom 7. September, ein weiterer Diktatfrieden der westlichen Nationen, legalisiert die Stationierung ausländischer Truppen in China und erlegt dem Kaiserreich eine Geldstrafe von 17 000 Tonnen Silber auf. Die gigantischen Reparationszahlungen, für die China bis 1910 etwa die Hälfte der Staatsausgaben aufwenden muss, tragen maßgeblich zum finalen Niedergang des Imperiums bei.

1904

Japans Marine erobert den russischen Stützpunkt Port Arthur in China. Tokyo wird zur vorherrschenden Macht in der rohstoffreichen Mandschurei (die aber weiterhin zum chinesischen Kaiserreich gehört).

1906

Am 1. September erlässt der Kaiserhof ein Edikt, das die Mitwirkung des Volkes an der Regierung in Aussicht stellt. Der Text ist Teil einer „Neuen Politik“, mit der China versucht, von innen- und außenpolitisch erfolgreichen Staaten zu lernen und sich für die Zukunft zu rüsten.

Dazu gehört ein Reformpaket für den Regierungsapparat und seine Ministerien, für das Militär, die Finanzen, vor allem aber für das Bildungssystem. Die jahrhundertealte Beamtenprüfung etwa wird abgeschafft und durch moderne Schulen ersetzt. Denn auch das besagt das Edikt: Das Volk muss zunächst besser gebildet sein, um überhaupt an der Politik teilhaben zu können.

QING-DYNASTIE
1644–1912
Geschnitten aus einem Gesteinsbrocken: Die beiden Zedernfrüchte, die diese filigrane Vase aus Nephrit-Jade darstellt, gelten Buddhisten als Glückssymbol

1908

14. November. Kaiser Guangxu stirbt im Hausarrest, mutmaßlich an einer Arsenvergiftung. Viele Chinesen gehen davon aus, dass die Kaiserinwitwe Cixi ihn hat ermorden lassen. Wenige Stunden später wird Guangxus zweijähriger Neffe Puyi als Thronfolger eingesetzt.
15. November. Cixi erliegt einem Schlaganfall. Die Regierung für den neuen Kaiser Puyi führt dessen Vater.

1909

Der Kaiserhof organisiert Wahlen zu Provinzversammlungen – den ersten Parlamenten in der chinesischen Geschichte. Wahlberechtigt sind nur wohlhabende und gebildete Männer.

Mittlerweile haben sich in China mehrere oppositionelle Gruppen gebildet. Viele stehen mit der revolutionären Organisation des einflussreichen Arztes Sun Yatsen in Verbindung. Der fordert eine demokratische Republik China, ohne Fremdherrschaft und ohne soziale Ungerechtigkeit.

1911

9. Oktober. Nach einer Explosion in der Stadt Hankou entdeckt die Polizei in den Trümmern eines Hauses ein Waffenlager sowie die Mitgliederliste einer revolutionären Gruppe. Daraufhin gehen die Rebellen, vor allem junge Offiziere, in die Offensive und besetzen eine Militärkommandantur. Der Aufstand weitet sich rasch landesweit aus, fast alle Provinzen kündigen dem Kaiser die Gefolgschaft auf.
29. Dezember. Eine Nationalversammlung aus den Vertretern der Provinzparlamente wählt Sun Yatsen zum „provisorischen Präsidenten“ Chinas. Sun verspricht, das Kaiserhaus zu stürzen und danach sofort zurückzutreten.

1912

12. Februar. Puyis Vater verzichtet im Namen seines Sohnes auf den Thron. Daraufhin legt auch Sun Yatsen wie versprochen sein Amt als provisorischer Präsident nieder.
10. März. Eine provisorische Verfassung erklärt China zur Republik.

Mit der Abdankung Puyis endet die 2133 Jahre währende Geschichte des chinesischen Kaiserreiches.

In den Jahrzehnten danach ringt China, wirtschaftlich bankrott und längst im Griff imperialistischer Mächte, lange um eine neue Ordnung. 1917 wird Puyi sogar noch einmal zum Kaiser erhoben, doch diese Episode währt nur zwölf Tage.

1949 setzen sich die vom Berufsrevolutionär Mao Zedong geführten Kommunisten endgültig durch.

Puyi residiert mit einem verkleinerten Hofstaat noch bis 1924 in der Verbotenen Stadt. Viele Eunuchen hingegen verlassen den Palast. Sie suchen Zuflucht in Klöstern und Asylen im Umland ihres einstigen Wirkungsortes. Puyi, der Mann, der der letzte Kaiser war, stirbt 1967 in einem Krankenhaus von Beijing – als Bürger der kommunistischen Volksrepublik China. ◊

Über Jahrhunderte beherrschen Indianer die Prärie

DER WILDE WESTEN

Der Mythos vom Wilden Westen scheint noch immer sehr lebendig. TV-Serien und Kinofilme beschwören ihn nach wie vor – und schmücken die Legenden der amerikanischen Pionierzeit weiter aus.

Die neue Ausgabe von GEO*EPOCHE* PANORAMA erzählt in großformatigen Bilderstrecken und historischen Rekonstruktionen von der Wahrheit hinter dem Mythos: berichtet von den mehr als 500 Indianerstämmen mit ihren höchst unterschiedlichen Kulturen – und ihrer rücksichtslosen Verdrängung durch die weißen Siedler. Vom Alltag der Cowboys auf den großen Viehtrecks sowie dem Eisenbahnbau. Und vom Leben und Sterben der Glückssucher, Revolverhelden und Banditen in den Goldgräberstädten.

GEO*EPOCHE* PANORAMA über jene Zeit, die bis heute Gesicht und Seele der Supermacht USA prägt: die Ära des Wilden Westens.

GEOEPOCHE PANORAMA »Der Wilde Westen« hat 132 Seiten im Großformat und kostet 15 Euro. Einige Themen: Prärieindianer – die Herren der großen Weiten • Cowboys: 1000 Meilen Staub • Der letzte Kampf der Sioux

DIE GEBURT DER ERDE

Es ist die faszinierendste Geschichte aller Zeiten: Vor Jahrmilliarden ballt sich aus Staubteilchen eine Glutkugel zusammen, die nach und nach die Gestalt der Erde annimmt. Das größte Wunder aber geschieht im Verborgenen: In der Tiefsee entwickeln sich die ersten Lebewesen – die Urahnen aller Tiere und Pflanzen. GEOkompakt über die Anfänge der Erde und des Lebens.

GEO KOMPAKT »Die Geburt der Erde« hat 156 Seiten Umfang und kostet 10 Euro, mit DVD (»Die Geburt des Lebens«) 16,50 Euro. Einige Themen: Die ersten Kontinente • Die Erfindung des Sex • Der Landgang der Tiere

WAS IM LEBEN ZÄHLT

Rund 7,7 Milliarden Menschen gibt es auf der Erde. GEO-Reporter haben sieben von ihnen besucht. Wovon träumen sie, was treibt sie an? Die Antwort ist ein Sonderheft über ganz normale Menschen und deren außergewöhnliche Geschichten. Und über eine Welt, die zu mehr Optimismus Anlass gibt, als wir vermuten.

GEO PERSPEKTIVE Das jährliche Sonderheft von GEO, das einen einzigartigen Blick auf die Welt bietet. 172 Seiten, 10 Euro (inklusive GEO-Themenregister der Jahre 2014 bis 2018)

DIE GROS

Immer wieder errichten Chinas Herrscher mächtige Verteidigungswälle gegen mögliche Angreifer aus dem
Tausende Kilometer lang, gesichert durch mehr als 1000 Festungen. Doch als 1644 die Krieger der

TEXT: *Oliver Fischer*

SE MAUER

Norden. Ab Ende des 15. Jahrhunderts entsteht unter den Ming-Kaisern eine geschlossene Mauer, Mandschu das Reich attackieren, erweist sich das gewaltigste Bauwerk der Geschichte als nutzlos

MANNSHOHE ZINNEN und Tausende Signaltürme krönen die Mauer. Sie soll China vor Nomadenvölkern wie den Mongolen schützen, die das Reich immer wieder attackieren

Kann es für China einen besseren Wächter geben als den „Steinernen Drachen"? Dieses 7000 Kilometer lange Monstrum aus Erde und Lehm, an vielen Stellen umhüllt von einer graubraunen Schuppenhaut aus Stein und Ziegeln?

Furchterregend ist dieser Drache schon aus der Ferne, wenn man seinen Kamm aus oft mannshohen Zinnen in der Sonne blitzen sieht. Er ist ein leicht reizbares Untier, das aus unzähligen Schießscharten Pfeile und Kugeln spucken kann, wenn ein Feind sich nähert – und das über ein Nervensystem aus 25 000 Signaltürmen Botschaften durch den Riesenkörper schickt: Binnen 24 Stunden können Nachrichten 1000 Kilometer weit durch den Giganten rasen.

JEDER STEIN der Mauer, so heißt es, sei gefüllt mit chinesischen Knochen. Hunderttausende Arbeiter sterben beim Bau des Walls und werden der Legende nach in seinen Fundamenten bestattet

Seinen Kopf erhebt der Drache an der Küste des Gelben Meeres, bei der Festung Shanhaiguan, wo Wellen gegen den ersten seiner vielen Türme schwappen. Von dort aus windet er sich westwärts über sturmgepeitschte Berggrate, stürzt in Schluchten, schlägt Schneisen durch schneebedeckte Wälder und Geröllebenen. Erst am Rand der Wüste Gobi, am Steilhang eines Canyons, endet das Ungetüm – und riegelt mit seiner Abertausende Tonnen schweren Masse fast die gesamte Nordgrenze Chinas ab.

Changcheng, „Große Mauer", nennen die Chinesen dieses Bollwerk, das gewaltigste, das Menschen je errichtet haben. Es teilt sich in zwei Abschnitte: einen im Westen, der von der Wüste bis zur Provinz Shanxi reicht und sich durch zumeist karge Ebenen zieht. Und die Ostmauer, die von Shanxi über Gebirge zum Gelben Meer führt und sich oft kühn auf Bergkämmen emporreckt. In diesem Abschnitt ist der Wall ganz besonders wehrhaft – hier schützt er die nahe der Grenze gelegene Hauptstadt Beijing, in der auch die Erbauer des Drachen wohnen: die Kaiser der Ming-Dynastie.

Wachen patrouillieren hier in fast neun Meter Höhe auf der Mauerkrone. Pflasterwege ziehen sich oben entlang, die so breit sind wie Straßen. Zwischen den zwei Meter hohen Zinnen kontrollieren Soldaten, ob sich unter Büschen und Bäumen Feinde anschleichen.

Zuweilen unterbricht das Klappern von Hufen die Stille. Dann preschen Kavalleristen über den Weg auf der Mauerkrone. Fünf Pferde können auf dem Wall nebeneinander galoppieren.

Alle paar Hundert Meter stehen Türme. In ihnen wohnen die Soldaten während ihres monate-, manchmal jahrelangen Dienstes an der Grenze.

Wohl mehr als 250 000 Mann bewachen den Koloss. Werden sie angegriffen, können sie mit Feuerzeichen und Kanonenschüssen Nachbartürme detailliert informieren: Zünden sie ein Reisigbündel an und feuern dazu einen Kanonenschuss ab, bedeutet das bis zu 100 Feinde. Zwei brennende Bündel und zwei Schüsse stehen für 500 bis 1000 Gegner.

Über eine Kette von weiteren Türmen, die sich durch das Landesinnere bis hin zur Hauptstadt zieht, erfährt auch die Regierung rasch von Angriffen.

DER BAU RUINIERT

Auf ihrem langen Weg von Ost nach West verändert die Mauer immer wieder ihr Aussehen. Auf spitzen Berggraten, wo selbst die tüchtigsten Baumeister keine Ziegel legen konnten, haben Arbeiter den Wall direkt aus dem Gestein gemeißelt; die Mauer besteht hier aus purem Fels. Und anders als im östlichen Abschnitt, wo Wände aus Steinfliesen und Ziegeln den Mauerkern aus Erde, Lehm und Schotter umhüllen, gibt es diesen Schutzmantel im Westen meist nicht.

Mancherorts spaltet sich das Bollwerk in zwei Wälle auf. Über weite Strecken schlängeln sie sich in zuweilen über 200 Kilometer Abstand voneinander durch die Landschaft. Mit diesen doppelten Mauern wollen die Kaiser Provinzen mit fruchtbarem Ackerland schützen.

In einigen Regionen, die häufig von feindlichen Nomaden bedrängt werden, lassen sie gar Festungen jenseits der Mauer bauen, um die Grenze zu sichern.

Fremde dürfen durch den Wall nur nach sorgfältiger Kontrolle an einem der vielen Forts einreisen. Fellhändler und Pferdeverkäufer bitten hier die Wachsoldaten um Einlass in das reichste und mächtigste Land der Welt.

Gastfreundlich sollen diese Grenzstationen nicht sein. Sie tragen Namen wie „Turm zur Unterdrückung des Nordens" oder „Festung zur Einschüchterung der ziegengleichen Barbaren".

Die Barbaren: Damit meinen die Chinesen unter anderem die vielen kriegerischen Völker aus dem Norden, von denen sie sich seit fast zwei Jahrtausenden bedroht fühlen. Und vor denen sie sich seit ebenso langer Zeit mit gewaltigen Sperranlagen zu schützen versuchen.

Bereits Chinas erster Kaiser Qin Shi Huangdi ließ ab 214 v. Chr. im Norden einen Erdwall errichten, um Gebiete zu sichern, aus denen er Nomaden vertrieben hatte. Dieser Bau maß bereits 3000 Kilometer.

DIE STAATSFINANZEN

Ein Jahrhundert später richteten die Monarchen der Han-Dynastie auf einer Länge von insgesamt mehr als 2000 Kilometern Erd- und Lehmmauern auf. Auch spätere Herrscherfamilien bauten zum Teil über 1000 Kilometer lange Wälle, um ihre Nordgrenzen zu schützen.

Zwar ergab sich daraus keine geschlossene Wehranlage, konnten Feinde die Befestigungen in langen Ritten umgehen. Doch lenkten die Wälle Angreifer auf einige wenige Grenzabschnitte und erleichterten so die Verteidigung. Zudem ermöglichten die Signaltürme eine bessere Kommunikation, erlaubten die Mauerbauten eine dauerhafte Stationierung von Truppen in Grenznähe.

Aber all diese Bollwerke werden übertroffen von dem Wall der seit 1368 regierenden Ming-Dynastie: Deren Mauer, ein fast vollständiger Neubau, ist größer und stärker gesichert als alle anderen zuvor. Die Ming beginnen 1473 mit diesem Bau, weil immer wieder Mongolen in ihr Reich eingefallen sind und weite Landstriche ausgeraubt haben.

Zunächst befestigen sie gut 1000 Kilometer Grenze. Da die Mongolen nach wie vor aber an den noch offenen Stellen eindringen, lassen die Kaiser nach einiger Zeit weitere Barrieren errichten.

Die Mauer wächst so von Jahrzehnt zu Jahrzehnt. Und nach knapp 150 Jahren ist die Nordgrenze des riesigen Reiches fast undurchlässig abgeschottet.

Aufwand und Mühsal sind gigantisch. Generationen von Arbeitern – zumeist Soldaten, Sträflinge und Fronbauern – müssen mit Stampfern Lehm und Erde festklopfen, selbst wenn Sandstürme wüten. Und sie haben sich auch im Schneetreiben steile Hänge hinaufzuquälen, auf ihren Rücken Stangen mit Körben voller Ziegelsteine.

Die Wachsoldaten harren bei Temperaturen von minus zehn Grad Celsius oder kälter in den Türmen aus, um Chinas Grenze bei Tag und Nacht zu verteidigen. Und der Staatshaushalt gerät bald aus den Fugen, weil die Kosten für den Bau jedes Maß sprengen.

Und doch sind alle Opfer vergebens.

GENERAL WU SANGUI
Seine Soldaten bewachen die Mauer. Als Aufrührer 1644 den Kaiser stürzen, trifft er eine verhängnisvolle Entscheidung

Am frühen Morgen des 27. Mai 1644 rückt von Norden her eine riesige Streitmacht auf die Große Mauer bei Shanhaiguan vor. Kavalleristen mit mächtigen Bärten sind zu sehen, die Metallhelme mit roten Quasten tragen. Auf ihren Rücken tragen die Reiter Köcher mit jeweils mehr als 30 Pfeilen.

Auch Infanteristen mit Pelzhüten und geschulterten Musketen marschieren auf den Wall zu. Gefolgt von Artilleristen mit modernen Geschützen europäischer Bauart, die Breschen selbst in dickste Gemäuer sprengen können. Insgesamt eine Armee von 140 000 Mann.

Es sind Kämpfer der Mandschu*, eines Kriegervolks aus einer Region nordöstlich von China. Vor Jahren schon haben sie Korea und die Mongolei unterworfen. Und seit Langem kämpfen sie auch gegen die Ming-Kaiser.

Nun steht diese unheilbringende Schar dicht vor dem großen Wall, drängt auf das hohe Haupttor der Festung zu, das ins graue Gemäuer geschnitten ist.

Doch die Verteidiger auf den Mauerkronen tun nichts. Die Schützen halten ihre Bögen gesenkt. Kanoniere stehen untätig neben ihren Geschützen, sehen zu, wie die Mandschu in langen Reihen durch das weit geöffnete Portal ziehen.

Wu Sangui, der Befehlshaber über die Nordostgrenze, hat den Befehl gegeben, das Tor zu öffnen und die Gegner passieren zu lassen. So ist das in genera-

* Bis 1635 nannten die Mandschu sich Dschurdschen. Dann änderte ihr Oberhaupt den Namen, um den Beginn einer neuen Zeit für sein Volk zu verkünden.

tionenlanger Mühe erschaffene Bollwerk gänzlich nutzlos. An diesem Morgen in Shanhaiguan marschieren die Mandschu in das Kaiserreich ein – und werden es nie mehr verlassen. Schon nach wenigen Tagen sind sie die neuen Herren Chinas.

Und obwohl sie als Eroberer kommen, werden sie das Imperium größer und mächtiger machen als je zuvor.

Ein halbes Jahrhundert zuvor hätte wohl keiner der hohen Beamten an Beijings Kaiserhof in den Mandschu einen ernst zu nehmenden Gegner gesehen. Zwar hatte ab 1127 schon einmal eines ihrer Herrscherhäuser rund ein Jahrhundert lang über den Norden Chinas regiert. Doch das ist lange her. Inzwischen sind die Mandschu hauptsächlich als Händler bekannt.

Ihre Heimat sind die Fluss- und Berglandschaften zwischen China, Korea, der Mongolei und dem Pazifik. Auf Märkten, auf denen sie Pelze von Bären und Hirschen sowie die Wurzeln des heilkräftigen Ginseng bei chinesischen Kaufleuten gegen Seide und Baumwolle eintauschen, erkennt man sie sofort an ihrer Frisur: Die Männer rasieren sich den vorderen Teil des Kopfes kahl, flechten die Haare hinten zu einem Zopf.

Das Zentrum der von den Mandschu besiedelten Ebene nahe dem Fluss Liao liegt gut 300 Kilometer nordöstlich der Großen Mauer. Dennoch betrachten die Kaiser in Beijing dieses strategisch wichtige Land jenseits ihrer Grenzen de facto als ihr eigenes Territorium.

Um die Liao-Region zu kontrollieren, haben sie dort mehr als 100 Garnisonen und Festungen gebaut. Viele aus dem Reich der Mitte entsandte Soldaten haben sich dauerhaft in der Ebene angesiedelt. Und so leben dort zwischen Mandschu, Mongolen und Koreanern nun auch eine Million Chinesen.

Gegen die Machtstellung der Chinesen in der Liao-Ebene erhebt sich 1618 der adelige Mandschu Nurhaci. Er stammt aus den Bergen nahe Korea, wo fast jeder Mann ein geschickter Jäger und tüchtiger Krieger ist. Die Chinesen überwachen diese Gegend eher schwach. Daher hat es Nurhaci geschafft, mehrere andere Mandschu-Stämme durch Kriegszüge zu unterwerfen oder durch Heiraten an sich zu binden. Mittlerweile hat er 60 000 Krieger unter seinem Befehl.

Möglicherweise träumt Nurhaci bereits von der Eroberung Chinas: Einer seiner Berater macht ihn in dieser Zeit immer wieder darauf aufmerksam, dass am Firmament seltsame Lichtbahnen zu sehen sind. Das deute darauf hin, dass das „Mandat des Himmels“ – jene geheimnisvolle kosmische Kraft, die den Herrschern Chinas überhaupt erst ihre Macht verleiht – gerade dabei sei, sich von den Ming abzuwenden.

DIE MAUER IN DEN BERGEN nahe Beijing. Durch das System von Signaltürmen können Alarmmeldungen bis zu 1000 Kilometer an einem

Dadurch ermutigt, hat sich Nurhaci zum Khan einer zweiten Jin-Dynastie ausgerufen – eine Anspielung auf das gleichnamige Mandschu-Geschlecht, das einst über Nordchina herrschte.

Am 9. Mai 1618 beginnt er seinen Angriff auf die Großmacht: Bei starkem Regen marschiert er in die abseits gelegene chinesische Garnisonsstadt Fushun. In deren Mauern halten sich 50 Mandschu auf, getarnt als Pferdehändler. Als das verabredete Signal zu hören ist, ein Kanonenschuss, öffnen sie die Tore – und Nurhacis Krieger stürmen aus den umliegenden Wäldern herbei und nehmen die Stadt nach kurzem Kampf ein.

Ein Schock für die Regierung in Beijing. Gleich vier Armeen schickt sie daraufhin, um Fushun zurückzuerobern. Doch die Mandschu töten in mehreren Schlachten Zehntausende Soldaten. In den folgenden Jahren erobert Nurhaci gut 80 Garnisonen der Ming. Zwei Aufstände der chinesischen Bewohner der Liao-Ebene schlägt er mit Massenhinrichtungen grausam nieder. Bald beherrscht er fast die gesamte Gegend.

CHONGZHEN
Der Ming-Kaiser wird nicht nur von den Mandschu bedrängt, sondern auch von Rebellen im eigenen Land

Seine überraschenden Erfolge sind auch auf die neuartige Weise zurückzuführen, in der Nurhaci seine Armee organisiert: Jeder Mandschu unter seiner Oberherrschaft gehört einem von acht militärischen Bannern zu mehreren Zehntausend Kämpfern an – und darin wieder einer etwa 300 Mann starken Kompanie. Neben dem Soldaten sind auch dessen Familie und Bedienstete Teil des Banners; Frauen und Kinder kämpfen allerdings nicht mit.

Anders als bei den Nachbarvölkern üblich, löst Nurhaci diese Einheiten nach einem Feldzug nicht auf. Zwar kehren die Soldaten in ihre Dörfer zurück, bestellen ein Stück Land, das er ihnen zugeteilt hat. Doch wenn ein neuer Krieg beginnt, sind sie schnell mobilisierbar – und treffen auf Männer, mit denen sie schon viele Kämpfe gemeinsam bestanden haben. Das ganze Volk verwandelt sich so in eine gut eingespielte Militärmaschinerie.

Als Nurhaci 1626 stirbt, steigt sein Sohn Hong Taiji zum Oberhaupt der

Tag zurücklegen. Nachts werden sie per Leuchtfeuer von einer Befestigung zur nächsten übermittelt, im Hellen durch Rauchzeichen

DAS ENDE DER WELT: Die gewaltige, bereits ab 1372 errichtete Festung Jiayuguan steht am westlichsten Punkt der Mauer, als »Erster und Größter Durchgang unter dem Himmel«

Mandschu auf. Schon bald führt er seine Truppen zu einem Erfolg, noch spektakulärer als die Siege des Vaters: Er durchbricht Ende 1629 die Große Mauer und stößt ins chinesische Kernland vor.

Wahrscheinlich hilft ihm, dass ein Fort gut 200 Kilometer nordöstlich von Beijing nur schlecht gesichert ist. Denn die mächtige Wallanlage schützt in der Realität oft weniger gut als erhofft.

China ist auf allen Ebenen von Korruption zerfressen, auch in der Armee. Offiziere unterschlagen oft den Sold der Wachmannschaften an der Mauer. Und die Militärführung – ebenfalls korrupt oder unfähig – versorgt die Grenztruppen nicht ausreichend mit warmer Kleidung und Proviant. Die Soldaten leisten ihren Dienst daher oft lustlos ab, wollen sich nicht für eine Regierung opfern, der ihr Schicksal offenbar gleichgültig ist. An vielen Türmen schauen Wächter weg, wenn Feinde heranrücken, oder fliehen.

Hong Taiji kann daher südlich des Walls vier chinesische Städte besetzen. Er wagt sich sogar bis vor die Mauern Beijings und belagert die Kapitale. Eine Demütigung für den Kaiser – auch wenn die Mandschu schon bald abziehen müssen, da sie zu wenig Soldaten und Kanonen haben, um die Stadt zu stürmen. Auch die vier besetzten Orte weiter im Norden können sie nicht lange halten.

Aber aus einer dieser Städte führt Hong Taiji Gefangene mit, die kostbarer sind als Kisten voller Gold: chinesische Artillerie-Experten. Diese Männer wissen, wie man europäische Kanonen gießt, die in diesem Teil der Welt zu den gefürchtetsten Geschützen überhaupt gehören (die Kenntnisse haben sie wahrscheinlich von den Portugiesen erworben, die in der südchinesischen Stadt Macau eine Handelskolonie betreiben).

Durch diese Beute verändert sich das Kräfteverhältnis entscheidend: Neben seiner Schrecken verbreitenden Kavallerie verfügt Hong Taiji nun auch über moderne Artillerie – und damit über ein wichtiges Belagerungsgerät.

40 Kanonen neuer Bauart stellen die gefangenen Experten bald her. Mit den Geschützen zertrümmern die Mandschu kurz darauf eine von mehr als 100 befestigten Siedlungen umgebene Garnisonsstadt westlich des Liao.

Nach diesem Sieg schließen sich Hong Taiji viele Chinesen aus der Gegend an, enttäuscht von ihrer schwachen Regierung. Er heißt sie willkommen, stellt sogar mehrere chinesische Banner auf, um die Überläufer zu integrieren.

Denn er weiß: Wenn das von seinem Vater erschaffene Reich der Mandschu von Dauer sein soll, braucht sein Volk nicht nur tüchtige Krieger, sondern auch die in Jahrhunderten gewachsenen Kenntnisse der Chinesen über die Kunst, einen Staat zu führen.

Dieses Wissen seiner Gegner bewundert Hong Taiji außerordentlich. Seit Längerem schon hat er zahlreiche Chinesen zu seinen Beratern gemacht, häufig waren das frühere Offiziere der Ming-Garnisonen. Sie arbeiten in der Mandschu-Hauptstadt Mukden, wo er in einem Palast mit gelben Ziegeldächern und roten Mauern residiert, der wie eine Kopie der Verbotenen Stadt in Beijing wirkt.

Auf Empfehlung seiner Ratgeber hat er die Staatsverwaltung genau wie der chinesische Kaiser in sechs Ministerien gegliedert – für Finanzen, Heer, Justiz, Riten, Zivilangelegenheiten und öffentliche Arbeiten.

Und auch wenn die Minister stets Mandschu sind: Die tatsächlichen Regierungsgeschäfte führen meist Chinesen.

Damit sein eigenes Volk dazulernt, lässt er Klassiker der konfuzianischen Philosophie in seine Sprache übersetzen. Beamte drängt er, ihre Söhne zum Studium gelehrter Schriften anzuhalten.

1634 gelingt es Hong Taiji ein weiteres Mal, durch die Große Mauer nach China einzudringen. 50 Tage lang drangsaliert er den Nachbarn, greift Dutzende Städte und Festungen an, kehrt mit reicher Beute an Menschen und Vieh in die

DAS IST DER UNTER

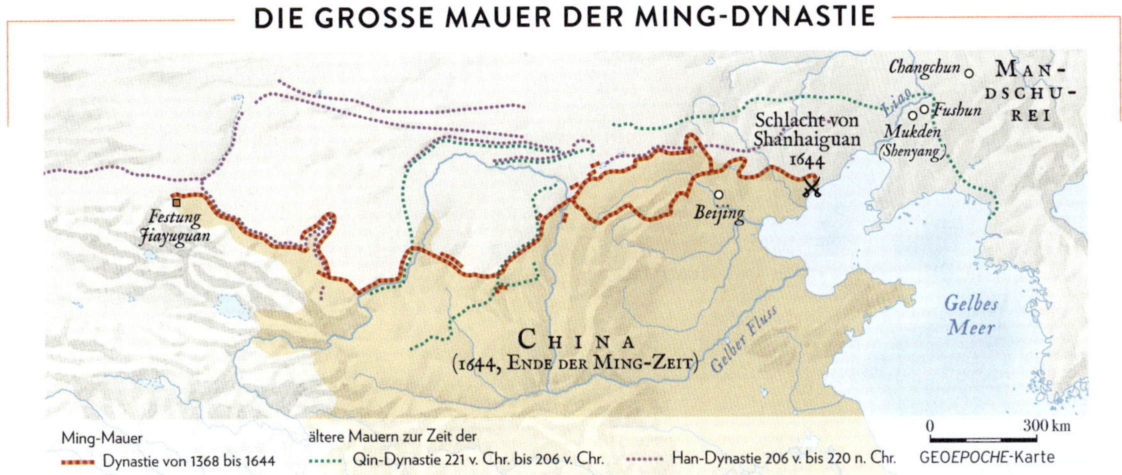

UM INVASIONEN aus dem Norden zu verhindern, erbauen die Kaiser der Ming-Dynastie ab 1473 eine rund 7000 Kilometer lange Mauer. Ältere Wälle, die Kaiser früherer Dynastien Jahrhunderte zuvor errichtet haben, sind zu dieser Zeit schon lange verfallen

Liao-Ebene zurück. Im selben Jahr bringt er zudem weite Gebiete der Mongolen unter seine Kontrolle.

Seine chinesischen Berater drängen ihn nun, eine große Invasion Chinas vorzubereiten – und nach der Macht in Beijing zu greifen. Doch Hong Taiji zögert.

Trotz aller Wertschätzung der chinesischen Kultur hat er Angst, dass die Mandschu ihre Identität verlieren könnten, sobald sie sich zu den neuen Herren Chinas aufgeschwungen haben.

Die wagemutigen Jäger und Krieger würden sich, so fürchtet er, rasch in Taugenichtse verwandeln, die „auf Marktplätzen herumhängen und sich amüsieren“. Statt Beijing anzugreifen, belässt er es daher zunächst bei einem symbolischen, aber dennoch kühnen Schritt: Er gründet 1636 die Qing-Dynastie und lässt sich zu deren erstem Kaiser erheben.

Denn auch wenn er die große Invasion Chinas verschoben hat, will er bereits jetzt einen neuen Machtanspruch reklamieren: Er ist nicht länger nur ein Stammesführer aus dem weiten Grenzland – sondern ein ebenbürtiger Rivale von Kaiser Chongzhen in Beijing.

Die Macht des Ming-Herrschers ist zu dieser Zeit auch im Inneren bedroht: Mehrere Hunderttausend Aufständische haben sich in seinem Reich zu Rebellenarmeen zusammengeschlossen, ziehen plündernd umher und halten große Teile des Nordwestens Chinas besetzt.

Die gewaltige Not im Land treibt sie zum Aufruhr. Dürrezeiten sind in Dauerregen übergegangen, Heuschrecken fielen über die Felder her, in vielen Regionen verdarb jedes Jahr die Ernte. Millionen Hungernde wandern auf der Suche nach Nahrung in die Städte. Überall wüten Seuchen wie Pest und Pocken. In manchen Orten stirbt mehr als die Hälfte der Bewohner an den Epidemien.

Und vom Staat kommt keine Hilfe: Gelähmt durch jahrzehntelange Machtkämpfe am Hof, hat die Regierung wichtige Aufgaben vernachlässigt. Die staatlichen Kornspeicher etwa sind so schlecht überwacht, dass sich dort oft kaum noch Vorräte finden. Die Regierung vergrößert die Not sogar noch: Da der Herrscher ständig Geld braucht – unter anderem für die mehr als 80 000 Mitglieder seiner Familie –, presst er den ohnehin durch die Missernten geplagten Bauern hohe Steuern ab, zwingt sie zu Frondiensten.

Auch der Krieg gegen die Mandschu ist teuer. Um ihn zu finanzieren, hat der Kaiser 1629 einen Großteil der Postangestellten entlassen, darunter den Kurier Li Zicheng – und sich damit seinen größten Widersacher geschaffen. Denn dieser ungemein brutale Mann schließt sich bald einer der vielen Rebellentruppen an. In Kämpfen zeigt er taktisches Geschick und wird 1636 zum Anführer einer Schar von 200 000 Aufständischen.

„Der forsche Prinz“ nennt er sich nun, und tatsächlich fegt er mit ungeheurer Wucht durchs Land. Binnen weniger Jahre bringt er drei Provinzen im Nordwesten weitgehend unter seine Kontrolle.

In Henan überfällt Li Zicheng das Landgut eines Onkels des Kaisers, der

GANG DER MING

dort in verschwenderischer Pracht lebt, während seine Pächter hungern. Li tötet ihn und verteilt dessen Vermögen an die Hungernden. Immer größer wird so seine Popularität unter den Armen.

Als Li 1644 seine Machtbasis gefestigt hat, ist er bereit für seinen tollkühnsten Plan: Er will den Kaiser stürzen.

Es wird ein Triumphzug. Viele Städte auf dem Weg nach Beijing fallen ohne Widerstand an die Rebellen. Am 22. April 1644 stürzt ein Bote in die Audienzhalle der Verbotenen Stadt, wo sich Kaiser Chongzhen gerade mit hohen Beamten berät: Die Aufständischen seien nur noch 30 Kilometer von der Kapitale entfernt. Wortlos vor Schrecken verlässt der Kaiser die Audienz.

Seine Lage ist hoffnungslos: Beijings Getreidespeicher sind leer, und die Soldaten in der Hauptstadt haben seit fast einem Jahr keinen Sold erhalten. Von 700 000 Mann sind wohl nicht mehr als 140 000 da. Und auch die sind oft alt oder vor Hunger erschöpft.

Die Monate zuvor hat der Kaiser im Kreis seiner Berater mit fruchtlosen Diskussionen verbracht: Soll er nach Süden in die alte Hauptstadt Nanjing fliehen und der Kronprinz in Beijing ausharren? Oder umgekehrt den Kronprinzen nach Nanjing schicken und selbst in der Stadt bleiben? Oder soll der Kaiser an der Spitze einer Armee den Rebellen entgegenziehen – und so Adelige animieren, ihn mit privaten Söldnertruppen zu unterstützen? Die Argumente für und wider werden quälend ausführlich abgewogen.

Zwar hat Chongzhen Vorkehrungen zur Verteidigung getroffen, hat der Stadtmauer vorgelagerte Stellungen errichten und Kanonen an den Toren und auf dem Wall postieren lassen.

Doch als Lis Truppen am 23. April erscheinen, ergeben sich die Soldaten in den vorgelagerten Stellungen sofort. Auch die Artilleristen auf der Mauer wissen, dass Widerstand angesichts des Zustands ihrer Armee sinnlos ist: Sie schießen über die Köpfe der Rebellen hinweg.

Am Nachmittag des folgenden Tages beginnt der Sturm auf die Stadttore, einige werden von Überläufern geöffnet. Bei Sonnenuntergang fluten die Rebellen in großer Zahl in die Stadt. Als die Einwohner merken, dass die Angreifer weder plündern noch morden – beides hat Li verboten –, begrüßen sie sie, reichen ihnen Getränke und Fleisch.

Kaiser Chongzhen betrinkt sich währenddessen in seinem Palast. „Die große Aufgabe ist vorbei", erklärt er am späten Abend der Kaiserin. „Du musst sterben." Die erhebt sich darauf, eilt in ihre Gemächer und erhängt sich. Eine Nebenfrau, die dem Befehl zum Suizid nicht folgt und wegläuft, tötet er mit dem Schwert, ebenso mehrere Prinzessinnen:

NÖRDLICH VON BEIJING: Anders als in anderen Bereichen der Mauer gibt es hier, an einem besonders wichtigen Abschnitt nahe der

Keine Frau der hohen Familie soll in die Gewalt der Feinde geraten. Am Morgen danach verlässt Chongzhen den Palast und erhängt sich in einem Pavillon.

Einige Stunden später reitet Li Zicheng in der Hauptstadt ein. Die Einwohner stehen mit brennenden Räucherkerzen am Straßenrand Spalier.

Li kontrolliert nun Beijing und weite Gebiete im Norden. Doch mehrere kaiserliche Feldherren mit ihren Armeen haben sich ihm noch nicht unterworfen. Der mächtigste unter ihnen ist General Wu Sangui, ein hochgebildeter Mann aus einer Soldatenfamilie, der 40 000 Mann kommandiert. In den Monaten zuvor war er mit den Truppen nordöstlich der Großen Mauer unterwegs, um Angriffe der Mandschu abzuwehren. Jetzt steht er mit seinen Soldaten in Shanhaiguan, der Festung am Kopf des Steinernen Drachen.

Von Beijing aus versucht Li, ihn wechselweise mit Drohungen oder verlockenden Angeboten auf seine Seite zu ziehen. Er hält Wus Vater als Geisel fest, schickt aber einen Boten nach Shanhaiguan, der dem General kostbare Geschenke überbringt: 1000 Unzen Gold und 10 000 Unzen Silber. Dazu ein Brief, angeblich vom Vater geschrieben, mit der Aufforderung, sich Li anzuschließen.

DORGON
Der Mandschu-Fürst erobert ab 1644 ganz China – und begründet eine eigene Kaiserdynastie

Wu zögert mit einer Antwort. Einerseits ist er der Ming-Dynastie noch treu ergeben. Andererseits ist da das Leben seines Vaters – und Wus Wissen, dass seine Truppen allein nicht stark genug sind, um Lis Rebellenarmee zu besiegen.

Er zögert zu lange. Als Li nach einigen Tagen keine Nachricht erhält, lässt er Wus Vater und fast 40 Angehörige und Bedienstete der Familie töten. Den Kopf des alten Mannes hängt er an der Stadtmauer auf. Kurz darauf zieht er mit 60 000 Rebellen zur Großen Mauer.

Wu und seine Armee sind eingezwängt: Von Südwesten drängt das Heer der Aufständischen heran, im Osten liegt das Meer, im Nordosten die Mauer und dahinter Feindesland.

Da verfällt Wu auf eine wahnwitzige Idee. Er bittet jene um Hilfe, die er seit Jahrzehnten bekämpft: die Mandschu.

Kapitale, Zinnen auf beiden Seiten – Truppen sollen sich auch gegen einen bereits durchgebrochenen Feind verteidigen können

Zwei Offiziere schickt er mit einem Brief in die Liao-Ebene. In dem Schreiben klagt der General, dass „streunende Banditen sich gegen den Himmel erhoben und den Kaiser gestürzt" hätten.

Er verkündet die neuesten Nachrichten, die er aus Beijing erhalten hat: Lis Rebellen haben dort nun doch begonnen zu morden und zu vergewaltigen. Deshalb bittet er um Hilfe und verspricht den Mandschu dafür unter anderem mehr Land nördlich der Großen Mauer.

Es ist nicht klar, ob Wu Sangui wirklich glaubt, mit diesem Angebot die Mandschu als eine Art Hilfstruppe benutzen und anschließend wieder nach Hause schicken zu können.

Was sollen die mit mehr Territorium im Norden? Schließlich haben sie in den Jahren zuvor doch fast alle chinesischen Festungen jenseits der Mauer erobert.

WEIL DIE MAUER bei der Festung Shanhaiguan ins Meer hineinragt, als würde ein Lindwurm hier Wasser aus der See trinken, heißt das östlichste Ende des Walls »Kopf des Drachen«

Bei den Mandschu hat sich nach Hong Taijis Tod einige Monate zuvor dessen Halbbruder Dorgon als Regent etabliert (er führt das Reich anstelle des Thronerben, seines sechsjährigen Neffen). Als Dorgon Wus Brief erhält, sieht er sofort die Chance, in China ohne Widerstand einzumarschieren und seine Dynastie an die Regierung bringen zu können.

In seiner Antwort an Wu Sangui macht er bereits klar, dass er nicht vorhat, den Ming die Macht zurückzugeben. Wu akzeptiert, denn er hat keine Wahl mehr: Lis Rebellen sind nur noch wenige Kilometer von Shanhaiguan entfernt.

WU ÖFFNET DAS TOR

Dorgon treibt jetzt in größter Eile mehr als 100 000 Soldaten Richtung Süden. 160 Kilometer legt die Armee in nur anderthalb Tagen zurück. Bei Sonnenaufgang des 27. Mai 1644 stehen die Mandschu vor der Großen Mauer.

Kurz darauf öffnet sich das große Tor im Wall, und General Wu reitet heraus. Als er Dorgon erreicht, steigen beide Männer ab. Der Mandschu-Führer lässt ein weißes Pferd und eine schwarze Krähe herbeibringen und schlachten. Mit diesem Opfer besiegelt er die noch kurz zuvor völlig undenkbare Allianz.

Dann dürfen die Mandschu durch das Tor des Bollwerks ziehen. Auf der anderen Seite hören sie bereits das Donnern von Li Zichengs Kanonen.

Dorgon ordnet an, dass sich Wus Truppen als Erste Li entgegenstellen. Bewusst will er seine neuen Verbündeten durch hohe Verluste schwächen – er fürchtet, der General könne erneut die Seite wechseln. Den ganzen Tag über lässt er die Chinesen allein kämpfen.

Die 60 000 Aufständischen treiben Wus Truppen in Richtung der Mauer, zwängen sie ein. Lis Kämpfer scheinen kurz vor dem Sieg – doch da lässt Dorgon seine Reitertruppen los und jagt sie in die linke Flanke der Rebellenarmee.

Die Rebellen haben von dem Bündnis zwischen den Mandschu und Wu noch nichts erfahren – und sind entsetzt, als sie die Mandschu-Reiter vor sich sehen. Schreie, Panik, Chaos auf dem Schlachtfeld. Die Aufrührer fliehen, trampeln über strauchelnde Kameraden.

Li Zicheng versucht noch, sie zu stoppen und für einen neuen Angriff zu sammeln. Doch er kann diesen wilden Haufen nicht mehr kontrollieren.

So wie seine Kämpfer hastet auch er zurück nach Beijing.

Dort plündern und morden die Rebellen nun vier Tage lang. Wohl aus Trotz lässt sich Li am 3. Juni noch zum Kaiser krönen. Am folgenden Tag steckt er die Verbotene Stadt in Brand und flieht mit seinen Truppen, schwer beladen mit Beute, in den Westen des Landes (wo er im folgenden Jahr stirbt, einem Bericht zufolge durch Suizid).

Einen Tag nach der Flucht der Aufständischen nähert sich abermals eine Armee Beijing. Die Einwohner glauben, es sei Wu Sangui, der nun ein anderes Mitglied der Ming-Familie als Herrscher einsetzen wird. Beamte erwarten ihn mit dem kaiserlichen Streitwagen vor dem Stadttor.

Doch es sind die Truppen der Mandschu – angeführt von Dorgon. Der besteigt das bereitgestellte Prunkgefährt und lässt sich zu einem Palast nahe der glimmenden Verbotenen Stadt bringen.

Wenige Stunden später erklärt er in einer Proklamation an das chinesische Volk: „Das Kaiserreich ist nicht das private Kaiserreich eines Einzelnen. Wer auch immer Tugend besitzt, dem gehört es. Uns gehört es jetzt."

Nur ein Vierteljahrhundert nachdem Nurhaci einen kleinen chinesischen Stützpunkt am Rand der Zivilisation erobert hat, herrscht die Qing-Dynastie der Mandschu nun über das Reich der Mitte.

Zum neuen Kaiser wird schon bald Dorgons minderjähriger Neffe ausgerufen, die Amtsgeschäfte aber führt weiterhin der Onkel. Und der muss nun die Macht der drei Millionen Mandschu durchsetzen gegenüber 120 Millionen Chinesen. Eine gewaltige Aufgabe. Dorgon löst sie mit einer Kombination aus Reform, Tradition und Repression.

So verlangt er als Zeichen der Unterwerfung von allen chinesischen Männern, sich ihr Haar nach Art der Mandschu zu frisieren: vorn kahl rasiert, hinten zum Zopf gebunden – eine grausame Erniedrigung, denn langes, sorgfältig gepflegtes Haar ist für Chinesen ein Zeichen von Männlichkeit und Bildung.

Zudem glauben sie, dass Haare das Gehirn schützen und man mit blankem Schädel erkrankt.

LITERATURTIPPS

JULIA LOVELL
»Die Große Mauer«
Packender Überblick über 2000 Jahre Mauerbau-Geschichte in China (Theiss).

FREDERIC WAKEMAN
»The Great Enterprise«
Lebendig erzähltes Standardwerk über den Aufstieg der Mandschu (University of California Press).

IN KÜRZE

Bereits Chinas erster Kaiser lässt ab 214 v. Chr. im Norden des Reiches einen Wall zum Schutz vor feindlichen Nomadenvölkern anlegen. Spätere Monarchen errichten weitere Befestigungen und verstärken die Grenzsicherung, bis unter den Ming-Herrschern ab 1473 ein 7000 Kilometer langes, fast undurchdringliches Bollwerk entsteht. Doch als innere Wirren den Staat schwächen, überwinden die Mandschu die Mauer mit ihrer Streitmacht, erobern 1644 Beijing und gründen eine eigene Dynastie.

Viele Männer widersetzen sich. In zahlreichen Orten schicken die Stadtregierungen bewaffnete Barbiere los, um Dorgons Anordnung durchzusetzen. Wer sich dann noch weigert, wird getötet.

Im Volk geht bald der Spruch um: „Behalt deinen Kopf, verlier dein Haar. Behalt dein Haar, verlier deinen Kopf."

Da viele Mandschu nun nach China übersiedeln, lässt der Qing-Herrscher in mehr als 15 Städten eigene Viertel für sie errichten. Diese Quartiere sind durch Mauern von den Wohngegenden der Chinesen getrennt. Bei jedem Gang durch die Stadt werden die Einheimischen auf diese Weise daran erinnert, dass sie unter Fremdherrschaft stehen.

Aus Beijing vertreibt Dorgon fast alle Einheimischen und zwingt sie, sich außerhalb der Mauern in einem Vorort anzusiedeln. Er braucht Platz, denn jedes der acht Mandschu-Banner soll um den Kaiserpalast herum ein eigenes Viertel erhalten, um den Monarchen jederzeit schützen zu können. Chinesen dürfen ihre Hauptstadt fortan nur noch tagsüber betreten.

Doch Dorgon sorgt auch für die Besserstellung vieler Einheimischer. Er lässt korrupte Beamte aus dem Dienst entfernen, senkt die Steuern, die unter den Ming immer nur gestiegen waren, zahlt Prämien an Bauern, die Brachen in Ackerland umwandeln – und beugt so weiteren Hungersnöten vor.

Zudem lassen die Mandschu große Teile des Regierungsapparates unangetastet, etwa die sechs Ministerien – was ihnen nicht schwerfällt, da sie ja bereits in der Liao-Ebene ihren Staat nach Vorbild des Beijinger Hofes organisiert hatten. Und genau wie in der Heimat verlassen sie sich auch jetzt auf den Rat von Chinesen, machen gebildete Einheimische zu hohen Beamten.

Es dauert nur wenige Jahre, bis die Mandschu ihre Macht über China gefestigt haben. Zwar erheben immer wieder Männer aus der Ming-Dynastie Anspruch auf den Thron und sammeln Truppen um sich. Aber die Armeen der Besatzer ringen sie in brutalen Kämpfen nieder.

Nachdem die Mandschu fast alle Thronanwärter ausgeschaltet haben, flieht der letzte von ihnen an den Hof des Königs von Birma. Um ihn zu fassen, marschiert 1661 ein Heer in das Nachbarland ein – angeführt von Wu Sangui, dem Feldherrn von Shanhaiguan.

Der General lässt den Prinzen festnehmen und zurück nach China bringen. Wu, der den Ming einst die Treue geschworen hatte, schaut am 11. Juni 1662 zu, als der letzte Vertreter ihrer Dynastie erdrosselt wird. Der Sieg der Eroberer ist nun vollkommen.

In den folgenden Jahrzehnten dehnen die Mandschu ihr Imperium immer weiter aus. Um 1760 reicht es im Norden bis nach Sibirien, im Westen bis nach Indien. Korea und die Mongolei hatten sie schon lange zuvor unterworfen.

Der Steinerne Drache liegt nun mitten im Landesinneren und hat nichts mehr zu bewachen. Büsche wuchern auf den Pflasterwegen der Mauerkronen, in den Türmen hausen Vögel.

Bauern weiden seinen Körper aus, schlagen die Ziegelverkleidungen ab und bauen sich daraus Häuser.

Der scharfe Wind in den Bergen und Hochebenen zernagt, was übrig bleibt, den Kern aus Erde und Lehm.

Dabei war der Steinerne Drache kein schlechter Wächter. Aber in den entscheidenden Momenten haben seine Hüter ihn daran gehindert, Pfeile und Feuer zu spucken. ◊

Zu Gast beim HIMMELSSOHN

TEXT: *Constanze Kindel*

KAISER QIANLONG herrscht 1793 über fast ein Drittel der Weltbevölkerung. Fremde Herrscher sieht der 82-Jährige wie selbstverständlich als Bittsteller an

Anderthalb Jahrhunderte nach ihrem Einmarsch haben sich die Mandschu die Kultur der Eroberten fast völlig angeeignet – auch deren Glauben an die Überlegenheit Chinas. So ignorieren Beijings neue Herrscher lange, dass mit Großbritannien eine Macht erwachsen ist, die die Welt in ihrem Sinne ordnen will. Bis London eine Gesandtschaft schickt

Warten, Stunde um Stunde. Warten, dass endlich die Sonne aufgeht, mit deren Strahlen der Kaiser erscheinen wird. Ein rauer Morgen, fünf Uhr früh, noch liegt Dunkel über den Zelten in den kaiserlichen Gärten von Jehol, wo der chinesische Hof den Sommer verbringt, 200 Kilometer nordöstlich von Beijing.

Keine Ungeduld, keine Müdigkeit darf er sich anmerken lassen. Lord George Macartney, Botschafter des britischen Königs, gekommen, um die Ordnung der Welt zu verändern, um die halbe Erde gesegelt mit dem Auftrag, den Brückenschlag zu suchen zwischen zwei Großmächten. Keiner der vielen Männer, die der Kaiser an diesem Tag empfangen wird, ist weiter gereist als der Vertreter Georgs III. Aber eine Sonderbehandlung gewährt man ihm nicht.

Um drei Uhr in der Nacht ist Macartney mit seinem Gefolge vor seiner Herberge aufgebrochen, nur Hunde, Esel, Schweine streiften durch die Gassen, als die Prozession aus Sänftenträgern, berittenen Wachen und Musikern durch die Stadt zu den kaiserlichen Gärten zog.

Tausende warten dort an diesem Septembermorgen des Jahres 1793 in rund gewölbten Tatarenjurten aus dichtem Filz und Bambus auf den Beginn der Audienz, in der höchsten und größten steht der Thron des Kaisers.

Der gesamte Hofstaat ist versammelt, Prinzen, Minister, Gouverneure von Städten und Provinzen, Mandarine in bestickten Roben; daneben dunkelhäutige, barfüßige Männer, die Turbane tragen und Betelnuss kauen, Gesandte aus Birma, vermuten die Briten.

Und mitten unter ihnen George Macartney, 46 Jahre alt, erfahrener Diplomat, der als Gesandter in Sankt Petersburg und Gouverneur in Indien und der Karibik gedient hat. Gekleidet in schweren Samt und einen diamantengeschmückten roten Satinmantel.

Denn die Chinesen, glaubt er, bewerten Menschen nach ihrer äußeren Erscheinung. Bei allem Selbstbewusstsein kommt er als Bittsteller – London hofft auf Handelsprivilegien.

Die Sonne ist eben über dem Park aufgegangen, als Trommeln den Kaiser ankündigen. Die Briten verlassen ihr Zelt, draußen nimmt die Menge Aufstellung am ausgelegten Teppich. Minister auf Schimmeln reiten heran, gefolgt von Musikern und Wachen. Schließlich erscheint er selbst, in einer offenen goldenen Sänfte, getragen von 16 Männern, umgeben von Fahnen, Schirmen und Standarten: Qianlong, der Kaiser von China, ein fast 82-jähriger Mann in erdenbrauner Seidenrobe.

Die Menschen werfen sich in den Staub, berühren neunmal mit der Stirn den Boden. Die Briten beugen mit gesenktem Kopf ein Knie. Der Kotau der Chinesen ist ihnen zu viel der Ehre für einen fremden Herrscher. Tiefes Schweigen breitet sich aus, als der Kaiser im Zelt seinen Platz auf dem Thron einnimmt.

So beginnt das Aufeinandertreffen zweier Welten, die erste offizielle Begegnung zwischen zwei Imperien, von denen jedes an seinem Ende der Erde die Führung für sich beansprucht. Auf der einen Seite Großbritannien, Nation von Seefahrern und Kaufleuten, erstarkt zur Kolonialmacht, auf der anderen die uralte Zivilisation Chinas, ein Reich, über alle Maße hinausgewachsen.

Mit Macartneys Mission drängt sich eine Nation in das Bewusstsein der anderen, zwingt Großbritannien das selbstbezogene China, Notiz zu nehmen von der Weiterentwicklung der Welt jenseits seiner Grenzen.

°

LONDONS GESANDTER Lord George Macartney ist Anerkennung gewohnt – gilt in China aber als Barbar

FAST AUF DEN TAG GENAU ein Jahr zuvor sind sie aus Portsmouth ausgelaufen, die „Lion“, ein Kriegsschiff mit 64 Kanonen, der Dreimaster „Hindostan“ und die „Jackall“.

84 Männer reisen an Bord der drei Schiffe Richtung Westen, darunter Wissenschaftler, Ärzte, Maler, Militärs, ein Musikensemble, ein Uhrmacher. Nie zuvor hat ein Staat eine solche Delegation nach China geschickt.

Die Schiffe sind voller Geschenke: Barometern, astronomischen Instrumenten, Taschengloben, Modellen des Sonnensystems, die für den Kaiser angefertigt worden sind.

Am Priesterseminar in Neapel hat Macartneys Stellvertreter Sir George Staunton zwei chinesische Geistliche gefunden, die ihnen als Übersetzer dienen sollen. Sie gehen ein hohes Risiko ein, da es Chinesen unter Todesstrafe verboten ist, ihr Land zu verlassen, dennoch wollen sie in ihre Heimat zurückkehren. Englisch sprechen sie nicht, aber Latein. Stauntons zwölfjähriger Sohn Thomas lernt in den Monaten der Überfahrt von ihnen Chinesisch, als einziges Mitglied der Delegation.

Macartney verbringt viele Tage mit Lesen. In der Bordbibliothek der „Lion“ findet sich fast jedes europäische Buch über China, das in den 100 Jahren zuvor veröffentlicht worden ist. Denn seit dem 16. Jahrhundert dringen allmählich Berichte über das Kaiserreich nach Europa. Es sind vor allem Missionare, die über Regierung, Gesellschaft, Traditionen Chinas schreiben und im Westen das Idealbild eines Landes entstehen lassen, das wohlhabend ist und weise regiert.

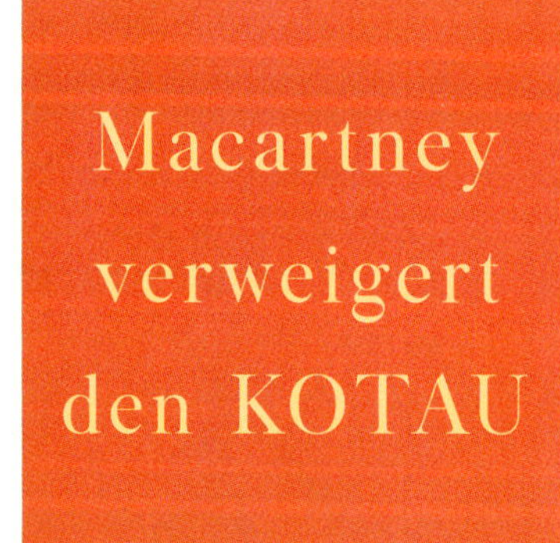

Mitte des 18. Jahrhunderts entwickelt sich in Frankreich ein regelrechter Kult um den Gelehrten Konfuzius. Moralphilosophen preisen chinesische Tugenden und Staatskunst. Der Schriftsteller Voltaire sieht in Chinas Kaiser Qianlong jenen Philosophenkönig, den er in Europa vermisst, und verfasst Gedichte zu seinen Ehren. Der wachsende Handel zwischen Europa und dem Reich der Mitte inspiriert auch in England eine Vorliebe für chinesisches Dekor. Bücher erscheinen über Architektur und Gartengestaltung nach chinesischem Vorbild. In Parkanlagen entstehen Pagoden. Tapeten und Möbel mit orientalischen Mustern finden sich in vielen Häusern.

Seit 1711 unterhält die britische East India Company eine Niederlassung in der Hafenstadt Kanton. Aber Chinas Regierung legt dem Außenhandel strenge Regeln auf. Aus ihrer Sicht sind die Fremden kulturlose Barbaren, deren Anwesenheit die Ordnung des Reiches zu stören droht. Ohnehin genießen Händler im Land geringes Ansehen, weil sie vermeintlich nur den eigenen Gewinn im Sinn haben, sich nicht um das Gemeinwohl scheren, das gemäß der Lehre des Konfuzius über allem steht. Alle Kaufleute aus Übersee müssen ihre Geschäfte daher ausschließlich über staatlich bestellte Makler abwickeln, überwacht von örtlichen Beamten, die an den Hof in Beijing berichten. Und als in den 1750er Jahren immer

BEI AUDIENZEN warten die Höflinge in hierarchischer Aufstellung auf den Kaiser. Ausländer (hier die vier Knienden Mitte links) werden gesondert platziert – als Zeichen ihrer Unterlegenheit

mehr europäische Ostindienfahrer Chinas Küsten anlaufen, lässt der Kaiser sogar alle Häfen bis auf den von Kanton für Schiffe aus Europa schließen. Dort dürfen ausländische Kaufleute fortan nur noch von Oktober bis zum chinesischen Neujahr im Januar oder Februar arbeiten.

Den Handel mit Ausländern will Qianlong von seinen Untertanen als Akt der kaiserlichen Gnade verstanden wissen. Dabei profitiert sein Hof von den Exporten: Allein die Steuern bringen dem Kaiser jährlich mehr als 850 000 Tael Silber ein. Und im Süden Chinas arbeiten Millionen Menschen in Wirtschaftszweigen, die die Märkte in Übersee mit Tee, Seide oder feinem Porzellan beliefern.

Großbritannien ist neben Frankreich, Schweden und den Niederlanden Chinas größter Handelspartner: Vier von fünf westlichen Schiffen in Kanton kommen aus dem Vereinigten Königreich. Vor allem Londons Nachfrage nach Tee treibt den Austausch an. Seit der Aufguss aus getrockneten Blättern in den 1650er Jahren auf der Insel eingeführt und zum Modegetränk wurde, importieren die Briten stetig steigende Mengen der Blätter.

Und da sich Japan – das einzige andere Land, das in großer Menge Tee anbaut – dem Außenhandel verschließt, ist London auf das Reich der Mitte angewiesen. Ein Siebtel der chinesischen Ernte landet in englischen Häfen. Die Krone bezieht zehn Prozent ihrer Einnahmen aus den Steuern auf Tee, der in England auf den Markt kommt.

Im Gegenzug hat Chinas Elite europäische Uhren für sich entdeckt, Tabak und englisches Wolltuch. Doch sind die Umsätze mit diesen Waren weitaus geringer als die mit Tee; es entsteht ein Handelsdefizit zuungunsten der Briten. Und so muss die East India Company einen großen Teil ihrer China-Importe mit Silber teuer bezahlen.

Macartneys Mission soll helfen, diese Schieflage zu beseitigen. Er soll neue Häfen für den Handel öffnen und beim Kaiser die Überlassung eines Gebiets erreichen: am besten einen Ort, an dem britisches Recht gelten soll und britische Kaufleute das ganze Jahr über residieren können. Zudem soll er die Einrichtung einer Botschaft in Beijing beantragen und auf der Reise möglichst viele Informationen einholen über den Kaiser, die Bevölkerung, die politische und wirtschaftliche Stärke des Landes.

Die East India Company trägt die Kosten für die Mission. Ihre Vertreter in Kanton haben Chinas Regierung über den Besuch der Delegation informiert.

Am 20. Juni 1793, nach neun Monaten auf See, legen die Schiffe der Gesandtschaft in Macau an, dem ersten

STUNDEN VERGEHEN, bevor sich der Herrscher bei Empfängen zeigt – das Warten auf den Himmelssohn gilt als gebotenes Zeichen der Demut

Anlaufhafen für so gut wie alle Europäer, die mit dem Schiff nach China kommen. Ende des 16. Jahrhunderts hat die kaiserliche Regierung die Halbinsel im Süden des Landes den Portugiesen als Stützpunkt überlassen, weil sie den Herrschern der damaligen Ming-Dynastie geholfen hatten, Piraten aus dem Gebiet zu vertreiben. Aber die Verwaltung muss sich der portugiesische Gouverneur mit chinesischen Beamten teilen. Befehlsgewalt hat er nur über die Europäer, die dort wie unter Quarantäne leben: In der Mauer, welche die Halbinsel abriegelt, gibt es nur ein Tor, und das dürfen allein Chinesen in Richtung Festland passieren. Macau ist der einzige Ort im Reich der Mitte, an dem sich Europäer dauerhaft aufhalten dürfen.

Ausgenommen von diesen Vorschriften sind einige Missionare, die am Hof als Astronomen und Architekten arbeiten, als Lehrer, Mathematiker, Geographen, Landvermesser, Maler und Übersetzer. Sie lernen Chinesisch, werden Untertanen des Kaisers und dürfen das Land nie mehr verlassen. Und: Es ist ihnen verboten, das Christentum zu verbreiten.

Dabei hatten Missionare zwei Generationen zuvor gehofft, gar den Kaiser für ihren Glauben zu gewinnen. Qianlongs Großvater Kangxi schätzte den Austausch, debattierte mit den Fremden über Theologie und Philosophie, eignete sich ihr Wissen an, etwa in Anatomie und Medizin – und erlaubte ihnen einige Jahre lang sogar, Kirchen zu bauen und Chinesen zu bekehren.

Doch sein Nachfolger, Qianlongs Vater Yongzheng, ließ die Missionsarbeit verbieten und die Mönche aus den Provinzen vertreiben, da die Christen begannen, die Ahnenverehrung der Einheimischen zu kritisieren. Nur in der Hauptstadt durften sie noch ihre Kirche unterhalten, und jede Aktivität wurde streng überwacht.

Auch Qianlong traut den Missionaren nicht. Die Jesuiten sind für ihn Angestellte, nicht Ratgeber. Als Architekten haben sie für ihn in seinen Gärten Gebäude im Rokoko-Stil nach europäischem Vorbild errichtet.

Von Macau aus segelt Macartney in Richtung Beijing. Die Vertreter der East India Company haben den chinesischen Beamten erklärt, der englische König entsende seine Gesandtschaft aus Anlass der bevorstehenden Feiern zum 82. Geburtstag des Kaisers. Der Herrscher war darüber erfreut und hat befohlen, dass eine Eskorte Macartneys Delegation in einem Hafen nahe Beijing empfängt und in Booten auf einem Fluss zur Kapitale und weiter über Land bis zur Sommerresidenz in Jehol geleitet.

Seit fast 58 Jahren herrscht Qianlong über China. Am 18. Oktober 1735 hat er den Thron bestiegen, als Abkömmling von Kämpfern aus der Mandschurei, die kaum ein Jahrhundert zuvor das Reich erobert hatten. Er ist ein Kalligraph, Verfasser zahlloser Gedichte, begeisterter Sammler antiker Bronzen, Lackarbeiten und Emaillen sowie von mehr als 10 000 Gemälden.

Sein größtes Projekt ist die „Vollständige Bibliothek der Vier Schatzkammern", die alle bedeutenden literarischen, philosophischen und historischen Werke der chinesischen Kultur ordnen und bewahren soll. 300 Gelehrte und 3800 Schreiber arbeiten zehn Jahre lang an der Sammlung, die schließlich mehr als 3450 komplette Werke sowie zahlreiche Zusammenfassungen von Schriften mit insgesamt 4,7 Millionen Seiten umfasst.

Er ist ein Gelehrter – aber auch Machtmensch. Qianlong herrscht über ein größeres Territorium als jeder seiner Vorgänger. Um ein Drittel hat er das Staatsgebiet durch Feldzüge vergrößert. Nun erstreckt sich China von den reichen Hafenstädten am Gelben Meer bis zu den Oasenstädten entlang der Seidenstraße, vom Himalaya im Südwesten und den Dschungeln nahe der Grenze zu Birma bis zu den Wüsten und Grassteppen der Mongolei im Norden.

Qianlong regiert das größte und reichste Land der Erde. Binnen 100 Jahren hat sich die Zahl der Einwohner mehr als verdoppelt: 300 Millionen Menschen leben in seinem Reich, das ist fast ein Drittel der Weltbevölkerung.

Wie das Britische Empire ist China ein Staat, der die Grenzen von Nationen und Ethnien überschreitet. Ein Vielvölkerreich, das sich immer weiter ausdehnt und trotz seiner enormen Größe zentral verwaltet wird.

Qianlong lässt seinen Untertanen ihre Eigenheiten, lernt einige ihrer Sprachen, fördert ihre Religionen. Er bereist sein Riesenreich mit großer Entourage, sichtbare Demonstration seiner Macht und Fürsorge. Kein anderer Kaiser reist so oft so weit wie er. Sein Einfluss reicht weit über China hinaus. Korea, Vietnam, Siam, Birma und Kambodscha sind ihm loyal ergeben.

Nach einem festgelegten Jahresplan besuchen Delegationen aus diesen Ländern Beijing und bringen Geschenke dar. Mitreisende Diplomaten und Kaufleute verabreden bei diesen Besuchen ihre Handelsgeschäfte. Beamte des Ritenministeriums eskortieren die Delegationen, unterrichten sie in der Hofetikette und wachen darüber, dass sie nur in den eigens eingerichteten staatlichen Herbergen absteigen und nach Ablauf einer festgesetzten Frist mit ihren Waren wieder ausreisen.

Zur Audienz müssen Besucher vor Morgengrauen antreten und stundenlang auf den Kaiser warten – ein Zeichen ihrer Demut vor dem Sohn des Himmels, wie der tiefe Kotau, die kostbaren Tributgeschenke. Im Gegenzug bedenkt der Kaiser sie zumeist mit noch wertvolleren Gaben, beim Festbankett schickt er ihnen als Zeichen seiner Gnade und Gastfreundschaft Speisen und Getränke von seiner Tafel, um das Band zwischen Herrscher und Vasallen zu stärken.

Auch Besucher aus dem westlichen Ausland werden in den Archiven als „Vasallendelegationen“ verzeichnet. Die Regenten unterscheiden zwischen „Zivilisierten“, die Chinas politische und kulturelle Vorherrschaft formell anerkennen, und „Barbaren“, die das nicht tun. Nur den Zivilisierten steht eine würdevolle Behandlung zu.

Etikette ist von höchster Bedeutung beim Empfang. Der Kaiser nimmt für sich in Anspruch, im Auftrag des Himmels über die gesamte Menschheit zu herrschen. Das Gastritual verleiht dem Himmelssohn Prestige, das ihn an der Macht hält. Die Ehrerbietung der Fremden unterstreicht die Rechtmäßigkeit seiner Regierung. Kaufleute aus Portugal und den Niederlanden sind dem bislang gefolgt und haben den Kotau vollführt. Von den Briten wird nun das Gleiche erwartet.

Immer wieder erwähnen hohe Beamte, die Macartney nach Beijing begleiten, das Zeremoniell der Audienz. In seinem Tagebuch notiert der Brite bewundernd, wie geschickt die Chinesen das Gespräch auf die Hofetikette lenken, beiläufig die unterschiedlichen Kleidungsstile vergleichen und erwähnen, dass Kniespangen die Briten beim Kotau vor dem Kaiser stören könnten. Aber Macartney wehrt ab: Qianlong werde es sicherlich vorziehen, dass er ihm auf die gleiche Weise Respekt erweise wie seinem eigenen Herrscher.

Es sei unmöglich, auf das Ritual zu verzichten, erklären daraufhin die chinesischen Beamten: nie da gewesen in der Geschichte. Dann sprechen sie ausführlich von den Gefahren der Reise, die Macartney bereits hinter sich gebracht habe, und davon, dass der englische König sicher in Sorge auf seine Rückkehr warte. Die Mandarine behandeln die britischen Gesandten mit äußerster Höflichkeit, stimmen jedem Vorschlag zu – nur um kurz darauf stets einen Einwand zu finden.

DIE TRADITION LEHRT, dass die Wiederholung des Immergleichen die himmlische Ordnung bewahrt. Deshalb sind Rituale so wichtig – hier ein Spalier für den Kaiser vor der Verbotenen Stadt

Die Besucher bemühen sich, zu allem gute Miene zu machen. Über die Fahnen an ihren Booten (von denen Schriftzeichen verkünden: „Der englische Botschafter bringt dem Kaiser von China Tribut“) will sich Macartney erst beklagen, wenn sich eine Gelegenheit ergibt.

Am 21. August erreicht die Gesandtschaft Beijing, am 8. September trifft sie in Jehol ein. Einen feierlichen Empfang gibt es nicht. Stattdessen soll sich Macartney zum Ersten Minister Heshen begeben. Aber er lehnt die Einladung ab, er sei zu müde nach der langen Reise, und schickt seinen Stellvertreter Staunton.

Macartney glaubt, dass er sich stolz zeigen muss, um respektiert zu werden. Er ahnt nicht, dass gerade dieses Treffen mit dem wichtigsten Vertrauten des chinesischen Kaisers eine große Chance für sein Unternehmen sein könnte. Vor allem aber verärgert er so seine Gastgeber.

Noch schwerer als Macartneys Nichterscheinen bei Heshen wiegt seine Weigerung, sich vor dem Kaiser zum Kotau niederzuwerfen. Seine Instruktionen sind nicht eindeutig: Zwar hat ihm der Innenminister aufgetragen, nicht gegen die Ehre des britischen Königs zu verstoßen oder mit seinem Verhalten seine eigene Würde zu mindern. Trotzdem soll er möglichst die Riten des Hofs befolgen, um seine Mission nicht zu gefährden.

Doch Macartney lässt die Chinesen nun wissen, er könne einem fremden Fürsten nicht größeren Respekt erweisen als dem eigenen König. Nur zum gebeugten Knie und einem Handkuss erklärt er sich bereit.

Die Mandarine suchen fieberhaft nach einer Lösung. Wenn ein Porträt Georgs III. an der Wand über dem Thron des Kaisers hinge, könnte Macartney sich dann nicht vor dem Bild seines eigenen Königs zu Boden werfen, und für die Chinesen würde es aussehen wie ein Kotau vor dem Kaiser? Könnte er so nicht sein Gesicht wahren, ohne die himmlische Ordnung zu verletzen?

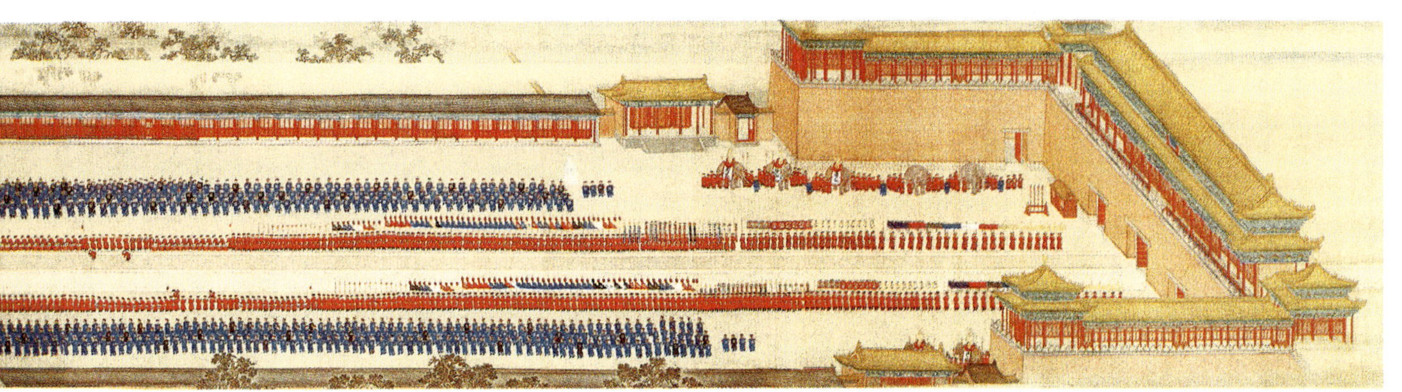

Macartney verweigert den Kompromiss. Er will den Kotau nur ausführen, wenn die chinesische Seite dem Bildnis des englischen Königs die gleiche Ehre erweist.

Könnte er nicht, schlagen die Chinesen vor, den Handkuss weglassen, dafür aber niederknien, statt nur ein Knie zu beugen? Auch dazu ist der Brite nicht bereit.

Qianlong, der stets über alles informiert wird, ist erzürnt über das Verhalten der Briten und ordnet an, sie fortan nur noch mit dem Notwendigsten zu versorgen. Vorräte werden reduziert, geplante Geschenke gestrichen. Der Besuch der Hauptstadt soll nicht mehr vorbereitet werden, kein chinesischer Beamter darf Geschenke von ihnen annehmen.

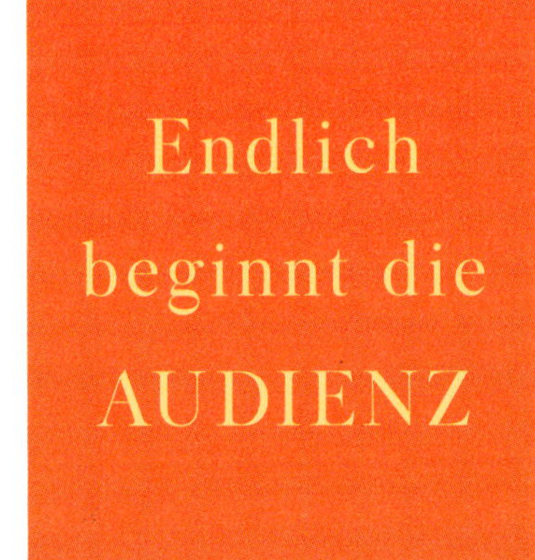

Am 11. September 1793 empfängt der Erste Minister Heshen den Botschafter und erklärt: Wegen der großen Entfernung, aus der die Gesandtschaft geschickt wurde, und des Wertes ihrer Geschenke würden einige der chinesischen Bräuche gelockert. Macartney könne das Zeremoniell nach Art seines eigenen Landes ausführen und dem Kaiser den Brief Georgs III. persönlich übergeben. Der Hof gibt nach – um den Schein zu wahren. Aber in Wahrheit ist die Mission der Briten bereits gescheitert.

Am zehnten Tag des achten Mondmonats im 58. Jahr seiner Regentschaft, am 14. September 1793, empfängt Qianlong den Botschafter in seinem Zelt. Papierlaternen erleuchten die Jurte des Kaisers, zu der nur vier Mitglieder der britischen Gesandtschaft Zutritt haben: Lord Macartney, sein Stellvertreter Staunton, einer der chinesischen Priester (als Brite in Uniform verkleidet, damit er nicht als Chinese erkannt wird) sowie der zwölfjährige Thomas Staunton, der als Page Macartneys Schleppe trägt. Von Zeit zu Zeit unterbricht das klingelnde Läuten kleiner Glocken die ernste Stille im Zelt.

Drei kleine Treppen führen auf ein Podium, die Stufen der mittleren darf nur der Kaiser betreten, die der rechten sind den Ministern vorbehalten, über die der linken nähern sich die Gäste der Audienz dem Thron.

Vor der Plattform beugen sie das Knie, dann steigt der Lord die Stufen empor und reicht dem Kaiser eine diamantengeschmückte Goldschatulle mit dem Brief seines Königs.

Qianlong schenkt ihm zwei Ruyi-Zepter: traditionelle Glückssymbole, eines aus weißem Stein für den britischen König, eines aus grüner Jade für den Botschafter. Macartney übergibt als persönliches Geschenk an den Herrscher ein Paar kostbar verzierter Uhren.

Das Gespräch mit dem Kaiser ist kurz und mühsam. Qianlong stellt seine Fragen, einer der beiden Vorsitzenden

VON DEN FESTEN (hier eine kaiserliche Hochzeit) bis hin zur Robe des niedersten Beamten folgt alles am Hof althergebrachter Sitte – sie gilt als oberstes Gesetz

des Ritenministeriums leitet die Worte weiter, der chinesische Priester übersetzt sie für den Gesandten, der vor dem Thron kniet, dann wird Macartneys Antwort dem Kaiser übermittelt.

Später, beim Festbankett, lässt Qianlong den Gesandten Speisen von seiner Tafel schicken, ruft sie noch einmal zu sich zum Gespräch und reicht ihnen Becher mit warmem Wein. Kein Wort aber fällt über den Zweck ihrer Reise.

Draußen unterhalten Ringer, Akrobaten, Seiltänzer jene Gäste, die nicht die Ehre haben, das Zelt mit dem Kaiser zu teilen, für die gesamten fünf Stunden der Zeremonie. Macartney ist einer von vielen Botschaftern, die der Herrscher an diesem Tag empfangen hat.

Die internen Protokolle des Hofs über die Audienz sind knapp und nüchtern, der Eintrag eine bloße Randnotiz. Angefügt ist ein Gedicht, das Qianlong über die Begegnung verfasst hat: „Zuvor hat Portugal Tribut gebracht / jetzt erweist England die Ehre. / Obwohl das, was sie bringen, kümmerlich ist / ist in meiner Güte gegen Männer von weither meine Erwiderung großzügig / sodass ich mir meine gute Gesundheit und Macht erhalte."

Die Briten sehen in dem Empfang den Auftakt von Verhandlungen – für die Chinesen ist der Besuch mit dem Bankett schon fast beendet.

Auch der Tag nach der Audienz beginnt für die Briten schon nachts um drei. Mehrere Stunden lang warten sie mit Hofbeamten am Palast von Jehol, bis der Kaiser sie auf dem Weg zur morgendlichen Andacht in seiner Sänfte passiert. Anschließend dürfen die Fremden in Begleitung des Ersten Ministers und weiterer hoher Beamter die kaiserlichen Gärten besichtigen. Den Herrscher bekommen sie dabei nicht mehr zu Gesicht.

Geschickt weicht der Erste Minister immer wieder Macartneys Versuchen aus, über Geschäftliches zu sprechen. Auch bei einer Theatervorstellung, zu der Qianlong einlädt, versucht der Brite vergebens, ein kurzes Gespräch mit dem Kaiser auf den Zweck seines Besuchs zu bringen.

Einige Tage später reist die Delegation zurück nach Beijing, wo auch der Kaiser erwartet wird. Am frühen Morgen des 30. September stehen die Gesandten an einer Straße unweit des Sommerpalasts gemeinsam mit Tausenden Hofbeamten und Soldaten, die den Weg über

Kilometer säumen. Qianlong passiert die britische Gesandtschaft in seiner Sänfte, ohne anzuhalten. Nur eine kurze Nachricht lässt er Macartney zukommen. Es ist das letzte Mal, dass der Botschafter den Kaiser zu Gesicht bekommt.

Einige wenige Mitglieder der britischen Delegation sehen Qianlong noch im Sommerpalast, als ihm die Gastgeschenke präsentiert werden – darunter die Barometer, Uhren, Kronleuchter, Teleskope sowie mehrere große Brennspiegel, die das Sonnenlicht so stark bündeln, dass sich sogar Münzen schmelzen lassen. Kaum zwei Minuten betrachtet er die Präsente, bleibt unbewegt. Als er sich abwendet, sagt er: Gegenstände wie diese seien nur nützlich, um Kinder zu unterhalten.

Am Nachmittag des gleichen Tages erhält Macartney Qianlongs Antwort auf den Brief des britischen Königs. Der Ton ist herablassend, beinahe beleidigend. Die Missionare, die den Text ins Lateinische übersetzen, ändern die kränkendsten Formulierungen. Aus dieser abgemilderten Version streichen Macartney und Staunton in ihrer englischen Zusammenfassung alles, was den britischen Stolz verletzen könnte, bis kaum noch etwas übrig bleibt von den Worten des Originals.

Schon den ersten Satz tilgen die Jesuiten: *Wir, von Himmels Gnaden Kaiser, weisen den König von England an, Unsere Belehrung zur Kenntnis zu nehmen.*

In seinem Brief bestätigt Qianlong vor allem, dass er die Briten als Vasallen anerkennt: *Obwohl Euer Land, O König, in den weiten Ozeanen liegt, habt ihr Euer Herz der Zivilisation zugeneigt.*

Nicht einem einzigen Wunsch Londons will er entsprechen: *Wie können Wir so weit gehen, die Vorschriften des Himmlischen Reichs zu ändern, die viele Hundert Jahre alt sind, auf Ersuchen eines Mannes – Eures, O König?*

In Demut soll sich Georg III. üben, Chinas Überlegenheit anerkennen: *Ihr, O König, solltet einfach in Übereinstimmung mit Unseren Wünschen handeln, indem ihr Eure Treue stärkt und ewigen Gehorsam schwört, um sicherzustellen, dass Euer Land die Segnungen des Friedens teilen kann.*

Eine bittere Enttäuschung für die Gesandten. Mit einer Notiz an den Ersten Minister Heshen versucht Macartney noch, die Mission zu retten. Er bittet erneut darum, britischen Kaufleuten zu erlauben, neben Kanton drei weitere Häfen anlaufen zu dürfen, ihnen ein Lagerhaus in Beijing und eine kleine, unbefestigte Insel als Speicher für ihre unverkauften Waren zu überlassen – sowie ihnen ganzjährig Residenz in Kanton zu gewähren und Zollerleichterungen. Doch die Chinesen drängen nun auf die schnelle Abreise der Besucher.

Am 7. Oktober lädt Heshen sie zu einer finalen Audienz und übergibt ein weiteres Schreiben des Kaisers: *O König, Euer Gesandter ist über das hinausgegangen, was der Brauch vorsieht. Euer Land ist nicht das einzige, das in Kanton Geschäfte tätigt. Wenn sie alle Eurem Beispiel folgen würden und Gesuche vorbrächten, die unmöglich zu erfüllen sind und uns unaufhörlich belästigten, wie könnten wir ihnen gewähren, was sie wünschten?*

Wieder wird der scharfe Ton in den Übersetzungen abgemildert. Aber am Inhalt ist nichts zu ändern: Sämtliche Gesuche werden abgelehnt. In den folgenden zehn Wochen durchquert die britische Gesandtschaft große Teile Chinas, ehe sie im Dezember Kanton erreicht. Im September 1794 sind ihre Schiffe nach zwei Jahren zurück im Hafen von Portsmouth.

Macartney glaubt dennoch, dass seine Mission den Weg geebnet hat für größere diplomatische Erfolge. Ihm wird sie einen Grafentitel einbringen und das Gouverneursamt der gerade eroberten Kapkolonie in Südafrika. Er überzeugt die East India Company und seine Regierung davon, dass in Zukunft vieles möglich sei – nun, da China Gelegenheit hatte, die Briten kennenzulernen. Schon im Frühjahr 1795 schicken sie Briefe und Geschenke, die die mutmaßlich begründete Beziehung mit dem Reich der Mitte vertiefen sollen.

Als die Briefe Ende 1795 China erreichen, bereitet Qianlong gerade seine Abdankung vor.

Unter seinem Sohn Jiaqing bleibt China in seiner selbst gewählten Isolation – auch als 1816 erneut eine britische Gesandtschaft nach Beijing reist, darunter Thomas Staunton, der mehr als 20 Jahre zuvor bei der Audienz als Page Macartneys Schleppe trug. Gleich nach ihrer Ankunft werden die Gesandten mitten in der Nacht zum Sommerpalast gebracht.

Diesmal verhandeln die Mandarine nicht lange über den Kotau, sie wollen die Briten dem Kaiser buchstäblich vor die Füße werfen. Die aber leisten Widerstand, es gibt ein Handgemenge, und man wirft sie aus dem Palast. Die zweite Mission scheitert noch schneller als die erste.

Nochmals werden mehr als 20 Jahre vergehen, bis die Briten ein drittes Mal versuchen, ihre Handelsinteressen gegenüber den Chinesen durchzusetzen.

Diesmal aber schicken sie Kriegsschiffe. ◊

LITERATURTIPPS

MARK C. ELLIOTT
»Emperor Qianlong – Son of Heaven, Man of the World«
Porträt des Kaisers, der 60 Jahre lang herrschte (Longman).

J. L. CRANMER-BYNG (HG.)
»An Embassy to China«
Enthält Macartneys Tagebücher (Longmans, Green and Co).

IN KÜRZE

Da Chinas Kaiser davon überzeugt sind, im Auftrag des Himmels über die gesamte Menschheit zu gebieten, sehen sie in anderen Herrschern nur Untergebene. Als 1793 eine Gesandtschaft der aufstrebenden Kolonialmacht Großbritannien nach Beijing kommt, nimmt Kaiser Qianlong die Diplomaten nicht ernst, weist ihre Vorschläge zur wirtschaftlichen Zusammenarbeit zurück – und erkennt nicht, welch starken Gegner er düpiert.

Niedergang einer GROSSMACHT

In der zweiten Hälfte des 19. Jahrhunderts taumelt China dem Untergang entgegen. Das Reich wird zum Ziel imperialistischer Raubzüge: Großbritannien, Frankreich und andere Staaten greifen es an, diktieren ihm bedrückende Handelsverträge, reißen Kolonien an sich. Asiens einstige Vormacht, geschwächt durch Dekadenz, Hungerkatastrophen und Bürgerkrieg, hat dem nichts entgegenzusetzen

MARODES REICH: Wie hier in Beijing verfällt die öffentliche Infrastruktur überall in China, Wirtschaft und Staatsfinanzen sind zerrüttet

TEXT: *Martin Pfaffenzeller*

E

Es ist der 13. November 1897, und am Horizont über dem Gelben Meer sind drei Kriegsschiffe zu sehen. Sie steuern direkt auf die Jiaozhou-Bucht zu, gut 500 Kilometer südöstlich von Beijing.

Am Heck flattern Fahnen mit einem schwarzen Kreuz, in deren Mitte ein Adler – die Kriegsflagge des Deutschen Reiches. Die drei Kreuzer stoppen vor der Küste und werfen dort Anker.

Am Morgen darauf betreten 700 deutsche Soldaten chinesischen Boden. Sie rücken auf eine Garnison vor, Trommler und Trompeter begleiten sie mit Marschmusik. Vor den Kasernen überreicht ein deutscher Offizier dem örtlichen Kommandeur ein Schreiben. Dort steht, in chinesischer Übersetzung: Der Chef des Kreuzergeschwaders, Konteradmiral Otto von Diederichs, besetze auf Befehl des deutschen Kaisers die Bucht und deren Umgebung. Binnen drei Stunden hätten die Chinesen abzuziehen.

Eine dreiste Anmaßung – denn die deutsche Truppe ist nicht einmal halb so stark wie die der Einheimischen. Und doch ordnet der chinesische Kommandeur wie verlangt den Abmarsch an. Denn er weiß, dass wenige Salven der Kanonenboote seine Kasernen in Trümmer schießen würden.

Ein paar Hundert Fremde rücken mit Musik im Reich der Mitte ein, stellen unverschämte Forderungen, und die chinesische Armee unternimmt: nichts.

Um 14.20 Uhr brüllen die deutschen Marinesoldaten dreimal „Hurra" und hissen über den verlassenen Kasernen die Reichskriegsflagge. Dann bringen die Besatzer Aushänge an. „Sollten Ruchlose etwas gegen die anwesenden Deutschen unternehmen, so verfallen sie den strengen deutschen Kriegsgesetzen", heißt es dort auf Chinesisch. Einheimischen, die etwa Wege versperren oder Telegraphenleitungen kappen, droht der Tod durch Erschießen.

In den folgenden Wochen versucht der Hof in Beijing zu erreichen, dass die Deutschen wieder abziehen. Vergebens.

Und so unterzeichnet ein Gesandter des Himmelssohns knapp vier Monate nach der Landung einen Vertrag. Der legt fest, dass die Bucht und ihre Umgebung für 99 Jahre als Pachtgebiet unter deutscher Hoheit stehen werden, ein Areal von mehr als 500 Quadratkilometern: Berlin gründet eine Kolonie in China.

DEN MODERNEN WAFFEN des Westens ist Chinas Militär nicht gewachsen. 1860 fallen die völlig zerstörten Dagu-Forts in die Hände anglofranzösischer Truppen

Es ist die nächste Demütigung für das Kaiserreich, das im 19. Jahrhundert bereits etliche Niederlagen erlitten hat.

Noch um 1800 herrschte die Dynastie der Qing uneingeschränkt über ihr Imperium. Regenten fast aller Nachbarstaaten zahlten ihnen Tribute, darunter die zentralasiatischen Khane, die Könige von Birma, Vietnam und Korea.

Doch binnen weniger Jahrzehnte wurde China zur Beute fremder Mächte. Großbritannien, Frankreich, Portugal, Russland, Japan, die USA haben das Land in Kriegen (oder wie jetzt Deutschland in einem unblutigen Konflikt) besiegt, es in unfaire Verträge gezwungen oder ihm sein Territorium geraubt.

Und während immer neue Feinde das Reich von außen bedrängten, wütete im Inneren der blutigste Bürgerkrieg der Menschheitsgeschichte.

Chinas Niedergang beginnt mit einer dunklen Masse, die entsteht, wenn die Samenkapseln des Schlafmohns angeritzt werden und der austretende Saft trocknet. „Schwarze Erde" sagen Chinesen zu dieser Substanz. Die Briten nennen sie: Opium.

Deren Empire sucht im späten 18. Jahrhundert seine Geschäftsbeziehungen zu China zu vertiefen. Doch der Hof in Beijing behandelt Londons Gesandte herablassend und gesteht ihnen kaum Handelsrechte zu. Fremde Kaufleute dürfen nur den Hafen von Kanton ansegeln.

Für die Briten ist der Warenaustausch mit dem Reich der Mitte ein schlechtes Geschäft. Die Chinesen verkaufen ihnen zwar große Mengen Tee, Seide und Porzellan, interessieren sich aber kaum für ihre Güter.

Doch dann stoßen englische Händler auf ein Produkt, das im Reich der Mitte begehrt ist. Schon seit Jahrhunderten rauchen Chinesen Opium, das Bauern als Medizin anbauen – seit 1729 ist der Verkauf als Rauschmittel allerdings verboten. Entsprechend rar ist die Ware.

Die Briten aber beschaffen das Gift bald in Massen. In Indien, über das London seit 1765 gebietet, lassen sie immer mehr Schlafmohn anpflanzen, um Opium nach China zu schiffen.

Nun wird der Drogenkonsum zum Massenphänomen: 1830 berauschen sich mehr als zehn Millionen Chinesen an der Schwarzen Erde. Die Sucht treibt viele in den körperlichen und wirtschaftlichen Ruin. Sie essen kaum mehr und magern ab, leiden unter Schüttelfrost, Hitzewallungen, Übelkeit, Muskelzucken, Knochenschmerzen. Sie vernachlässigen ihre Arbeit und ihre Familien, verschulden sich, um den nächsten Rausch zu finanzieren. Tausende sterben an dem Gift.

Zwar hat der Gouverneur von Kanton 1821 die Einfuhr zu unterbinden versucht. Doch seither ankern britische Händler an einer nicht weit entfernten Insel und übergeben dort die Ware an Mittelsmänner, die das Rauschgift an Land schmuggeln und verkaufen. Bestochene Beamte schauen weg.

Über Tsingtau weht die Flagge der DEUTSCHEN

Der Staat ist machtlos gegen die Plage, die Wirtschaft und Verwaltung lähmt – und seine Finanzen zerrüttet. Denn nun fließen weitaus größere Mengen Silber aus dem Kaiserreich an britische Händler, als die Chinesen durch den Verkauf von Tee, Seide und Porzellan einnehmen. Kaiser Daoguang fürchtet den finanziellen Ruin seines Staates.

Ende 1838 glaubt er, endlich einen Mann gefunden zu haben, der gegen den Schmuggel vorgehen kann: den Generalgouverneur Lin Zexu, der bereits Tausende Opiumpfeifen hat beschlagnahmen lassen und für seine Unbestechlichkeit gerühmt wird. Der Herrscher erklärt ihn zum Sonderbevollmächtigten – und führt die Todesstrafe für Konsumenten, Verkäufer sowie Schmuggler ein.

Binnen zweier Monate lässt Lin in Kanton rund 16 Tonnen Rauschgift und 42 741 Pfeifen beschlagnahmen. Mehr als 1600 chinesische Opiumhändler und Konsumenten werden verhaftet, einige öffentlich erdrosselt. Bestechliche Beamte werden bestraft.

Dann geht Lin gegen die britischen Händler vor, die sich weigern, ihre Opiumvorräte auszuliefern, und lässt zwei der drei Tore zum Ausländerviertel schließen. Die 300 Fremden dort sind nun Geiseln. Nach sechs Wochen geben die Kaufleute auf und liefern 20 000 Kisten Rohopium aus. Lin lässt das Gift mit Wasser, Salz und Kalk vernichten. Auf seine Anweisung hin räumen die Briten zudem ihre Niederlassung in Kanton.

Ende Mai 1839 scheint Chinas Opiumproblem gelöst zu sein. Doch das erweist sich als Fehleinschätzung.

Denn die britischen Kaufleute haben selbst mit der Vernichtung des Opiums noch ein Geschäft gemacht: Die Regierung in London entschädigt sie zum Marktpreis mit 2,5 Millionen Pfund (heute würde die Summe über 300 Millionen Euro entsprechen).

Auch die Verbannung der Fremden hat nicht den gewünschten Effekt. Die Händler segeln gut 100 Kilometer weiter und siedeln sich auf einer Felseninsel unweit der Küste an: Hongkong. Längst planen sie die nächsten Rauschgiftgeschäfte – denn der Preis für eine Kiste Opium hat sich nach Lins Vernichtungsaktion versechsfacht.

Zudem schickt London eine Kriegsflotte mit fast 50 Schiffen nach Ostasien. Und schon eines der ersten Gefechte zeigt die Unterlegenheit der Einheimischen.

Am 3. November 1839 treffen vor Kanton zwei Schiffe der Royal Navy auf 29 Kriegsdschunken. Die britischen Kanoniere eröffnen das Feuer und zerreißen

vier Dschunken. Die kiellosen Kastenboote, seit Jahrhunderten nach fast gleichem Prinzip gebaut, sind mit kurzläufigen Kanonen bewaffnet, und die schießen weniger weit und präzise als die modernen Geschütze der Europäer.

Ab Juni 1840 blockiert die Royal Navy die Gewässer vor einigen chinesischen Hafenstädten. Es kommt zu mehreren kleinen Gefechten – und im Jahr darauf zur großen Schlacht.

Mit 6000 Soldaten greifen die Briten Kanton an. Die 45 000 einheimischen Kämpfer haben keine Chance. Vor allem ein Schaufelraddampfer versetzt sie in Angst: Seine Geschütze zerstören jede Dschunke, die ihn aufzuhalten versucht. Dann gibt das Schiff den Truppen Feuerschutz, die in Booten ans Ufer rudern.

Auch an Land vermögen die Chinesen nicht zu bestehen. Ihre Gewehre sind veraltet und unzuverlässig, manche Soldaten kämpfen mit Bögen und Speeren. China, einst das modernste Land der Welt, ist technisch zurückgefallen.

Zudem hat es der Staat versäumt, im Ausland bessere Waffen einzukaufen. Die Kassen sind fast leer – auch weil der Hof viel Geld für Luxus verschwendet. Die Offiziere sind schlecht ausgebildet, zum Teil dem Opium verfallen. Und ihren Soldaten fehlt es an Motivation, weil sie oft monatelang keinen Sold erhalten.

Binnen weniger Tage ist die Schlacht um Kanton entschieden. Über der Stadt weht eine weiße Flagge, Dutzende Dschunken sind versenkt und rund 1000 Chinesen tot – aber nur 15 Briten.

Anschließend erobern die Fremden auch Shanghai sowie die Mündung des Kaiserkanals in den Yangzi; damit kontrollieren sie den Knotenpunkt von zwei der wichtigsten Wasserstraßen Chinas. Weil viele Provinzen nun von Getreidelieferungen abgeschnitten sind, muss der Hof im August 1842 um Friedensverhandlungen bitten. Der Triumph des Lin Zexu hat sich ins Gegenteil verkehrt (der Kaiser hat ihn längst verbannt).

Demütigend ist auch der Vertrag, den das Empire Beijing aufzwingt: 21 Millionen Silberdollar müssen die Chinesen zahlen – weit mehr als die Summe, mit der London seine Händler entschädigt hat. Darüber hinaus dürfen die Briten nun weitere Häfen anlaufen, darunter Shanghai. Und Hongkong soll ihnen für alle Zeit als Kronkolonie gehören.

Das Abkommen ist nur der erste in einer Reihe von Knebelverträgen. Der „Opiumkrieg" hat vor aller Welt die Schwäche Chinas offenbart. Und so fordern nun auch Frankreich und die USA Zugang zu Häfen sowie günstigere Zölle. Der Kaiser muss nachgeben. Lissabon zwingt chinesische Beamte, den Handelsstützpunkt der Portugiesen auf Macau zu

DEUTSCHE SOLDATEN landen 1897 in Nordchina. Berlin will eine Musterkolonie errichten (Landungsmanöver in der Jiaozhou-Bucht)

WIE IN PREUSSEN: Die Architektur der deutschen Kolonialstadt Tsingtau soll an die Heimat erinnern

ZEHNTAUSENDE TONNEN Opium schmuggeln die Briten nach China, der Drogenkonsum wird zum Massenphänomen (Opiumraucherin, um 1900)

verlassen – und verwandeln ihn faktisch in eine Kolonie.

Immer neuen Forderungen müssen die Chinesen zustimmen; widersetzen sie sich, werden sie wieder in Gefechten geschlagen. Gemeinsam ziehen Briten und Franzosen 1856 unter Vorwänden in einen zweiten Opiumkrieg, marschieren in Beijing ein und brennen den Sommerpalast des Kaisers nieder.

Der Herrscher muss nun einem weiteren Vertrag zustimmen, der den Opiumhandel legalisiert und es christlichen Missionaren erlaubt, überall im Reich zu predigen. Zudem erhalten die fremden Mächte in der Hauptstadt ein eigenes Viertel für ihre Gesandtschaften. Auch Japan stellt sich nun gegen Beijing und entreißt ihm den Vasallenstaat Korea.

So ist China bereits am Boden, als im November 1897 die nächste Macht Forderungen stellt. Das Deutsche Reich will sich ein strategisch günstig gelegenes Gebiet sichern. Die Jiaozhou-Bucht, die im Winter nicht vereist, ist ideal für Kaufmannsschiffe, das Klima für europäische Siedler angenehm mild. Zudem liegt der Ort nicht fern von den Handelszentren um Beijing – und weit genug im Norden, um den Briten nicht in die Quere zu kommen.

Den Vorwand zum Einmarsch liefert der Mord an zwei deutschen Missionaren. Sofort telegraphiert Kaiser Wilhelm II. an Konteradmiral Otto von Diederichs, den Chef eines Geschwaders in Ostasien: „Besetzen Sie geeignete Ortschaften. Größte Energie geboten."

Sieben Tage später weht über Jiaozhou die deutsche Flagge. Beijing will jede Konfrontation vermeiden.

An der Bucht reißen die Besatzer eine Stadt und mehrere Dörfer ab; 4500 Chinesen verlieren Häuser und Grundstücke, werden mit winzigen Summen entschädigt. Die Anwohner müssen einem Handels- und Marinestützpunkt weichen. In einem möglichen Krieg mit Großbritannien sollen deutsche Schiffe von dort aus Jagd auf die Frachter des Empire machen können. 2000 Soldaten werden in der Bucht stationiert.

Zugleich soll das Pachtgebiet eine „Musterkolonie" werden. Die Deutschen entwerfen bis ins Detail eine Stadt mit moderner Architektur und einer Eisenbahn – auch um den Rivalen Großbritannien zu beeindrucken. Sie nennen den Ort Tsingtau, nach der Kleinstadt, die dort zuvor stand.

Binnen einiger Monate ziehen die Besatzer ein Viertel für deutsche Beamte, Polizisten und ihre Familien, westliche Kaufleute und Unternehmer hoch. Den Straßen geben sie Namen wie Hohenloher Weg oder Kaiser-Wilhelm-Ufer.

Bald entstehen eine Schule, ein Postamt und eine Residenz für den Gouverneur, später auch ein Krankenhaus, Kirchen sowie eine Brauerei. 1902 wohnen in den europäisch anmutenden Häusern knapp 700 Fremde. Chinesen sind dort nur als Diener vorgesehen.

Daneben bauen die Deutschen drei Viertel für Einheimische. Und trotz der demütigenden Besatzung strömen Tausende Chinesen in die Quartiere – auf der Flucht vor Armut und Gewalt.

Denn seit Jahrzehnten erschüttern Hungersnöte und ein blutiger Bürgerkrieg das Land. Und deren Folgen sind weitaus verheerender als alle Demütigungen durch die Fremden: Mehr als 20 Millionen Menschen werden getötet oder sterben an Hunger.

Geldgierige Bürokraten zwingen die Bauern zu überhöhten Abgaben. Viele Landleute können sich kaum mehr selbst versorgen, überschulden sich und müssen ihren Grund verkaufen. Die Not macht die Armen empfänglich für Versprechungen selbst ernannter Heilsbringer. Und so entsteht eine Bewegung, die sich in fast alle Provinzen Chinas ausbreiten wird.

Die Sekte folgt einem Christen namens Hong Xiuquan, einem gescheiterten Beamten. In Visionen ist ihm angeblich ein goldbärtiger Mann erschienen, der sich „Vater" nannte und sagte, dass die Chinesen sich von Dämonen verführen ließen. Hong begriff: Der Mann in seinen Visionen war Gott. Und er, Hong, sollte die Chinesen bekehren und befreien.

Er zog sich in ein Gebirge im Süden zurück und scharte Anhänger um sich: taufte Bauern, Handwerker, Hirten, Bergarbeiter und Köhler, von denen manche so arm waren, dass sie ihre eigene Kohle aßen. Sie ließen sich von Hong verführen, denn er versprach ihnen die Erlösung von ihrer Not. Zudem hatten sie nichts mehr zu verlieren.

Die »SCHWARZE ERDE« zerstört China

Nach und nach schließen sich der Sekte mindestens 20 000 Menschen an.

Ihr Anführer verkündigt, er wolle die Qing-Dynastie stürzen – sowie die Volksgruppe, auf die sie sich stützt: die Mandschu. Die haben im 17. Jahrhundert China erobert, und obwohl sie weniger als ein Prozent der Bevölkerung ausmachen, stellen sie rund die Hälfte der hohen Beamten. Und natürlich den Kaiser.

Gegen die Mandschu wendet sich der Hass Hongs und seiner Anhänger. Weit mehr als unter den Demütigungen durch die Ausländer leiden viele Menschen unter der alltäglichen Not – für die sie die eigenen Machthaber verantwortlich machen.

1851 ruft Hong das *Taiping Tiangao* aus, das „Himmlische Reich des Ewigen Friedens". Er führt einen eigenen Kalender ein, denn nun soll eine neue Zeitrechnung beginnen. Jahrelang kann der Kaiserhof dagegen kaum etwas ausrichten. Chinas Armeen waren schon vor dem Opiumkrieg angeschlagen, nun ist ihre Moral gebrochen.

Die Gotteskrieger hingegen kämpfen fanatisch. Zudem erweisen sich einige ihrer Offiziere als talentierte Truppenführer, und so nehmen die Rebellen Stadt auf Stadt ein, erbeuten Kanonen, Schiffe und Silber.

Jeder, der sich ihnen entgegenstellt, wird massakriert. Ihren größten Sieg erringen die Aufrührer 1853. Sie graben Tunnel unter die Mauern der Stadt Nanjing und zünden dort Sprengsätze.

Anschließend stürmen sie mit Dolchen und Schwertern durch die Breschen und verbrennen, erstechen, ertränken 40 000 Mandschu, darunter viele Soldaten, aber auch Frauen und Kinder. Dann erklärt ihr Anführer Nanjing zu seiner „Himmlischen Hauptstadt".

Inzwischen folgen ihm zwei Millionen Anhänger. Sie kontrollieren um 1856 ein Gebiet fast so groß wie Großbritannien. Hong unterstehen mehrere Könige, die er persönlich ernennt.

Im „Himmlischen Reich" werden Prostituierte und Homosexuelle hingerichtet, daoistische und buddhistische Tempel verbrannt, die Mönche ermordet. Auf Glücksspiel, Tanz und Handel sowie

SCHREIBER, SUPPENKOCH, Drechsler: Diese Straße in Jiujiang erscheint unberührt von der industriellen Umwälzung der Welt (um 1870)

den Genuss von Opium, Tabak und Alkohol stehen harte Strafen.

Zudem entwerfen Hong und seine Berater eine egalitäre Gesellschaftsordnung: Jeder Untertan soll gleich viel Land bekommen, gleichgültig ob Mann oder Frau. Alles, was die Bauern über den Eigenbedarf hinaus ernten, ist in großen Staatsspeichern abzuliefern. Von den Vorräten ernähren sich Hungrige, Handwerker, Krieger – und Kriegerinnen: Mehr als 100 000 Frauen kämpfen in eigenen Bataillonen.

Vielen Bauern erscheint diese Vision einer neuen Gesellschaft trotz der Repressalien attraktiver als das Leben unter dem raffgierigen Regime der Qing. Doch die bekommen unverhoffte Hilfe, als die Rebellen 1860 Shanghai belagern.

Lange haben die Briten die Gotteskrieger mit Besorgnis beobachtet – und ihnen Gewalt angedroht, sollten sie die Europäer oder deren Besitz angreifen.

25 Millionen Pfund haben die Fremden seit der Öffnung der Stadt in Shanghai investiert. Der Handel blüht: Mehr als 400 westliche Schiffe laufen den Hafen im Jahr an, führen Seide im Wert von 20 Millionen Dollar aus und mehr als 20 000 Kisten Opium ein. Ein selbst ernannter Messias gefährdet da die Geschäfte und Privilegien der Kaufleute.

KOLONIALE ATTITÜDE: Ein deutscher Offzier lässt sich durch Tsingtau kutschieren. Die 50 000 Chinesen in dem Überseegebiet sind Menschen zweiter Klasse. Sie arbeiten als einfache Handwerker, Arbeiter oder Diener und leben in eigenen Stadtteilen

Die Europäer beschießen die Belagerer, dann gehen die westlichen Mächte in die Offensive. Sie rüsten 5000 Kämpfer mit modernen Gewehren und Kanonendampfbooten aus und drängen die Aufständischen zurück.

Da die kaiserlichen Soldaten versagen, organisieren Chinesen oft selbst Widerstand gegen die Gotteskrieger. Der hohe Beamte Zeng Guofan baut in Absprache mit der Regierung die Miliz seiner Heimatprovinz Hunan zu einer Armee aus. Mit 130 000 gut ausgebildeten Kämpfern trotzt er den Rebellen und marschiert 1864 gegen Nanjing, die Hauptstadt von Hongs Reich – das inzwischen im Inneren zerfällt.

Denn die Bodenreform, mit der eine gerechtere Gesellschaft entstehen sollte, kommt kaum voran. Und längst hat sich die Brutalität des Sektenführers auch gegen die eigenen Jünger gerichtet: Bei Säuberungen sind mehr als 20 000 Menschen gestorben. Die von ihm ernannten Könige sind in Schlachten oder Machtkämpfen umgekommen, zwei von ihnen waren brillante Generäle – ohne sie ist die christliche Streitmacht kopflos.

Hong vermag den Zerfall seines Regimes nicht aufzuhalten. Zunehmend zieht er sich in seinen Palast in Nanjing zurück, um die Bibel auf Hinweise auf sich selbst zu durchsuchen und sich mit seinen 88 Konkubinen und etwa 2000 Dienerinnen zu vergnügen.

Seine Truppen können nicht verhindern, dass die Streitmacht des Beamten Zeng im Oktober 1863 Nanjing erreicht. Als die Armee einen Belagerungsring um die Stadt geschlossen hat, die Nahrungsvorräte ausgehen, ist Hong tot. Gerüchte verbreiten sich, er habe sich vergiftet. Kurz danach nimmt Zengs Armee Nanjing ein. In den folgenden Jahren werden alle Gotteskrieger besiegt.

Mindestens 20 Millionen Menschen sind umgekommen. Ehemals fruchtbare Provinzen sind verwüstet, unzählige Häuser zerstört, Brunnen und Zisternen von verwesenden Leichen vergiftet.

Als Ende der 1870er Jahre eine Dürre in Nordchina große Teile der Ernte vernichtet, wartet die Bevölkerung vergebens auf Hilfe. In früheren Zeiten hat der Kaiserhof dafür gesorgt, dass überall im Land Getreide für Notzeiten gelagert wird. Doch nun sind die Speicher leer und die Qing nahe am Staatsbankrott.

Vor Verzweiflung verkaufen Eltern ihre Kinder, essen Hungernde Klee oder kauen Steine. Manche, so berichtet ein walisischer Missionar, reißen sogar Leichen in Stücke und verzehren deren Fleisch. 13 Millionen Menschen sterben.

Bis 1860 war es Chinesen bei Todesstrafe verboten, ihre Heimat zu verlassen. Doch nun machen sie sich in Massen auf den Weg, um in Singapur, Indonesien, Peru oder den USA zu arbeiten.

Viele Einheimische konvertieren zum Christentum. Denn wer sich zu Jesus bekennt, erhält von den Missionaren Geld und kann sich so Getreide kaufen.

Viele der Neuchristen weigern sich, weiter an traditionellen religiösen Festen teilzunehmen. Sie bringen Verwandte und die örtlichen Eliten gegen sich auf, ganze Dorfgemeinschaften spalten sich zwischen Konvertiten und jenen, die den fremden Glauben ablehnen.

„Die Teufelssekte muss vernichtet werden!", fordert eine Flugschrift in den 1890er Jahren. Bei Tempelfesten werfen Redner den ausländischen Christen vor, sie hätten das Volk mit Opium vergiftet. Immer wieder werden Missionare überfallen und ermordet.

Die Wut der notleidenden Bevölkerung, die sich während des Sektenaufstands noch gegen die Qing richtete, findet nun zunehmend ein neues Ziel: die fremden Mächte, die das Reich der Mitte ins Unglück gestürzt hätten.

Und so formiert sich eine Bewegung, die die Ausländer vertreiben will. Und sie erstarkt dort, wo Chinesen alltäglich erleben, was es bedeutet, nicht mehr Herr im eigenen Land zu sein: in der Region um die deutsche Kolonie.

Mit der Peitsche sorgen die Besatzer für Ordnung. Die Deutschen schlagen zu, wenn ein Chinese auf die Straße spuckt, öffentlich uriniert oder neu gepflanzte Bäume beschädigt. Es reicht schon, mit einer quietschenden Schubkarre Lärm zu verursachen, um verprügelt zu werden.

Die Einheimischen sind in der Kolonie Menschen zweiter Klasse, und doch wollen Tausende dort arbeiten. Denn die Deutschen zahlen höhere Löhne als in der Region üblich. Mehr als 20 000 Chinesen bauen an der Eisenbahnlinie, die Tsingtau mit Jinan verbinden soll, einer fast 400 Kilometer entfernten Provinzhauptstadt am Gelben Fluss.

Für den Eisenbahnbau vertreiben die Besatzer Einheimische, zerstören Grabstätten und Entwässerungssysteme. 1899 verprügeln wütende Bauern einige Bahnarbeiter und reißen Markierungspfähle für die Strecke aus der Erde. Deutsche Soldaten gehen auf eine Strafexpedition und töten Dutzende Chinesen.

Inzwischen sind andere imperialistische Staaten dem Beispiel Berlins gefolgt und haben auf dem Festland Häfen oder Gebiete besetzt: die Russen in der Mandschurei, die Franzosen in Südchina, die Briten nahe Beijing sowie um Hongkong. Jede fremde Macht nimmt sich vom Reich der Mitte, was sie begehrt.

Das harte Vorgehen der Deutschen gegen die Landbevölkerung bleibt aber nicht ohne Folgen. In den Dörfern um die Kolonie sammeln sich nun ärmere Chinesen zum Widerstand.

Gut zwei Drittel von ihnen sind Bauern, der Rest Hausierer, Rikschakulis, Sänftenträger, Kanalschiffer, Lederarbeiter, Messerschleifer, Salzschmuggler, Barbiere und entlassene Soldaten.

Sie geben sich den Namen „Faustkämpfer für Recht und Einigkeit" und üben in Hinterhöfen für den Kampf gegen die Fremden, weshalb die Westler sie schon bald „Boxer" nennen.

In mitternächtlichen Ritualen sprechen sie Zauberformeln Richtung Südost und lassen sich dann auf den Boden fallen: So glauben die Boxer für gegnerische Schwerter und Kugeln unverwundbar zu werden. Auch Frauen schließen sich der Bewegung an, werden trainiert im Umgang mit Säbeln als Vorbereitung für den großen Aufstand.

Von der Region um die deutsche Kolonie verbreitet sich die Boxerbewegung über weite Teile Nordchinas.

Im Frühsommer 1900 greifen ihre Milizen zahlreiche Kirchen an, brennen sie nieder, töten einheimische Christen. Und zu Tausenden marschieren die Boxer nach Beijing, um die Ausländer aus ihrer Hauptstadt und ihrem Land zu vertreiben. Der Boxeraufstand soll China befreien, doch sein blutiges Scheitern wird das Land nur noch tiefer in die Krise treiben: Mit ihm beginnt im Jahr 1900 das letzte Kapitel in der Geschichte des Kaiserreichs (siehe Seite 156).

Ausgerechnet die deutsche Kolonie aber, in deren unmittelbarer Nähe die Boxer-Bewegung ihren Anfang genommen hat, bleibt von der Rebellion fast unberührt.

In den Jahren nach dem Aufstand heben die Deutschen die strikte Trennung der Wohnviertel in ihrer Kolonialstadt auf, an der neuen Hochschule lehren Dozenten aus beiden Ländern, und im „Tsingtau-Klub" spielen Einheimische und Europäer Tennis. Doch davon profitieren nur die Gebildeten und Vermögenden der 50 000 Chinesen – für alle übrigen ändert sich nichts.

Laut Vertrag soll die Jiaozhou-Bucht dem Deutschen Reich 99 Jahre lang gehören. Doch der Erste Weltkrieg bereitet diesen Plänen 1914 ein jähes Ende. Die Japaner nutzen die Gelegenheit und blockieren den Hafen, unterstützt von Deutschlands Kriegsgegner Großbritannien. Sie erobern Tsingtau wenige Monate nach Beginn des Weltkriegs. (1922 müssen sie das Gebiet auf internationalen Druck an Beijing zurückgeben.)

Doch es wird noch viele Jahre dauern, bis China alle von fremden Mächten besetzten Territorien wiedererlangt hat. Die Briten geben ihren einstigen Opium-Umschlagplatz Hongkong erst zurück, als ihr weltumspannendes Empire schon längst Geschichte ist, im Jahr 1997. Und Macau bleibt sogar noch bis 1999 eine portugiesische Kolonie.

In der Stadt Tsingtau (deren Name inzwischen Qingdao geschrieben wird) leben heute mehr als drei Millionen Chinesen. Noch immer stehen dort die Gouverneursvilla, der Bahnhof und andere Gebäude, die die Deutschen erbauten.

Und die in der Kolonialzeit gegründete „Tsingtao"-Brauerei gehört zu den erfolgreichsten der Welt. ◊

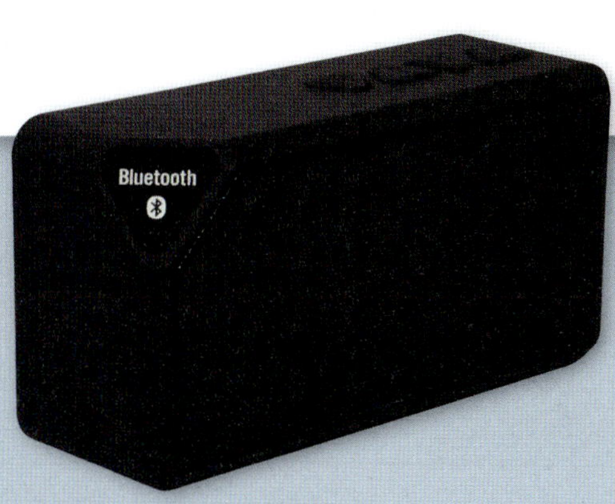

1. Bluetooth-Lautsprecher „Cuboid“
Genießen Sie kabellos Ihre Lieblingsmusik.
- Für Smartphones, Tablets etc. mit Bluetooth
- USB-Anschluss und Slot für microSD-Karten
- Maße: ca. 10,8 x 5,4 x 3,6 cm; Farbe: Schwarz

Zuzahlung: nur 1,– €

2. Werkzeug-Set, 113-tlg.
Perfekt für Heimwerker und Profis.
- Inhalt: 1 Kombizange, 2 Präzisions-Schraubendreher, 8 Inbusschlüssel, 1 Zimmermannshammer, 1 Maßband u. v. m.

Zuzahlung: nur 1,– €

JETZT BESTELLEN!

3. GEO EPOCHE-Sammelschuber
Perfekt für Ihr Archiv zu Hause. Schützt und bringt Ordnung in die Sammlung.
- Schuber aus robustem Hartkarton
- Fasst bis zu 8 Ausgaben

Zuzahlung: nur 1,– €

4. GEO EPOCHE KOLLEKTION „Das Mittelalter“
Das Beste aus GEO EPOCHE.
- Der Alltag in einer bewegten Zeit
- Wichtige Ereignisse, Personen und Orte
- 200 Seiten, zahlreiche Abbildungen

Ohne Zuzahlung

1 Jahr GEO EPOCHE inkl. digitaler Ausgaben für zzt. nur 72,– € (inkl. MwSt. und Versand) bestellen unter:

kundenservice@dpv.de
Einfach ausgefüllte Karte einsenden oder mit Smartphone fotografieren und per E-Mail verschicken.

+49 (0)40/55 55 89 90
Bitte die gewünschte Bestell-Nr. von der Kartenrückseite angeben.

www.geo-epoche.de/abo
Online noch weitere tolle Angebote entdecken.

DIE EHEMALIGE Konkubine Cixi (hier ein offizielles Porträt) ist ab 1861 über Jahrzehnte Regentin anstelle mehrerer minderjähriger Kaiser und damit die einflussreichste Person im angeschlagenen Großreich

DER LETZTE KAMPF

Das chinesische Imperium taumelt um 1900 immer heftiger. Die Qing-Dynastie verliert Krieg um Krieg, ausländische Mächte und Unternehmen beuten das Land aus, der Staat ist hoch verschuldet. Chinas mächtigste Frau, die Kaiserinwitwe Cixi, versucht den Niedergang abzuwenden – und führt das Reich geradewegs ins Verderben

TEXT: *Ralf Berhorst*

Die Krise war bedrohlich – jetzt wird sie existenziell

C

Chinas mächtigste Frau spürt ihre Kräfte schwinden. Seit Tagen hat die Kaiserinwitwe* Cixi starken Durchfall; mit einer schweren Infektion ruht sie nun, an diesem 14. November 1908, auf dem Krankenbett in ihrem Palast.

Die Regentin liegt im Sterben – und will doch nicht loslassen vom Leben, von der Macht. Sie hat einen Prinzen in die Gegend östlich von Beijing entsandt, wo sich am Fuß der Berge ihr Mausoleum erhebt: Dort soll er in ihrem Namen ein Opfer darbringen, um den Geist zu besänftigen, der sie offenbar abberufen will.

Als strahlende Schönheit ist Cixi einst in die Verbotene Stadt gekommen, als Konkubine fünften Ranges. Dann hat sie dem damaligen Kaiser seinen einzigen überlebenden Sohn geboren und stieg so auf in der Hierarchie des Hofes. Und nach dessen Tod war sie Chinas heimliche Kaiserin, die das Reich fast vier Jahrzehnte lang beherrschte, auch wenn es de jure einen Kaiser an der Spitze gab.

Doch nun ist Cixi 73 Jahre alt, geschwächt, kann kaum mehr essen. Starr wirken ihre Züge, seit ein Schlaganfall die linke Gesichtshälfte gelähmt hat. Die Macht im Land droht ihr zu entgleiten – und damit der Qing-Dynastie, die seit mehr als 260 Jahren über China gebietet und jetzt am Abgrund steht. Denn ausländische Mächte haben Teile des Landes besetzt und demütigen das Kaiserhaus; wirtschaftlich ist das hoch verschuldete Reich ruiniert, Revolutionäre fordern, die Qing zu stürzen.

Und Kaiser Guangxu, der rechtmäßige Herrscher, Cixis Neffe?

Auch er liegt krank darnieder. Er war ein Reformer, der China allzu radikal zu modernisieren versuchte. Seine Tante hat ihn zehn Jahre zuvor entmachtet. Aber was, wenn er nach ihrem Tod wieder an Einfluss gewinnt?

Und so kommt es an diesem Abend zu einem merkwürdigen Zufall: Ausgerechnet in jenen Stunden, da Cixis Ende naht, stirbt Kaiser Guangxu. Er ist erst 37 Jahre alt.

Sogleich verbreitet sich das Gerücht, Cixi habe ihn vergiften lassen.

Der Kaiser, getötet im Auftrag der eigenen Tante? Es gibt keine Beweise für diesen Vorwurf. Aber als später Forscher die Überreste Guangxus untersuchen, werden sie dort Arsen nachweisen – das mehr als 100-Fache der üblichen Menge.

Nach dem Tod des Herrschers versammeln sich Cixis Berater um ihr Bett. Sie benennt einen Nachfolger: den Knaben Puyi, einen Neffen des verstorbenen Kaisers. Bis zur Volljährigkeit soll sein Vater ihn als Regenten vertreten – und der ist ein Vertrauter Cixis. So bewahrt sie sich Einfluss über ihren Tod hinaus.

Der Thronfolger ist zwei Jahre, neun Monate und sieben Tage alt.

Ein Kleinkind ist ausersehen als Herr über mehr als 400 Millionen Menschen, als der nächste Kaiser von China.

Er wird auch der letzte sein.

°

BEREITS SEIT MITTE des 19. Jahrhunderts durchlebt das Kaiserreich die größte Krise seiner Geschichte: Es kommt immer wieder zu Aufständen und Kriegen, Dürren und Hungersnöten; zudem erniedrigen fremde Mächte das Land und berauben es seiner Souveränität (siehe Seite 146). Verzweifelt versucht die Qing-Dynastie, ihre Herrschaft zu retten, den Verfall aufzuhalten und neu zu erstarken – mit Reformen, aber auch mit Gewalt.

In diesen letzten Jahrzehnten des Imperiums liegt die höchste Macht meist nicht in den Händen des jeweiligen Kaisers, sondern in denen der einstigen Konkubine Cixi. Ihr Aufstieg beginnt 1856, als sie den Erben des Kaisers Xianfeng zur Welt bringt. So gewinnt sie großen Einfluss, und weil der Herrscher bereits fünf Jahre später dahinscheidet, fällt sie fortan als Vertreterin ihres Sohnes alle wichtigen politischen Entscheidungen im Namen des minderjährigen Kaisers.

Der stirbt zwar mit 18 Jahren, vermutlich an den Pocken, aber Cixi gelingt es, erneut ein von ihr abhängiges Kind als Nachfolger einzusetzen: ihren Neffen, den neuen Himmelssohn Guangxu. Sie bleibt sogar noch Regentin, als der Kaiser 1887 die Volljährigkeit erreicht.

Erst zwei Jahre später lässt Cixi es zu, dass Guangxu offiziell die Herrschaft übernimmt, während sie sich in den von ihr neu errichteten Sommerpalast vor den Toren Beijings zurückzieht.

Wie viele Chinesen erkennt der junge Kaiser bald, dass nur radikaler Wandel das Land aus seiner Krise befreien kann.

* Nach dem Tod eines Kaisers erhält die Mutter des Thronfolgers den Titel *huang taihou*, „Kaiserinwitwe“ – eine der höchsten Positionen am Hof.

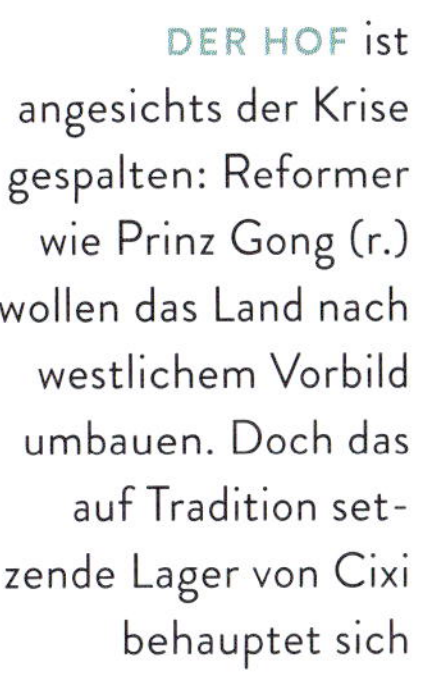

DER HOF ist angesichts der Krise gespalten: Reformer wie Prinz Gong (r.) wollen das Land nach westlichem Vorbild umbauen. Doch das auf Tradition setzende Lager von Cixi behauptet sich

FAST 15 JAHRE LANG ist Cixi Vormund für ihren Neffen Guangxu (o.). Als der Kaiser die Herrschaft übernimmt, wagt er Eigenständigkeit: Mit radikalen Reformen will er das Reich retten. Daraufhin stellt ihn eine Palastclique um seine Tante kalt

IM LAND REGT sich Widerstand gegen die Präsenz fremder Mächte. In der Provinz sammeln sich Rebellen. Diese »Boxer« verüben Anschläge und töten Ausländer

IM MAI UND JUNI 1900 ziehen die Boxer in Beijing ein und attackieren das internationale Viertel. Cixi unterstützt sie – in der Hoffnung auf Befreiung von den verhassten Fremden (brennender Wachturm)

Militär, Wirtschaft, Staatsbürokratie: Das Reich versagt in allen Belangen.

China muss Kolonien auf seinem Territorium erlauben, hat Kriege gegen Großbritannien und Frankreich verloren, unterliegt 1895 auch noch dem kleinen Nachbarn Japan. Der Kaiser hat Tokyo neben einer mandschurischen Halbinsel die Insel Taiwan zu überlassen. Er soll zudem 200 Millionen Tael zahlen und japanischen Firmen erlauben, sich in China anzusiedeln. Sogleich nutzen Großbritannien, Russland, Deutschland und Frankreich die Schwäche des Kaiserreichs und verlangen für sich ähnliche Rechte.

Ausländische Unternehmen erobern nun China, errichten Bergwerke und beuten Erzvorkommen aus, sie beherrschen den Schiffshandel, bauen Eisenbahnen und kontrollieren den Kapitalmarkt. Die Fremden drängen sich in den Handel mit Tee, Seide, Textilien, Zucker und Tabak, unterstellen sogar die chinesische Post ihrer Kontrolle. Mit ihren Firmen, die Waren maschinell in Massen produzieren, können einheimische Geschäftsleute und Manufakturen zumeist nicht mithalten. Baumwolle etwa verkaufen die Ausländer billiger, als Chinesen sie produzieren können.

Viele Bauern, die sie angebaut haben, und Handwerker, die nicht mehr konkurrenzfähig sind, verlieren ihre Arbeit. Sie wandern aus den Dörfern in Städte wie Beijing und Shanghai, um Geld für ihre Familien zu verdienen, doch können sie sich dort oft selbst kaum ernähren. Auch Frauen und Kinder suchen aus Not in den Metropolen nach Arbeit.

Der Staat ist wegen der Reparationszahlungen für die verlorenen Kriege hoch verschuldet. Ihm fehlt es an Geld für den Bau von Straßen, Brücken und Fabriken. Und die Bürokratie ist unfähig, die Probleme des Landes zu lösen.

Seit Jahrhunderten folgt sie den gleichen Prinzipien; wichtigste Qualifikation der kaiserlichen Beamten ist nach wie vor die Kenntnis konfuzianischer Schriften. Als philosophisch geschulte Generalisten sollen die Staatsdiener sich in allen Fachgebieten zurechtfinden können. Doch dieses Rezept geht im 19. Jahrhundert nicht mehr auf; zu komplex ist die Welt geworden, die nach Experten mit Spezialwissen verlangt.

Gelehrte, Publizisten und Staatsbeamte fordern eine Erneuerung aller Institutionen. Einige von ihnen sind als Botschafter oder Studenten im Ausland gewesen oder haben in China für fremde Unternehmen gearbeitet und kamen so in Kontakt mit westlichen Ideen.

Sie argumentieren, dass sich die Welt radikal verändert habe und China sich diesem Wandel anpassen müsse, um zu bestehen. Manche fordern sogar eine Verfassung für ihr Land sowie ein Parlament, das wie in Großbritannien die Macht des Herrschers einschränkt.

ÜBERALL IM REICH fühlen sich Ausländer nun bedroht, auch diese bewaffneten Franzosen und Missionare im Süden. Diplomaten fordern das Militär ihrer Heimatländer als Entsatztruppen an

D

Die Reformer veröffentlichen ihre Ideen in Hongkong, wo es keine kaiserliche Zensur gibt, sowie in den ausländischen Vierteln von Shanghai. Die Journale liegen auch in den Bibliotheken westlicher Missionsschulen und in christlichen Lesegesellschaften aus, die in diesen Jahren von Tausenden Chinesen besucht werden.

Kaiser Guangxu lebt zwar in der abgeriegelten Verbotenen Stadt. Doch der Tutor, der ihn dort unterrichtet, zeigt dem Herrscher die Schriften von Reformern und westlichen Philosophen – und überzeugt ihn von deren Ideen.

So gewinnt die Erneuerungsbewegung einen mächtigen Verbündeten. Und 1898 wagt Guangxu Ungeheuerliches: Er fordert seine Untertanen zu Reformvorschlägen auf. Eine Flut von Ideen geht am Hof ein – auch von dem Intellektuellen Kang Youwei, der das Kaisertum stärken will, indem er die Verwaltung nach westlichem Vorbild modernisiert.

Kang ist zudem davon überzeugt, dass die Chinesen sich ein Beispiel an jenem Staat nehmen sollten, der sie drei Jahre zuvor vernichtend besiegt hat: Japan. Das dortige Kaiserhaus hat sich bereits einige Jahrzehnte zuvor (ebenfalls unter westlichem Druck) europäischen Ideen geöffnet und das Land in atemraubender Geschwindigkeit umgestaltet, von einer Agrargesellschaft in Richtung eines modernen Industriestaats. Japans Herrscher schickte eine hochrangige Delegation für 20 Monate zur Inspiration ins Ausland, er ließ Eisenbahnen und Telegraphenleitungen bauen sowie westliche Experten ins Land holen.

Chinas Kaiser ordnet nun an, ihm Kang Youweis Schriften persönlich vorzulegen – und nicht dem mächtigen Zensuramt, das sonst den Informationsfluss an den Herrscher überwacht. Im Juni 1898 empfängt er den Freigeist zu einer Audienz. Kurz darauf ernennt er ihn und mehrere seiner Schüler zu engen Ratgebern – ein Affront gegen die Hofelite.

Guangxu will sein Reich im Eiltempo modernisieren. Binnen drei Monaten erlässt er rund 50 Reform-Edikte. Er will eigene Eisenbahnen bauen, die Produktion von Seide und Tee für den Export erhöhen, in Beijing eine Universität gründen, die erste des Landes.

Schulen sollen nach einem Lehrplan westlichen Musters unterrichten, mit Fächern wie Fremdsprachen und Naturwissenschaften. Der Kaiser verfügt, die veralteten Beamtenprüfungen zu modernisieren, in denen die Kandidaten noch immer ausschließlich chinesische Klassiker interpretieren und sich in Kalligraphie üben. Stattdessen sollen sich Staatsdiener Fachwissen über Industrie, Bergbau, Landwirtschaft oder Eisenbahnwesen aneignen. Die Hofämter für Zeremonien, Bankette und Opferhandlungen will der Herrscher ganz abschaffen.

Dabei geht Guangxu durchaus vorsichtig vor. Er weiß, dass seine Tante Cixi noch immer großen Einfluss genießt. Offenbar lässt sie ihren Neffen gewähren. Aber der Kaiser unterschätzt den Widerstand der Palastbürokratie. Die meisten Beamten setzen die Maßnahmen einfach nicht um, da sie um Einfluss und Privilegien fürchten.

IM JUNI 1900 LANDEN ausländische Militärs in China. In Straßenkämpfen erobern sie zunächst die Hafenstadt Tianjin (oben), wo sich die Soldaten hinter aufgetürmten Barrikaden verschanzen

°

AUF DEM PAPIER ist Chinas Monarch ein allmächtiger Herrscher. Tatsächlich aber ist er umstellt von Prinzen, Ratgebern und hohen Hofbeamten, deren Meinung er der Tradition nach zu beachten hat. Und diese Kamarilla versetzt der Kaiser mit seinen Reformideen nun in Angst um ihre Macht und ihre Posten.

Vor allem eine erzkonservative Fraktion um Prinz Duan, einen Cousin des Kaisers, begehrt gegen die Erneuerung auf. Der Prinz hofft wohl insgeheim, seinen minderjährigen Sohn als Thronfolger einsetzen zu können, um später selbst als Regent zu herrschen. Dazu aber muss er Guangxu aus dem Weg räumen. Im September 1898 sucht Duan mit einigen Gefolgsleuten Cixi im Sommerpalast auf, um den Monarchen zu diskreditieren.

Sie berichten der Kaiserinwitwe von einer angeblich geplanten Verschwörung: Guangxu wolle einen Japaner zum Regierungschef ernennen. Mehr noch: Das ganze Reformwerk sei aus Tokyo gesteuert. Der Kaiser werde das Land dem ehemaligen Kriegsgegner ausliefern. Mit der Herrschaft der Qing sei es dann bald vorbei – und auch mit Cixis Einfluss.

Die zögert, den Gerüchten Glauben zu schenken. Doch als Aristokratin fühlt sie sich für die Dynastie verantwortlich. Schließlich lässt sie sich von den Konservativen um Prinz Duan umstimmen.

Am 19. September 1898 kehrt Cixi nach Beijing zurück. Kurz zuvor hat ein einflussreicher General dem Kaiser seine Unterstützung im Machtkampf gegen die Hofclique verweigert. So hat Guangxu nun nicht nur die Kamarilla gegen sich, er steht plötzlich auch ohne Truppen da – und verzichtet auf jede Gegenwehr.

Cixi übernimmt wieder die Regentschaft. Damit ist Guangxu nicht abgesetzt, aber entmachtet. Zwar wohnt er weiter allen Audienzen an der Seite seiner Tante bei, aber da jedes Edikt jetzt an ihre Zustimmung gebunden ist, kann er keine

Reformgesetze mehr erlassen. Die übrige Zeit steht er unter Hausarrest, in einem Palast auf einer Insel unmittelbar westlich der Verbotenen Stadt.

Fortan nimmt Cixi wieder, hinter einem Vorhang verborgen, an den Sitzungen des Großen Staatsrats teil. Dabei soll dieses Gremium aus Prinzen und Fürsten eigentlich allein den Kaiser beraten. Alle von ihr getroffenen Entscheidungen veröffentlicht der Hof nun im Namen der Kaiserinwitwe und des machtlosen Guangxu. Die Profiteure der Rochade an der Staatsspitze sind die Erzkonservativen um Prinz Duan.

Dutzende Reformer werden verhaftet, sechs von ihnen enthauptet; Kang Youwei gelingt es, nach Hongkong zu fliehen. Von den verkündeten Reformen lassen die Umstürzler einige in Kraft, die auf Verbesserungen im Militär und in der Wirtschaft zielen. Auch die Universität in Beijing bleibt bestehen. Die Stellung der Konservativen aber wird immer stärker: Zum Thronerben ernennt Cixi den zwölfjährigen Sohn von Prinz Duan.

Die Gegner der Reformen träumen von der Rückkehr in eine glorreiche Vergangenheit. Sie wollen das Kaiserreich zu alter Größe führen und die Ausländer aus dem Land vertreiben.

Da kommt ihnen eine Protestbewegung gerade recht, die sich in der Provinz Shandong südlich von Beijing erhoben hat – dort, wo 1897 das deutsche Kaiserreich die Jiaozhou-Bucht besetzt und eine Kolonie errichtet hat. Gegen den Willen der Einheimischen bauen die Deutschen dort eine Eisenbahn quer über ihr Land und gehen gegen Widerstand brutal vor.

DIE 20 000 MANN starke Expeditionsarmee, zu der auch britische Kolonialtruppen gehören, ist den Chinesen militärisch weit überlegen. Hier fassen Soldaten einen Anführer der Boxer

DER ALLIANZ von acht Staaten können Boxer und Kaiserhof nicht standhalten. Die fremden Soldaten – hier Amerikaner – nehmen Beijing ein und besetzen die Paläste der Verbotenen Stadt

Chinesen haben sich zum Bund der „Faustkämpfer für Recht und Einigkeit" zusammengeschlossen, um sich gegen die Ausländer zu wehren. Sie wähnen sich durch Amulette und magische Rituale gegen die Kugeln westlicher Gewehre unverwundbar, überfallen und töten Missionare und chinesische Konvertiten.

Gegen die immer zahlreicheren Übergriffe und Morde protestieren zu Beginn des Jahres 1900 Vertreter jener Nationen, die in Beijings Botschafterviertel Gesandtschaften unterhalten, darunter Großbritannien, Frankreich, Deutschland, Japan, Russland und die USA.

Doch der Kaiserhof erklärt, die Milizen übten sich zur Selbstverteidigung und zum Schutz ihrer Dörfer in der Kampfkunst – und seien nicht als „Banditen" zu betrachten. Die Führung lässt die Faustkämpfer gewähren. Auch Cixi trägt den riskanten Kurs mit.

U

Und so wächst die Bewegung der „Boxer" (wie die Ausländer die Faustkämpfer nennen) rasch zum Massenphänomen heran. Aus ihren Dörfern marschieren sie in Richtung Beijing und zerstören unterwegs von den Fremden gebaute Bahnhöfe, Schienen und Telegraphenmasten.

Tausende Boxer erreichen im Mai 1900 die Hauptstadt. Auf den Straßen sind sie an roten Stirnbändern zu erkennen, einige demonstrieren ihre Künste in Schaukämpfen. Auch Kriminelle, bewaffnet mit Messern, Schwertern und Knüppeln, haben sich der Bewegung angeschlossen. In das Gesandtenviertel südöstlich der Verbotenen Stadt, wo sich viele der verhassten Fremden aufhalten, wagen sie sich aber noch nicht.

Die Fraktion um Prinz Duan macht nun gemeinsame Sache mit den Milizionären, einige Fürsten heuern Boxer als Palastwachen an. In der Nähe der Verbotenen Stadt sind zudem Tausende Soldaten von Verbänden stationiert, die zuvor eigenmächtig ausländische Ingenieure und Botschaftsmitarbeiter attackiert haben. Unter den Fremden im Diplomatenviertel nimmt die Angst zu. Ende Mai fordern sie per Telegramm Truppen zum Schutz ihres Quartiers an.

Aus Furcht vor Unruhen haben westliche Regierungen inzwischen Kriegsschiffe an die 160 Kilometer entfernte Flussmündung des Haihe nahe der Hafenstadt Tianjin beordert. Von dort fahren 450 Marinesoldaten mit Erlaubnis des Hofs im Zug nach Beijing, um das Gesandtenviertel zu schützen.

Doch ihre Ankunft am 3. Juni löst eine Kette von Ereignissen aus, die Chinas Machthaber bald nicht mehr kontrollieren können. Denn die Boxer empfinden die Soldaten als weitere Provokation der verhassten Ausländer.

Sie reißen Gleise zwischen Beijing und Tianjin aus den Verankerungen, um den Transport weiterer Truppen zu verhindern. Als sich der japanische Botschafter am 11. Juni aus dem Gesandtenviertel wagt, zerren ihn chinesische Regierungssoldaten aus seiner Kutsche – und töten ihn auf offener Straße.

Die fremden Marinesoldaten erschießen wiederum willkürlich mindestens 100 Chinesen. Die Faustkämpfer dringen daraufhin in ein Geschäftsviertel südlich der Botschaften ein und verwüsten Läden und Wohnungen einheimischer Kaufleute, die mit den Ausländern Handel treiben.

Sie brennen zwei katholische Kirchen nieder, zünden das Haus eines Bischofs an, die Londoner Missionsgesellschaft sowie ein Blindeninstitut und töten zahlreiche chinesische Christen. Vier Tage lang dauern die Exzesse an.

°

IN DER VERBOTENEN STADT tobt unterdessen ein Machtkampf zwischen gemäßigten Höflingen und den Konservativen, die beide Cixi bedrängen.

Die Kaiserinwitwe ist entsetzt über die Gewalt und versucht, die Boxer mit einer Order an ihre Generäle zu stoppen: „Alle Verbrecher, die ‚Töten' rufen und mit einer Waffe in der Hand angetroffen werden, sind unverzüglich festzunehmen und auf der Stelle hinzurichten." Doch dann ändert sie ihre Meinung.

JAPANISCHE SOLDATEN führen einen gefangenen Rebellen durch die Straßen. Die Ausländer plündern die Kapitale und deren Kostbarkeiten rücksichtslos

DIE ALLIIERTEN Sieger töten weit über 100 000 Chinesen, exekutieren – wie hier japanische Truppen – zahlreiche Kämpfer standrechtlich. Auch brutalen Strafexpeditionen deutscher Soldaten im Norden Chinas fallen unzählige Zivilisten zum Opfer

IN KÄFIGEN verdurstete Rebellen: Die Sieger betreiben maximale Vergeltung. Auch der Friedensvertrag ist demütigend – und der Todesstoß für das kaiserliche Regime

Die Regentin flieht aus Beijing

Denn am 17. Juni 1900 stürmen ausländische Soldaten an der Haihe-Mündung eine Reihe chinesischer Festungen – offiziell, um die Eisenbahnlinie nach Beijing zu sichern. Der Kaiserhof deutet den Angriff als kriegerischen Akt.

Nun setzt sich endgültig Prinz Duan durch, der glaubt, die Fremden mithilfe der Boxer vertreiben zu können. Und Cixi stellt sich an seine Seite.

Der Hof fordert die ausländischen Diplomaten zwei Tage später auf, binnen 24 Stunden das Gesandtenviertel zu räumen. Sie sollen sich unter Geleitschutz in Tianjin einfinden und von dort aus das Land verlassen.

Trotz der offenkundigen Gefahr begibt sich der deutsche Gesandte Clemens Freiherr von Ketteler am nächsten Morgen zum Außenministerium, um über das Ultimatum zu verhandeln. Doch auf dem Weg dorthin wird seine Sänfte an einer Polizeistation aufgehalten.

Wahrscheinlich zieht Ketteler seinen Revolver, weil er sich provoziert fühlt, und feuert – woraufhin ihn ein chinesischer Unteroffizier erschießt.

Die übrigen Diplomaten wagen sich nun nicht mehr aus ihrem Viertel heraus und lassen das Ultimatum verstreichen. Sie blockieren die Zugänge mit eilig gefüllten Sandsäcken und aufgetürmten Ziegelsteinen, verschanzen sich hinter Barrikaden aus Lastkarren und Fässern. Ausländer aus ganz Beijing strömen jetzt in Panik in das Quartier. Mehr als 900 Fremde drängen sich dort zusammen, etwa die Hälfte sind bewaffnete Soldaten.

Offenbar glaubt nun auch Cixi, sie könne Chinas Rückkehr zu alter Größe mit Gewalt erzwingen. Sie lässt das Diplomatenviertel von Truppen umstellen und erklärt in einem Aufruf: „Nachdem unser Land 30 Jahre lang große Nachsicht gezeigt hat und ausschließlich auf eine Befriedung der Lage bedacht war, haben das nunmehr die Fremden ausgenutzt, um plötzlich überall Unruhe zu stiften, unser Land zu schikanieren, unsere Territorien zu besetzen, auf unserem Volk herumzutrampeln und uns unserer Reichtümer zu berauben. Besser ist es, unser Äußerstes zu geben, um im Kampf die Entscheidung zu erzwingen, als um unsere Existenz zu betteln und ewige Schmach auf uns zu laden."

Das ist eine Kriegserklärung. Was als Aufstand einheimischer Zivilisten begonnen hat, ist nun ein militärischer Konflikt Chinas mit den fremden Staaten. Die Boxer kämpfen nicht mehr als Rebellen, sondern im Auftrag des Kaiserhofs, der viele von ihnen für das Heer rekrutiert, ihnen Reis und Geld verspricht.

Die kaiserlichen Truppen beschießen das Gesandtenviertel mit Gewehren und Kanonen. Die Soldaten hinter den Barrikaden erwidern das Feuer.

Dennoch ist die Belagerung, die sich nun über Wochen hinzieht, ein wenig sonderbar: So zielen die Regierungseinheiten zumeist in die Luft oder schießen Feuerwerkskörper ab. Obwohl sie in der Überzahl sind, sollen sie das Quartier offenbar gar nicht erobern.

Noch immer gibt es am Hof wohl Berater, die zur Vorsicht mahnen – und vielleicht fürchtet Cixi die Reaktion der fremden Staaten auf einen Sturmangriff.

Mitte Juli kommt es gar zu einem zweiwöchigen Waffenstillstand. Der Hof lässt Reis, Gemüse, Mehl an die Eingeschlossenen liefern, wohl als Geste guten Willens – denn zeitgleich haben alliierte Truppen die Stadt Tianjin erobert und so ihre Überlegenheit demonstriert.

Am 5. August setzt sich von dort ein Heer mit 20 000 Mann Richtung Beijing in Marsch. Japan, Russland, Großbritannien, Frankreich und die USA stellen das Gros der Streitmacht, auch Soldaten aus Österreich und Italien gehören ihr an.

Fünf Tage später flammen auf Befehl Cixis in der Hauptstadt die Gefechte wieder auf, bei denen Dutzende Marinesoldaten und Hunderte Chinesen sterben. Vielleicht glaubt die Kaiserinwitwe noch immer, mit den Umzingelten als Faustpfand die Fremden zumindest zu Verhandlungen zwingen zu können.

Doch das ist eine grobe Fehleinschätzung der Kräfteverhältnisse. Die alliierten Truppen kommen rasch voran: Chinesische Einheiten sowie Boxermilizen werden überrannt. Unaufhaltsam nähert sich die fremde Armee der Kapitale. Der Hofstaat flieht aus Beijing.

Am 14. August stürmt das Heer die Stadt: Soldaten sprengen die vier Tore auf, überwältigen die Wachmannschaften, stoßen rasch zum Botschafterviertel vor und befreien die Eingeschlossenen.

Nach 55 Tagen ist die Belagerung des Quartiers beendet. 66 Ausländer, darunter vor allem Marinesoldaten, sind bei den Schusswechseln umgekommen.

Mit großer Brutalität wüten die Angreifer in der Stadt. „Nun begann ein

NACH DEM TOD CIXIS im Jahr 1908 wird der zweijährige Puyi zum Kaiser ernannt. Doch der letzte Herrscher auf dem Drachenthron und sein Regent können den Niedergang nicht mehr abwenden

entsetzliches Morden, Brennen und Rauben", berichtet eine österreichische Diplomatenfrau. „Erbarmungslos wurde alles niedergemacht, Männer, Frauen und Kinder, alles Wertvolle geraubt und dann die Häuser in Brand gesteckt."

Die Alliierten töten Tausende Zivilisten, vergewaltigen und rauben – und plündern schließlich das Allerheiligste: die Verbotene Stadt. Sie dringen in die Paläste und Pavillons ein und nehmen kostbare Seidenstoffe, Möbel, Wandschirme, Pelze, Vasen, Porzellan, Bronzen und Schnitzereien als Beute mit.

Die Deutschen treffen erst nach dem Sturm auf Beijing dort ein. Dennoch übernimmt ihr Generalfeldmarschall den Oberbefehl über die internationalen Truppen. Seine Soldaten sind bei ihrem Aufbruch in Bremerhaven von Kaiser Wilhelm II. persönlich verabschiedet worden – der Rache für den Tod des Gesandten Ketteler forderte: „Pardon wird nicht gegeben; Gefangene nicht gemacht. Wer euch in die Hände fällt, sei in eurer Hand."

Nun stellen die Deutschen viele der Strafexpeditionen, zu denen die Alliierten in Nordchina ausschwärmen. Die ausländischen Truppen jagen angebliche Boxer, durchkämmen Dörfer und Städte, brennen Siedlungen nieder und erschießen weit mehr als 100 000 Menschen.

°

CIXI UND IHR HOFSTAAT sind inzwischen in der einstigen Hauptstadt Chang'an (die jetzt den Namen Xi'an trägt) eingetroffen, 1100 Kilometer von Beijing entfernt. Ein Tross von Wagen transportiert die persönlichen Besitztümer der Regentin, eskortiert von 3000 Soldaten.

Tief erschüttert scheint Cixi von den Ereignissen. Immer wieder bricht sie unterwegs in Tränen aus, so berichtet ein Begleiter später. Noch auf der Flucht lässt die Kaiserinwitwe ein Dekret veröffentlichen, in dem sie sich selbst die Schuld für Chinas Unglück gibt. Einer ihrer Hofdamen vertraut sie an, dass sie es bereue, dem Drängen Prinz Duans nachgegeben zu haben, der glaubte, die Fremden mit Hilfe der Boxer aus China vertreiben zu können: „Das ist der einzige Fehler, den ich im ganzen Leben begangen habe, und er ist in einem Augenblick der Schwäche geschehen."

Kurz darauf entmachtet sie Prinz Duan, setzt seinen Sohn als Thronfolger ab und entlässt weitere Konservative.

Ein Beauftragter verhandelt nun im Namen des Hofes mit den Siegermächten. Am 7. September 1901 unterzeichnet er in Beijing einen Friedensvertrag, der alle Demütigungen übertrifft, die China bis dahin zu erdulden hatte.

Das Reich der Mitte muss Gesandtschaften nach Tokyo und Berlin schicken, um sich dort offiziell für den Tod der beiden Diplomaten zu entschuldigen. Dem erschossenen Freiherrn von Ketteler ist in Beijing ein Denkmal zu errichten. Mitgliedern fremdenfeindlicher Milizen droht künftig die Todesstrafe.

Darüber hinaus muss China die Festungen an der Haihe-Mündung abreißen und den Alliierten Militärstützpunkte zwischen der Küste und Beijing gewähren. Fast 40 Jahre lang hat das Land Entschädigungen zu zahlen, insgesamt 450 Millionen Tael, das Dreifache der jährlichen Staatseinnahmen – plus Zinsen.

Cixi – und mit ihr die Qing-Dynastie – büßen durch den Vertrag noch mehr an Ansehen und Souveränität ein. Das Kaiserhaus gebietet nur noch über Teile seines Staatsgebietes. Denn Russland nutzt die Schwäche des Nachbarn, um im Norden die Mandschurei zu besetzen, die Heimatregion der Dynastie. Ein Teil der fremden Truppen bleibt in Beijing, um das Gesandtenviertel zu bewachen; die übrigen Soldaten verlassen die Kapitale.

Erst nach dem Friedensvertrag wagt Cixi sich mit ihrem Hofstaat zurück nach Beijing. Ihre Bediensteten bemühen sich, in den Palästen die gröbsten Schäden mit Seidenbahnen zu kaschieren.

Zuvor schon hat die Kaiserinwitwe Reformen angekündigt – wohl weil sie ahnt, dass die Dynastie sonst nicht mehr zu retten ist. Sie bittet Staatsminister, Provinzgouverneure, chinesische Botschafter sowie alle übrigen Untertanen, Ratschläge für Erneuerungen einzureichen. Wieder entsteht ein umfassendes Reformprogramm. Cixi schafft die traditionelle Beamtenprüfung ab, gründet Grund-, Mittel- und Oberschulen nach westlichem Vorbild und erlaubt es Chinesen, im Ausland zu studieren.

Das politische System aber lässt sie unangetastet. So bleibt der Hof weit hinter den Forderungen vieler Chinesen zurück. Etliche Intellektuelle glauben inzwischen, dass der Westen seine Überlegenheit nicht allein dem Militär und moderner Technik verdankt, sondern vor allem seiner Regierungsform: Ein parlamentarisches System mit Gewaltenteilung entfessele mehr schöpferische Kräfte als bedingungslose Loyalität gegenüber einem autokratischen Herrscherhaus.

Ab 1905 unterstützt auch Cixi den Ruf nach einer Verfassung. Der Kaiser wäre kein absoluter Monarch mehr, müsste sich Regeln beugen, seinem Volk Zugeständnisse machen – aus Sicht der Qing inzwischen das geringere Übel.

Denn viele Chinesen sehen seit dem Boxeraufstand in einem Sturz der Dynastie die letzte Hoffnung für ihr Land.

Bereits 1894 hat der Arzt Sun Yatsen eine revolutionäre Geheimgesellschaft gegründet, die „Vereinigung für die Wiederbelebung Chinas" – und die erhält nun immer mehr Zulauf. Suns Ziel ist ein Umsturz: Er will das Kaisertum abschaffen, eine Republik gründen. An Reformen glaubt er nicht mehr.

DAS KAISERTUM ist so geschwächt, dass bürgerliche Revolutionäre es 1911 in kaum vier Monaten hinwegfegen. Der Arzt Sun Yatsen (Mitte) wird Präsident der neuen Republik China

Tatsächlich will Cixi mit ihren Ideen wohl vor allem Zeit gewinnen. So willigt sie ein, Delegationen unter anderem nach Japan, Großbritannien und Deutschland zu schicken, um die dortigen Regierungssysteme zu studieren.

Nach mehr als zwei Jahren veröffentlicht der Hof den Entwurf einer Verfassung. Doch die Macht des Kaisers ist darin ungebrochen, das vorgesehene Parlament darf zwar debattieren, aber nichts entscheiden.

Es scheint, als würden die Regentin und ihre Berater immer mehr den Kontakt zur Realität verlieren. Der Hof lässt Fotos der Kaiserinwitwe an Minister, Gouverneure, Generäle verteilen und auf den Straßen Chinas verkaufen. Die Aufnahmen, die Cixi in theatralischen Posen und mit kostbaren Gewändern zeigen, wirken wie aus der Zeit gefallen. Ein vergeblicher Versuch, die schwindende Loyalität zu den Qing zu erneuern.

In dieser Zeit erleidet die Kaiserinwitwe einen Schlaganfall, wirkt auf Besucher müde und gealtert. Im Sommer 1908 erkrankt sie an einer Darminfektion, eine Grippe schwächt sie Anfang November zusätzlich.

In ihren letzten Stunden versucht Cixi ihre Nachfolge zu regeln. Vielleicht lässt sie tatsächlich Guangxu ermorden, damit der radikale Reformkaiser nicht an die Macht zurückkehrt. Die Thronbesteigung des zweijährigen Puyi (der Knabe ist der älteste Sohn von Guangxus Halbbruder und erfüllt damit die Bedingungen der Thronfolge) aber erlebt sie nicht mehr. Noch am Abend erleidet die Kaiserinwitwe einen weiteren Schlaganfall und stirbt am folgenden Nachmittag.

Auf dem Totenbett wird ihr eine schwarze Perle in den Mund gelegt, damit die Lebensgeister den Körper nicht verlassen. Helfer waschen Cixis Leichnam und bahren ihn, in neue Gewänder gekleidet, im „Palast der Ruhe und Langlebigkeit“ auf.

Im Tod erlebt die einstige Konkubine, die China 36 Jahre lang beherrscht hat, einen letzten Triumph: Sie wird bestattet wie ein Kaiser. Das Riten-Ministerium ordnet eine 100-tägige Trauerzeit an. Vergnügungsstätten bleiben geschlossen, Hochzeiten, Musizieren und alle Festlichkeiten sind untersagt.

In der Verbotenen Stadt wird die Tote in einen vier Meter langen Sarg gebettet, der außen dreifach mit Blattgold überzogen ist. Als Grabbeigaben erhält sie Hunderte Edelsteine, Gold- und Silberschmuck sowie einen Jadestab zur Abwehr von Dämonen. Der so gefüllte Sarkophag allein kostet 50 Millionen Tael. 42 Eunuchen halten die Totenwache, und Prinzen bringen der Verstorbenen dreimal täglich Speiseopfer dar.

Zweieinhalb Wochen nach Cixis Tod wird Puyi als Kaiser eingesetzt. Der Junge weint, als sein Vater – der an seiner Stelle regieren wird – ihn auf den Drachenthron hebt. Über Stunden treten Beamte und Generäle vor das Kind, um sich vor ihm niederzuwerfen und ihrem neuen Herrscher zu huldigen.

Das kaiserliche Astronomie-Amt ermittelt nun den Tag von Cixis Beisetzung. Erst knapp ein Jahr später stehen die Gestirne günstig.

Am 9. November 1909 setzt sich um 5.15 Uhr bei böigem Wind und Nebel der Trauerzug in der Verbotenen Stadt in Bewegung. 128 Träger halten den gewaltigen Sarkophag an langen Stangen. Der Weg vor ihnen ist mit gelbem Sand bestreut und von Wachposten und Polizisten gesichert.

Puyis Vater führt den Trauerzug an (der Knabe selbst nimmt aufgrund seines Alters nicht teil), dahinter gehen die kaiserlichen Prinzen und – für eine kurze Wegstrecke – die Diplomaten aus dem Gesandtenviertel. Dann folgen Kavallerie, mongolische Reiter auf Kamelen, buddhistische Priester in safrangelben Gewändern, Tausende Eunuchen und eine endlos scheinende Wagenkolonne. Mehr als fünf Kilometer lang ist der Zug.

Fünf Tage braucht er bis zur 125 Kilometer entfernten Begräbnisstätte der Qing-Dynastie östlich von Beijing. Hunderttausende Menschen stehen entlang der Strecke Spalier.

Am 13. November erreicht der Tross das Mausoleum der Kaiserinwitwe. Nach dreitägiger Zeremonie bringen die Träger den Sarg in die Grabkammer und verschließen sie von außen.

Nun wird die Qing-Dynastie von einem Kleinkind und einem politisch unbegabten Regenten angeführt. Und der, Prinz Chun II., bringt die Chinesen nur noch mehr gegen die Mandschu auf.

Zwar dürfen 1909 erstmals Provinz- und Distriktversammlungen zusammentreten: Gewählt werden die Abgeordneten von rund zwei Millionen Chinesen, die alle männlich, vermögend und gebildet sein müssen.

Doch als Delegierte, darunter etliche Reformer, nach Beijing reisen, um ein nationales Parlament zu fordern, schickt der Hof sie kurzerhand nach Hause.

Im Mai 1911 ernennt der Prinzregent ein neues Kabinett. Was als Signal des Wandels gedacht war, lässt die Stimmung bald endgültig gegen die Qing-

LITERATURTIPPS

STERLING SEAGRAVE
»Die Konkubine auf dem Drachenthron«
Entkräftet alte Mythen über Cixi (List).

MECHTHILD LEUTNER (U. A.)
»Kolonialkrieg in China. Die Niederschlagung der Boxerbewegung 1900–1901«
Guter Sammelband zum Boxeraufstand (Links).

Dynastie kippen. Denn als Minister werden acht Mandschu berufen – aber nur vier Chinesen.

Immer wieder wagen Sun Yatsens Umstürzler nun kleinere Aufstände in der Provinz Guangdong sowie anderen Regionen im Süden des Landes, die sie von der nahe gelegenen britischen Kolonie Hongkong aus organisieren.

Doch am Ende bricht die Revolution wegen eines Zufalls aus.

°

ES IST DER 9. OKTOBER 1911. In der Stadt Hankou am Yangzi bauen revolutionäre Untergrundkämpfer gerade Bomben zusammen, als ihnen versehentlich ein Sprengsatz explodiert.

Die Polizei stürmt daraufhin das Haus, tötet drei Rebellen, findet Waffen – und eine Mitgliederliste. Darauf stehen auch die Namen von Offizieren der chinesischen Armee, die sich heimlich der Bewegung angeschlossen haben.

Um deren Enttarnung zuvorzukommen, schlagen die Aufständischen bereits am nächsten Tag los: Mehrere Regimenter der Armee meutern und besetzen ein Munitionsdepot in der Stadt Wuchang auf der anderen Flussseite, woraufhin der Generalgouverneur der Region die Flucht ergreift. Bereits am Mittag halten sie die gesamte Stadt in ihrer Hand.

Binnen Wochen breitet sich der Aufruhr nun auf benachbarte Städte aus, erklären sich immer mehr Provinzen Chinas für unabhängig.

Die Herrschaft der Mandschu-Dynastie bricht zusammen. Auch hohe Generäle erkennen die Zeichen der Zeit und versagen dem Kaiserhof die Treue. Die Unzufriedenen brauchen nur wenige Monate, um über Cixis Erben militärisch und politisch zu triumphieren.

Am 29. Dezember 1911 wählen Delegierte der Provinzen Sun Yatsen in Nanjing zum „provisorischen Präsidenten" der neuen Republik China.

Am 12. Februar 1912 veröffentlicht der Hof in Beijing ein letztes Edikt: Es gibt die Abdankung Puyis und der Qing bekannt. Mit diesem knappen Erlass geht das kaiserliche China unter.

Er markiert das Ende eines der ehedem mächtigsten und größten Imperien der Geschichte, das weit vor der Zeitenwende entstand und bis in die Moderne überdauerte, sich dann aber als unfähig zum Wandel erwies.

Doch die Illusion des Vergangenen lebt noch mehrere Jahre in der Verbotenen Stadt weiter. Für seine Abdankung machen die neuen Machthaber Puyi Zugeständnisse. Er darf in seinen Palästen wohnen bleiben und seine Bediensteten behalten. Weiterhin darf er sich Kaiser nennen, auch wenn der Titel bedeutungslos geworden ist. Protokollarisch genießt er den Rang eines ausländischen Monarchen.

Und dank einer jährlichen Apanage von vier Millionen Dollar führt Puyi ein Leben im Luxus. Täglich bereiten Köche für den letzten Kaiser 60 Platten mit erlesenen Gerichten zu, jeden Tag nähen ihm Schneider neue Gewänder. Und wenn der halbwüchsige Monarch einen der kaiserlichen Gärten zum Spielen aufsucht, heftet sich eine Prozession von Eunuchen an seine Fersen, um sofort auf jeden seiner Winke oder Befehle zu reagieren.

Besucher und Diener werfen sich sogar nieder zum Kotau – ein leeres Schauspiel für einen Kaiser ohne Reich. Ganz so, als würde jenseits der Mauern seines Refugiums das Imperium seiner Vorfahren noch existieren.

Der neuen Republik aber ist kein Erfolg beschieden. Bald nach ihrer Gründung greifen mehrere Warlords nach der Macht und spalten das Land.

Später besetzen die Japaner weite Teile Chinas und herrschen dort jahrelang mit größter Brutalität, zudem wüten blutige Bürgerkriege.

Und erst 1949 geht aus den Wirren ein Sieger hervor. Er ist ein Bewunderer des ersten Kaisers, des grausamen Reichsgründers Qin Shi Huangdi, und trägt den Namen Mao Zedong.

Der Kommunistenführer eint China zwar wieder, wird aber den Tod von Millionen durch Hunger und Terror verschulden und das Land durch Misswirtschaft um Jahrzehnte zurückwerfen.

Erst 1979 beginnt dank ökonomischer Reformen ein rasanter Wiederaufstieg. Binnen weniger Jahrzehnte gelingt es dem Staat, seine Wirtschaftskraft mehr als zu verfünffachen. China erstarkt nun wieder zur Weltmacht.

Und beruft sich dabei auch auf die eigene Vergangenheit. Die Große Mauer wird als Nationalsymbol gefeiert, die Regierung gründet „Konfuzius-Institute" rund um den Globus, um die chinesische Sprache und Kultur zu verbreiten. Und mit einer „Neuen Seidenstraße" versucht sie, die einstige Handelsroute zwischen Ostasien und Europa wiederzubeleben.

Es ist ein Traum von alter Größe, eine Besinnung auf das kaiserliche China – jene 2133 Jahre andauernde Zeit, als die Söhne des Himmels das Reich der Mitte beherrschten. ◊

IN KÜRZE

Als die eigene Schwäche und die Gängelung durch fremde Mächte unerträglich werden, zerfällt China in zwei Lager: Zur Lösung der Krise wollen die einen das Reich von Grund auf modernisieren, die anderen zurück zu alter Tradition. Am Hof setzen sich mit der Kaiserinwitwe Cixi die Konservativen durch, und sie hoffen dank einer Volksbewegung auf die Wende. Doch der Aufstand der „Boxer" scheitert im August des Jahres 1900 blutig – und wird zum Anfang vom Ende des Kaiserreichs im Jahr 1912.

Die RITTER

Auf ihren Pferden entscheiden sie Schlachten, von ihren Burgen aus beherrschen sie das Land, mit ihrem Ehrenkodex prägen sie Hof und Gesellschaft. GEO*EPOCHE* über Leben und Alltag, Glanz und Gewalt, Kultur und Macht der mittelalterlichen Kriegerelite